·国家哲学社会科学基金重点项目【14AGL025】
"闽台民俗文化资源保护与产业开发问题研究"中期成果

·福建省软科学基金重点课题【2013R0101】
"闽台农业非物质文化遗产开发与文化产权问题分析"结题项目

·厦门理工学院哲学社会科学优秀成果2015年度出版基金资助项目

闽台农业非遗开发与文化产权分析

MINTAI
NONGYE FEIYI KAIFA YU
WENHUA CHANQUAN FENXI

刘芝凤 等 著

厦门大学出版社
国家一级出版社
全国百佳图书出版单位

1. 稻田栽荷习俗资源
2. 福建地区丰富的水库资源
3. 台湾省花莲县石梯坪阿美梯田
4. 满山沟都是五百年前开垦的农田历史资源
5. 厦门市翔安区新圩镇村尾村茂密的竹木林与水库成群结队戏游的野鸭是闽台农业生态资源的一个缩影
6. 闽北、闽西丰富的梯田资源
7. 闽南一些农村古树林资源的开发（图为厦门丽都园休闲农庄将古村林开发为企事业团队培养体能和精神的场所）
8. 甜美而丰富的热带水果园林是闽台农业的又一特色资源

闽台农业资源

生产性开发休闲农业

手中的田螺

1. 稻田养莲不仅美化梯田还有经济收益
2. 稻田养鱼养螺
3. 观光农业项目开发：长汀童坊镇举河、举林村闹春田的可开发性
4. 观光农业项目开发：长汀县童坊镇彭坊村节俗闹春田的可开发性
5. 台湾高雄冬闲田转换为冬花田观光项目
6. 台湾花莲县石梯坪阿美部落为开发休闲观光农业，结合观海民宿恢复人工插秧
7. 台湾桃园县农民开发的有机稻伴手礼
8. 台湾新竹刘盛展家的水塘生产性开发项目：养鱼、鸭、鹅，还作水上音乐舞台、民宿等
9. 台湾新竹鸭间道（谢乾桶摄）

休闲观光农业中的节俗

1. 传统节俗可作为休闲农业定期观光项目
2. 传统手工技艺可开发会展旅游纪念品
3. 闽台二地民俗信仰节俗如连城罗坊乡上罗村之类的活动非常之多，可作为观光农业文化项目
4. 民间器乐可成为开发观光农业的重要项目之一
5. 闽台节俗中的特色饮食为日后开发休闲农业奠定了物质基础
6. 闽西春节民间歌舞为休闲农业开发提供了亦娱亦乐的项目
7. 约定俗成的农业民俗吸引了众多摄影爱好者，可形成观光农业的节俗景观
8. 漳州长泰县江都村排大猪祭三公（苑利摄）可开发为农业定期、定点观光项目
9. 长汀县彭坊村元宵节凿纸龙灯有开发观光农业节俗和旅游会展纪念品生产基地的有利条件（彭庆华提供）

· 田野考察

2011年5月至2014年9月,三年多的时间,我们走访了闽台58个县300多个乡村,开展入户问卷、深度访谈等细致的田野调查工作。

1. 2014年7月31日课题组在武夷山后源村采访村民
2. 古民居的废弃加速了古建筑的灭亡
3. 课题组考察秋收打谷
4. 2014年8月,课题组在武夷山市吴屯镇后源村调研,借住村办打地铺
5. 林江珠在学习传统手工技能时采访老人
6. 刘芝凤、林江珠教授率研究生陈春香、练紫嫣夜访村民
7. 刘芝凤体验闽北农具时采访农业技能
8. 刘芝凤、徐辉教授与台湾东华大学、佛光大学黄东秋副教授夫妻,台湾古美术文物研究交流协会邵维球理事长在花莲县石梯坪考察
9. 刘芝凤在台湾的大学图书馆查找历史文献资料
10. 刘芝凤在台湾新竹拍摄秧苗培育
11. 师生田野调查
12. 在尤溪县联合乡云山村书记家中翻拍休闲农业开发资料
13. 在云霄县列屿镇油车村蔡奶奶家看古剧本
14. 终于等到日出(左起:蔡清毅、姜艳、学生、林江珠、刘芝凤老师)

国家社科基金重点课题 14AGL025 阶段性成果
福建省软科学重点规划课题 2013R0101
厦门理工学院人文社科优秀成果出版资助项目

闽台农业非遗开发与文化产权分析

课题组主持人：	刘芝凤		
课题组成员：	徐 苏	林江珠	和立勇
	王 伟	欧 荔	马 诚
	陈春香	练紫嫣	付新宇
	廖贤德(中国台湾)	徐 辉	王 晓
	谢赐龙(中国台湾)	谢乾桶(中国台湾)	湛香菊
	谢晓微		
审改编辑：	王宏刚	张安巡	
参加田野调查人员：			
	刘芝凤	林江珠	和立勇
	王 伟	欧 荔	徐 苏
	徐 辉	陈春香	练紫嫣
	付新宇	谢赐龙(中国台湾)	张良民
	刘欣茹	马 诚	王义静
	车守同(中国台湾)	高江孝怀(中国台湾)	谢乾桶(中国台湾)
	廖贤德(中国台湾)	黄东秋(中国台湾)	邵维球(中国台湾)
	刘少郎	朱秀梅	王煌彬

目 录

理 论 编

一、闽台农业非物质文化遗产的基本理念及生产性保护意义 …… 2
  （一）闽台农业非物质文化遗产概念 …… 2
  （二）闽台农业非物质文化遗产资源资本产权理念 …… 4
  （三）闽台农业非物质文化遗产生产性保护理念 …… 9
  （四）闽台农业非物质文化遗产保护传承的特殊意义 …… 9

二、闽台农业非物质文化遗产资源的知识产权基本理念 …… 22
  （一）闽台农业非物质文化遗产知识产权的法规体系 …… 23
  （二）闽台农业非物质文化遗产资源产权保护的民间意识 …… 27
  （三）农业非物质文化遗产资源产权保护中的政府行为 …… 30
  （四）农业非物质文化遗产资源产权侵权的司法救济机制 …… 36
  （五）农业非物质文化遗产资源产权纠纷的民间解决机制 …… 38

三、闽台农业生产技能文化遗产资源的开发及现状调查 …… 42
  （一）闽台传统梯田文化遗产资源开发现状 …… 46
  （二）闽北、闽西稻田养鱼生产性开发现状 …… 58
  （三）闽台稻田养鸭习俗及开发现状 …… 61
  （四）闽台传统稻莲、稻蔗轮栽的开发现状 …… 65
  （五）闽台传统养田技术与积肥的文化转化现状 …… 67

（六）闽台传统果茶习俗的文化传承与产业化现状…………… 69
　　（七）闽台传统农业水利灌溉文化转换的开发现状…………… 78

四、闽台农村生活习俗非物质文化遗产资源的开发现状调查………… 87
　　（一）闽台稻作民族民间信仰习俗的传承现状与开发现象…… 87
　　（二）闽台稻作民族传统农事节俗的传承现状与开发现象…… 94
　　（三）闽台稻作地区民间文学艺术的传承现状与开发现象…… 98
　　（四）闽台古村落文化遗产保护的传承现状与开发现象……… 104

五、闽台农业文化遗产开发中的知识产权问题分析与对策建议……… 121
　　（一）主要问题……………………………………………………… 121
　　（二）对策建议……………………………………………………… 124

实　践　编

一、南靖农村土楼旅游文化产业开发与空楼现象分析………………… 150
　　（一）"空巢现象"在福建永定的现状……………………………… 150
　　（二）"空巢现象"的背景资料……………………………………… 152
　　（三）"空巢现象"带来的土楼价值与保护思考…………………… 155
　　（四）"空巢现象"反映的问题及对策建议………………………… 156

二、长汀彭坊村凿纸龙灯文化遗产的生产性保护与市场前景分析…… 160
　　（一）长汀县彭坊村凿纸龙灯的历史源流与传承方式………… 160
　　（二）申省非遗成功后凿纸龙灯的传承现状…………………… 163
　　（三）彭坊凿纸龙灯的市场可行性分析………………………… 164
　　（四）长汀凿纸龙灯技艺的生产性保护运作模式分析………… 166

三、闽台民族艺术文化遗产资源保护中的文化元素归原分析………… 174
　　（一）台湾歌舞表现的民族意识………………………………… 174
　　（二）宁德畲族的民族文化元素归原问题……………………… 176
　　（三）少数民族艺术开发的文化元素归原分析………………… 177

四、厦门市海沧区新垵侨村红砖古厝文化遗产资源
　　保护与利用问题分析 …………………………………… 180
　　（一）新垵侨村红砖古厝人文背景与文化资源遗存现状 …… 180
　　（二）新垵红砖古厝建筑装饰艺术遗存现状 ………………… 184
　　（三）当下新垵侨村红砖古厝保护和开发主要问题 ………… 186
　　（四）新垵侨村古厝保护利用对策分析 ……………………… 190

五、福建尤溪县联合乡云山村、武夷山市吴屯镇后源村
　　梯田文化农业观光的开发与问题调查报告 ………………… 195
　　（一）尤溪县联合乡云山村梯田文化农业观光的开发调查 …… 195
　　（二）武夷山吴屯乡后源村梯田文化观光农业的开发现状 …… 198
　　（三）梯田文化产业开发的对策分析与建议 ………………… 203

六、福建农业资源的能源结构分析及农林生物质资源估算 …… 207
　　（一）福建能源概况 …………………………………………… 208
　　（二）福建农林生物质资源估算 ……………………………… 210
　　（三）结论 ……………………………………………………… 215

七、厦门市翔安区新圩镇村尾村休闲农业建设方案 …………… 217
　　（一）村尾村开发方向定位和可开发资源 …………………… 218
　　（二）休闲农业开发项目建议 ………………………………… 219
　　（三）村尾村休闲农业的开发对策和建议 …………………… 222

八、台湾乡村历史民俗文化遗产保护中的政府行为分析 ……… 225
　　（一）政府行为与民间行为导致历史民俗活动效应
　　　　　的巨大反差 …………………………………………… 225
　　（二）历史民俗保护中的政府行为学理性分析 ……………… 232

九、台湾台东布农部落射耳祭节俗中的开发价值分析报告 …… 236
　　（一）台东县布农部落的基本情况 …………………………… 236

（二）2014年延平乡桃源村布农部落"射耳祭"的活动安排 …… 238
（三）台东布农部落开发文化产业的其他信息
（布农风格民俗经营） …… 239
（四）台东布农部落节俗开发文化产业的价值分析 …… 240

十、台湾文化遗产的企业化管理分析
——以新竹义民庙为例 …… 242
（一）新竹义民庙的缘起 …… 242
（二）新竹义民庙的财产 …… 243
（三）新竹义民庙的经营管理 …… 245
（四）新竹义民庙的愿景 …… 249

十一、台湾农业谚语调研 …… 251

参考文献 …… 289
后　　记 …… 292

理论编

一、闽台农业非物质文化遗产的基本理念及生产性保护意义

(一)闽台农业非物质文化遗产概念

民以食为天。食之物产于土,土,地之吐生万物者也。自古以来人们所赖以生存的一切,都取之于大地,取之于土壤。在土地上劳作的人群称之为农民。

农业是国之根本,国之命脉,国之生存基本之道。广大农民在漫长的生产、生活实践中积累的农业生产技能、经验与约定俗成的习俗,则是我国珍贵的农业非物质文化遗产。

农业非物质文化遗产中的知识类、技术类与技能类传统文化事项,以及为当地社会所认可的民俗活动与习惯,具有重要的历史认识价值、艺术价值、文化价值、科学价值与社会价值,足以代表一方农业文明,因而也具有普世价值。

农业文化遗产可分为物质文化遗产和非物质文化遗产两大类。

有着百年以上历史的农业传统生产设施与生产资料均为农业物质文化遗产。如水利灌溉、农田、工具、选种育种、栽培、中耕、秋收、仓储等直接为农业生产服务的设施与工具均为农业物质文化遗产。

在物质文化遗产产生和创造过程中的经验积累与技术革新及随之约定俗成的生产习惯与技能习惯,以及为农业生产、丰收、人畜平安而约定俗成的信仰、饮食、节庆、婚丧嫁娶、生养习俗、居住习俗等,则为农业非物质文化遗产。换言之,农业非物质文化遗产是依助于农业物质文化遗产

体现的精神类、技能类、经验类的农业文化遗产传承,其传承载体是掌握农业生产技术与经验的农民(图 1-1-1、图 1-1-2、图 1-1-3)。

图 1-1-1　台湾早春耕耘:机械耕地(技能类)

图 1-1-2　金门闽南红砖古厝群(经验类)

图 1-1-3　龙岩市连城县罗坊乡罗坊村走古事节庆习俗（精神类）

(二)闽台农业非物质文化遗产资源资本产权理念

"文化资本论"源于法国社会学家布迪厄（Pierre Bourdieu）《文化生产场：论艺术与文学》一书中提出的文化资本理念。布迪厄借用马克思的"资本论"，将资本论领域扩大化，运用在文化、教育等方面。他认为在教育上，课程本身就是一种文化资本，资本不仅仅是经济资本，还包括文化资本、社会资本和符号资本等。他认为文化资本有三种形式：一是具体形态，二是客观形态，三是体制形态[①]。三种形态的不同范畴，蕴含着不同资本形态之间转换的可能性，文化资本的再生产是社会结构和经济结构实现自身价值保护与利益最大化的一种机制方式。

我国知识产权法颁布后，人们对文化资源的认识视野扩展到"资源就是资本的重要组成部分"（原说法把资源当作唯一的资本，实际上资源只是资本的一部分）。资本就是产权，重点转向文化知识产权。但大部分人至今还是没有认识到，广泛存在于民间的历史民俗文化非遗资源，就是产

---

① 布尔迪厄：《文化资本与社会炼金术》，包亚明译，上海人民出版社1997年版，第210～220页。

业开发的最大资本,应将其纳入文化资本并加以重视。

中国是世界四大文明古国之一,国之古老,人之古老,村之古老是相依相存的。中国又是世界上最早的农耕国家,农耕民族开垦并持续在一片土地和稻(梯)田上生产需要几十年,乃至几百年,甚至几千年。因此,为守住这份祖业,需要农耕民族少迁徙,久而久之成为民族特性,也因此产生了古村落(图 1-1-4、图 1-1-5、图 1-1-6)。

图 1-1-4　漳浦湖西乡赵家堡古村

闽台地区靠山面海,自古就是耕渔民族,农忙时务农,农闲时捕鱼。辛苦开发出来的田地不容易,有些田地需要好几代人或几十代人才能成熟成型(开垦以种上庄稼开始计算),如三明市尤溪县联合乡云山村 630 亩梯田,据云山村包氏族谱记载,他们的祖上是从东海泰山迁到河南,再至江西吉安县后巷乡。自吉安的包氏第九代包孙九福公,其生三子,其中二子名曰太三,由太三到三明市尤溪县联合乡作为云山峡元世祖开辟"十二都"[①],开拓基业。按时间计算,600 多亩梯田成熟成型需约 450～550 年之间,至明代入闽定居开垦。武夷山市吴屯乡后源村 11785 亩梯田,以村属大姓祝氏族谱记载,祝氏迁至此地已有 486 年,第一世祖来时,给章姓地主打长工,开

---

① 明代地域建制名称。

图 1-1-5　三明市尤溪县洋中镇桂峰村古村落

图 1-1-6　厦门翔安区新圩镇村尾村

发梯田。发展至今,成为后源村人口最多的第一大姓。由此可见,闽人一旦安下家来,便会守望祖业,大体不再迁徙(图 1-1-7、图 1-1-8)。

一个村庄就是一个文化空间,它传承了这一区域和姓氏家族的历史文化,包括方言、饮食、服饰、节日、礼仪以及生产、生活习俗等,形成一个个具有本区域文化特征的文化空间。故在闽台地区,多是上百年的古村落。

民俗文化在悠久的历史中不断沉淀,为开发文化产业提供了丰富的产业资源,而这种习惯性的地方民俗文化资源是产业化开发的利润资本。比如在闽台地区,如果没有红砖古厝、土楼建筑、堂号古庙、特色饮食和不同于其他地区的耕渔生活方式,就不存在闽台特色的古村落旅游景区和开发价值。这种文化资源如何转化为有效资产,如何实现具有生产性保护和开发的利益扩大化价值,需要人们的充分研究、利用。利润产生的前提是资本运作,所以资源资本主体的认定在本课题中是文化产权资本归属问题的核心问题。

图 1-1-7　包氏族谱

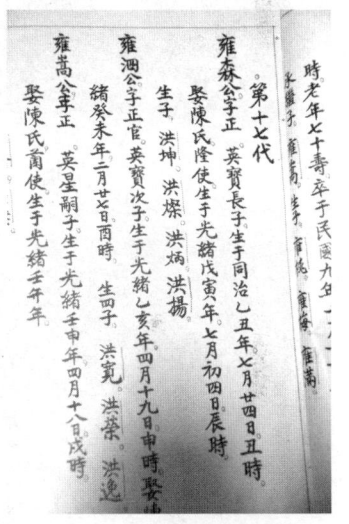
图 1-1-8　包氏族谱内页

从理论上说,人的信念、行为模式以及文化的物质载体所构成的资本即为文化资本。文化资本的形成既是货币形式投资的结果。如旅游开发商为开发古村落投入的道路建设、基础建设、组织客源、广告推广等等,这是显而易见的;又有潜在的非货币形式投资的资本形式,如民俗旅游景区内的古村格局、古树、古庙、古堂号(图1-1-9,图1-1-10),村民的民间节庆习俗、信仰习俗、民间文学艺术、竞技等以及传统服饰、传统人生礼仪、传统手工技艺等传统生活、生产方式等形成的文化资源资本产权模式。这是人们不容易看得见的,因此也容易忽视。

图 1-1-9　上百年古村都有古树

图 1-1-10　台湾高雄村民宅院的堂号

感性认识上,文化资本的多少直接影响到该区域民俗开发的难易程度,决定着景区气氛和凝聚力。

理性认识上,民俗文化资源资本体现在国际微观经济学的核心理论"稀缺性"的价值体系之中。无利不投资,开发商之所以开发某一古村,正是实践了国际微观经济学"稀缺性"的理论观念。福建地区有别于内地和其他区域,正是因为福建具有依山面海和与台湾一衣带水的特殊地理条件,以及闽南人特别的居住习俗和生活、生产习俗形成的特殊人文景观。因此,闽台文化产业开发的重点自然也落在了闽台历史民俗文化遗产资源上。而这些资源的有效转化正是文化产业利润产生的生产力和生产资料,是利润的资本之一。

因此,将闽台农业非物质文化遗产纳入有效资源资本范畴是十分必要的。

(三)闽台农业非物质文化遗产生产性保护理念

所谓"非物质文化遗产的生产性保护",此概念的提出至今不过五六年时间,一般是指在现代生产实践过程各环节中,使得非物质文化遗产及其资源转化为生产力和产品,产生经济效益,从而实现非物质文化遗产的积极保护,并与经济社会协调发展的良性互动。2012年文化部《关于加强非物质文化遗产生产性保护的指导意见(文非遗发〔2012〕4号)》中进一步明确指出:"非物质文化遗产生产性保护是指在具有生产性质的实践过程中,以保持非物质文化遗产的真实性、整体性和传承性为核心,以有效传承非物质文化遗产技艺为前提,借助生产、流通、销售等手段,将非物质文化遗产及其资源转化为文化产品的保护方式。"可见"生产性保护"就是非静态保护,不是为了保护而保护,而是在现在的生产实践过程中既能传承非物质文化遗产的真实性、整体性,又能以其为资源转化为文化产品的一种积极的、动态的创新性保护。我们对待农业非物质文化遗产,无疑也应当采用生产性保护的方式使其得以更为良好、更为完善地传承。

(四)闽台农业非物质文化遗产保护传承的特殊意义

血缘、亲缘、俗缘将海峡两岸一衣带水的闽台两地紧密联系在一起。虽然两岸现今体制不同,现代农业经济发展的步伐不同,发展过程有先后,但千百年来大陆移民带到台湾的农业生产经验、技能和各种相关的信仰、节庆、习俗等,使得两岸农业非物质文化遗产的内容大致相同,形式基本类似,并且在社会转型过程中的种种遭遇和结果也往往殊途同归。因此,将两地的农业非物质文化遗产相提并论,并且加以比较研究,无疑有着一定的学术价值和应用价值。

闽台农业非物质文化遗产生产性保护是传承绿色生命通道的需要,是厘清闽台农业文化资源、发展现代农业的需要。从闽台实地田野调查来看,这方面存在的问题:

一是什么是农业非物质文化遗产,如何厘清现有农业文化遗产的分类与传承现状。

二是如何建立农业非物质文化遗产资源即是有效资本之一,农民有知识产权和维护产权的权利与责任的理念。

三是地方政府如何处理农业文化遗产与政府的行政行为关系。

因此,闽台农业非物质文化遗产生产性保护在当下仍有非常重要的现实意义:

1. 闽台农业非物质文化遗产生产性保护是闽台传统农业科技及劳动人民智慧的结晶

以传统的稻田养鱼为例。稻鱼共生传统稻作经验是福建传统的非物质文化遗产。据福建连城、长汀、永安、沙县等县的县志记载,早在五代后梁龙德年间,福建农民就利用莲田养鲤。水田中养鲤,能起保护水稻的作用,达到稻鱼互利。清《政和县志》也有宋末、明初一季种稻、一季养鱼及稻田培育草鱼种的记述。①

稻田养鱼,虽产量不高,但成本低,无须专业管理,充分利用稻田水养鱼,鱼吃虫、草,鱼粪肥田;田鲤以胸鳍爬行,侧身游走,在半干湿田中,能潜入泥浆,有疏松田土作用。因稻田养鱼能起除虫、灭草、松土、肥田等作用,获得鱼肥粮丰的经济效益,故千百年来为稻作民族所传承,并为邻县农村所效仿。这种传统的种植生态链传承了上千年。

如今在开发观光农业和休闲农业文化产业时,稻田养鱼又为观光农业、休闲农业提供了独特的生态资源、项目资源、休闲垂钓资源、传统饮食

---

① 福建省地方志编纂委员会:《福建省志·水产志》,方志出版社1995年版,第131~133页。

资源。它不仅重现了闽台传统农业科技及劳动人民智慧的结晶,还为传统农业物质文化遗产产业化开发提供了生产性保护的技术与经验。

2. 闽台农业非物质文化遗产生产性保护是现代有机农业和生态农业的厚实基础

过度化肥农药带来土壤恶化,使自然灾害加剧。以闽台普遍使用的稻田锄草剂草甘膦为例。草甘膦是一种很有效的除草农药,药到根除。近三十来年,传统的冬至前耕地晒白松土①的农业技能习惯已陆续被现代农药化生产所改变。如今农村除草大多使用除草剂。因为秋收后,冬闲田大部分都空闲着,稻根会留在田土里,田坎边的芭茅草割后再生,且根深蒂固。来年开春再次耕田,芭茅草根很难耨耕,所以利用现代农药除草,成了今天农民减轻劳力、优化时间的常态习惯。但是,除草剂在腐化草根的同时,也破坏了土壤结构,草根霉烂了,没了牵制力,土壤松散无力,但凡一点多雨,田埂、堤坝便崩塌。这也是近些年农村田埂崩塌厉害,泥石流、洪水成灾越来越多的主要原因之一(图1-1-11)。

再则,农业转基因和化肥带给人们生命安全的恐慌也越来越强烈。因农田异用,传统技术边缘化,随之改变的是稻作民族民俗变异,人们的道德与情操也因经济利益驱使而功利化,民族向心力、凝聚力逐渐削弱,社会风气大不如前,农业文化遗产生产性保护迫在眉睫。因此,传统农业生产技术及其果实,再次成为人们追求生活质量的前提以及生命质量的保证。

3. 形成新的农业文化遗产产业化资源,有助于适度开发观光农业

在文化产业中,开发古村落旅游业已是中国乃至世界的一大支柱产业。2012年武夷山市下梅村古村旅游客流量7万人(图1-1-12),门票收入300万元(村办提供的数据)。据永定县政府网公布的信息,永定县2011优秀旅游县和洪坑民俗文化村5A级景区先后创建成功,为永定土

---

① 晒白松土:专业术语。即冬至前翻耕一次田土,利用阳光将田土里的细菌和有害物质杀死,还可起到松土的作用,为来年丰收做好质量准备。闽南谚语"冬至前挖金,冬至后挖银"即解释"晒白松土"的作用。

图 1-1-11　荒芜的梯田越来越多

图 1-1-12　土楼每天游客如梭

楼旅游的升温奠定良好的基础。2011年,永定土楼景区旅游人数达221.51万人,比2010年同期增长55.7%,绝对值居全市4A级以上景区首位,增幅居第二位。2010年至2013年,永定县旅游收入占GDP的比重逐年上升,分别为13.9%、16.8%、18.5%和19.5%。2014年上半年,全县实现GDP80.4亿元,同比增长8.6%,与一季度相比,GDP增幅提高了6.8个百分点,经济增长呈加速趋势。旅游服务业提质升温,共接待国内外游客223万人次,同比增长12.1%,实现旅游总收入16.8亿元,同比增长15.2%,土楼景区门票收入4394万元,同比增长23.3%。住宿餐饮业总体受旅游拉动明显,实现营业额4.0亿元,同比增长27.1%,增幅居全市第一。全县社会消费品零售总额为24.5亿元,同比增长11.5%。产业结构的持续优化,是当前经济转型的一大亮点,将有效提高经济可持续发展能力。旅游产业完成投资11.56亿元,同比增长59.0%,物流业投资实现突破,完成投资额1.1亿元,是2009—2013年五年完成投资额的总和。有效投资优化了经济结构,增强了发展后劲。居民收入稳步增长,城镇居民人均可支配收入达到14266元,同比增长10.5%,总量高于全市149元;全县农民人均可支配收入5537元,同比增长10.8%。物价指数上涨2.1%,比全市低0.2个百分点。①

由此可见,由乡村开发成功的古村落旅游文化产业,一年的收入上百万;由县政府开发的古村落旅游文化产业则成为一个县域经济的支柱产业之一。

在台湾,以金门为例,仅2013年从厦门直接到金门旅游,观光闽南建筑古村、考察金门的客流量高达144万人次,按600元/人消费计算,金门一年的旅游收入不低于8.64亿(图1-1-13、图1-1-14)。而事实上,去金门买奶粉、金门高粱及菜刀、"一条根"、金门糖的游客,占了游客的2/3以上。经粗略估计,金门一年接受大陆赴金门的社会消费品零售总额应该在10~20个亿左右。这还不包括台湾本岛,以及外国旅游的客流量。由此可见,农业民俗形成新的农业文化遗产产业化资源,有助于开发观光农业。

---

① 数据来源,永定县政府网(http://www.fjyd.gov.cn/index.aspx),访问日期:2013年10月7日。

1-1-13　金门渔业码头　　　　　　　1-1-14　金门观光码头

观光农业除了古村落旅游开发外，自然绿色的农业产品大量销售也是观光农业的一项重要措施。

以厦门市开发休闲观光农业为例。厦门绿色乡村生态科技有限公司创办的海峡两岸（厦门）农业合作示范园，2013年被评为省级休闲农业示范点。位于厦门市同安区汀溪镇造水村，占地面积15350亩，是一家以发展品质特色农业为支撑，集生态旅游观光、台湾水果采摘、休闲度假旅游、健康养生为主题的大型农业休闲旅游基地。该公司成立于2004年12月20日，注册于同安区汀溪镇造水村，项目占地面积15350亩。公司成立以来坚持"规划先行，注重环保，循环经济，产农结合"的理念，在园区内重点打造四大功能板块，"禅修养生，旅游观光，有机蔬菜，生态农庄"，致力于建设厦门市第一乡村旅游品牌，并尝试"立足厦门，辐射全国"。先后投入资金3600多万元，用于山地基础设施及景观农业建设。现已建成9.8公里环山旅游道路，配套有观景亭、木栈道、小木屋等多处游览设施。景区内采摘果园、有机菜地、樱花林、山泉瀑布、民俗古厝等多处景点已向游客开放。

作为海峡两岸农业合作交流的平台，公司广泛开展与台湾的农业技术交流合作，先后引进了台湾农业新品种近20种，引进台湾阿里山樱花等观赏性植物新品种16种，已开发种植成功达950亩。同时，还开发本地区水果如荔枝、龙眼、杨梅等640亩，并进行了林相改造1500亩。目前园区四季有瓜果，每年春季樱花盛开，成为厦门同安一道亮丽的风景。

园区内引种的百香果、柠檬、杨桃、荔枝、山苏蕨、养心菜、枸杞叶、莲雾等果蔬已取得有机转换产品认证，造水村的生产基地也被认定为有机转换产品的生产基地。这将极大提高当地农产品质量，游客亦可以游览参观有机种植园，亲自体验采摘、垂钓、泡温泉，农耕等乐趣。

景区内种植有福建省面积最大的樱花林,连绵成片,每到春节前后,满山开满阿里山樱花,景色蔚为壮美,吸引了大批游客慕名而来。公司连续两年成功举办海峡两岸樱花文化节,2013年春节樱花节,基于政府和各商协会的大力支持、各媒体的积极报道与宣传,吸引了超过20万的游客,活动期间每天多达上千车辆抵达景区游览。

造水村生态环境保护好,得天独厚的自然地理条件造就了当地清新古朴的乡村山地文化,公司景区内有古刹遗址、飞瀑溪流、百年老厝、烂漫樱花、四季瓜果,吸引了大批游客前来观光。环山公路四周随处可见乡村古厝、山泉瀑布、奇花异果,每到一处都是美景,成为自驾游、骑行、体验旅游爱好者喜爱的休闲观光去处[①]。

据台湾桃园县大溪镇陈添寿家和新竹县峨眉乡湖光村刘盛展介绍,台湾人把鸭间道发展当作有机稻田管理的重要手段与经验,附带的农产品有生态鸭蛋、稻田鸭等。他们利用小鸭踩田喷在野草叶上的泥浆封死野草的生气孔,导致野草枯死等这些原始科学原理管理稻田,所产的有机稻米又通过一定的技术加工,形成台湾盛行的"伴手礼"产品(图1-1-15)。如婚礼上的伴手礼、人情往来送健康的伴手礼等,很时尚。这种农业生产性保护措施是值得大陆农业生产单位和个人学习的。

图 1-1-15 台湾的有机稻米伴手礼

2014年4月在厦门市集美区灌口镇顶许村落户的"中农之窗—宝生园"与厦门万才投资管理有限公司,通过聚才商道的理念,以独创的BAB模式,创办休闲农庄。目前共携手

---

① 倪志荣:《厦门市休闲农业开发调查报告》,厦门市农业局提供资料,2014年8月手稿。

的企业已经从原来的 136 家扩充至 179 家,联合 90 户农民,现有职工 32 人,70% 是当地农民和居民。计划通过打造都市观光休闲农庄,探索新型农业产业发展模式,项目首期计划占地 350 亩,分两个阶段开发,现已开发宝生园农场占地 105 亩。以养殖蜜蜂、种植铁皮石斛、金线莲及有机果蔬产品为主,打造宝生园牌健康产品,结合中农之窗农业旅游配套服务,将周围的旅游景区融合在一起。园区规划集建为周末城市农民、周末生态养老、儿童农业游学、企业户外拓展的养生农业休闲旅游项目功能区,期望达到"游山、玩水,赏民俗,体验农业农家情"的农业休闲旅游格局。在这里,游客可吃到各种山珍野味、土产,还能体验骑马、骑驴、抓鸡、钓鱼、摸鱼、犁田、捡螺、抓泥鳅、种菜、骑车、垒土窝、烧烤、野炊、草地 K 歌等各类户外项目及拓展项目,也可自由选择房车住宿、树屋住宿、户外野营等。据课题组 2015 年 11 月 6 日现场调研,该农庄营运一年半,开发的

图 1-1-16　厦门市集美区灌口镇顶许村休闲观光农庄新项目:知青园

主要项目有知青园(图 1-1-16)、蔬菜园等,参加宝生园工作的农民,原年收入不到一万元,通过土地出租、土地入股(从 300 元/亩升到去年的 500 元/亩分红)、固定分红等收入,达到平均 3 万元的年收入。农民职工保留

工资在2500元/月。据村书记刘冠峰介绍,全村146户,432人,共400亩耕地,除了土地流转出租给企业之外,现存耕地268亩。更多的村民在观望。

厦门市农业文化资源的开发,在很大程度上分散了厦门超负荷的客流量。全市休闲观光农业开发不到十年时间,涌现出十多个全国、全省著名的典型。

例如,由厦门五峰土楼生态庄园开发有限公司运营的厦门市同安区厦门五峰德安古堡2010年被评为全国休闲农业与乡村旅游示范点。德安古堡是五峰乡村游生态景区的核心景点,系清朝乾隆年间五峰名士许尚官所建,属宗族聚居场所,距今有300多年历史,是世界上独一无二的鹅卵石土楼,内方外圆,长35米,通高9.6米,有2米宽的环廊,墙厚3米,南北侧各1个圆拱形的石门,并有防火、防盗设施,坚不可摧;建时有三层99间,里面可以容下三五百人之多,但在"文革"期间,房屋已全部被损毁,只留外墙和环廊。景区营运公司在德安古堡景点的文化创意上,抓住德安古堡是清代产物这一要素,以清代文化为主线,着力打造七项具有"清代特色文化"主题的德安古堡休闲景点。一是搭建仿古的清代建筑风格屋顶,既让游客免受日晒雨淋之苦,又再现了当时德安古堡的清代建筑特色。二是搭建宣传橱窗,用连环画的形式展示"清代德安古堡建造史"。三是在德安古堡内,展出上百张"清朝印象"老照片,再现清代时期政治、军事、文化、生活等方面的历史图景,让游客从中感受建造德安古堡的历史意涵。四是搭建表演舞台,上演清代德安古堡"五峰出嘉腊"的美丽传说,再现当时德安古堡主人挖到金银财宝故事和独特的"五峰出嘉腊"闽南民间传统婚嫁迎娶礼俗。五是搭建休闲亭配套茶桌椅,展演宫廷茶艺,让游客一边欣赏清代宫廷茶艺表演,一边品茶。六是展映清代闽南四大古戏,现场用影视设备,为游客展映清代时期的"国家非物质文化遗产"——"闽南千年古乐·南音""闽南以丑见长·高甲戏""闽南说唱艺术·歌仔戏""闽南掌中绝技·木偶戏"节目,让游客一同感受清代德安古堡主人许尚官曾观看过的闽南"四大古戏"之雅。七是设置体验清初发明的"中秋会饼·搏状元"民俗活动项目,并展出与"中秋会饼·搏状元"相关的清代科举制度之清代"秀才、举人、进士、探花、榜眼、状元服饰",用其特殊的历史文化吸引游客。

厦门市同安区丽田园农家乐2011年被评为全国休闲农业与乡村旅游示范点。丽田园农家乐成立于2010年6月11日,位于同安区北边的莲花镇云洋村,实行合作社制度,以提供村民信息技术,从事乡村旅游、农家菜经营、特色农业种植、农耕体验、一村一品销售等项目为主。目前已发展成为一个具有广泛影响的创新型合作社,有效地带动了社员创业,提高了收入水平。合作社重阳佳节为云洋村500多位老人送温暖,提供免费的婚照拍摄服务;与台湾(厦门)阿波罗旅行社举办"闽南语歌王大赛",为同安地区闽南语歌曲的传承做出突出的贡献。这一系列活动产生了广泛的社会效益,也得到社会各界的一致好评。

厦门市集美区仙灵旗休闲农庄2012年被评为全国休闲农业与乡村旅游示范点。仙灵旗生态观光园于2006年规划设计,2008年开始建设,园庄占地1000多亩,建有赛车场、跑马场、滑草场、休闲木屋、会议中心、培训室、生态餐厅、观光果园等,是集旅游、休闲、度假、运动、会议、培训于一体的综合性生态运动景区。年接待旅客达50多万人次,是目前厦门市较具规模的生态景区之一。

集美区集志农庄2013年被评为全国休闲农业与乡村旅游示范点。2012年,农庄年接待游客8.65万人次,其中港澳台及海外游客1.12万人次。值得一提的是,农庄现有从业人员共计115人,其中绝大部分来自周边农村的剩余劳动力,共102人。他们多在农庄从事餐饮、服务工作,受到了良好的职业培训,获得了较为丰厚的劳动报酬。在农庄从业农民人均年收入达到24000元,高于当地农民收入平均水平。此外,农庄还通过农副产品采购、果园种植、生态养殖等途径带动周边农户,解决了这些农户的产品销售问题。与此同时,农庄将自身的生态农业理念通过多种途径传递给相关农户,推动了周边农业的升级;积极利用自身特色,开办户外拓展项目,为周边合作企业带来了良好的收益。农庄特色菜在各类美食评选活动中屡屡得奖,如在《厦门日报》的最佳美食评选中,药膳老鸭汤就榜上有名;《厦门商报》的岛外十佳最爱美食评选中,干煎土鸡、紫菜饭等也纷纷上榜。这些评比也给集美区旅游局带来了荣誉。

厦门市同安区汀溪顶上乡村度假区2013年被评为省休闲农业示范点。顶上乡村度假区位于同安区汀溪顶村,占地面积5000多亩,一期开发600亩,项目包括万金湾国际露营地俱乐部、顶上国际山地车俱乐部、六度庐民宿、农牧体验馆、"森呼吸"户外运动馆等,累计投入近2200万。度假区解决当地村民直接就业21人,平均月薪为2200元;临时用工每个月超过100人次,每人每天工资100元;并与村集体有效配合,为村民搭建销售农特产品的平台,增加村民收入,间接解决村民就业。目前,多户村民自建的民宿已经投入旅游接待。顶上乡村度假区2014年已申评福建省四星级乡村旅游经营单位①。

在福建,除了厦门,其他县市的农业休闲观光开发也如火如荼。2014年7月底,课题组在闽中三明市尤溪县联合乡云山村考察梯田传统农业时,村书记包世生说到自己的计划,满怀激情,他要把云山梯田通过合作社的形式,恢复传统生态农业。如稻田养莲、莲田养鱼、稻田养螺、稻田养泥鳅、冬闲田栽种油菜等,把传统梯田变成观光农业,既可增加农民的收入,又可吸引一年四季的游客来观光,同时销售生态农业特产(图1-1-17)。

图1-1-17 三明云山村稻莲田

---

① 倪志荣:《厦门市休闲农业开发调查报告》,厦门市农业局提供资料,2014年8月手稿。

4. 为闽台农业合作提供了广阔空间

闽台农业经济合作模式早在两岸开放直接往来前就已进行,据《台湾农业发展概论》载,至 2002 年止,福建省已累计批准台资农业企业 1500 多家,合同利用台资 18 亿美元,实际到资 11 亿美元。闽台农业合作已成为福建省吸引台资的一大特色,合作项目从引进农作物良种开始,逐步向引进农业高新技术发展,向农副产品深加工、农业服务、土地成片开发和整体配套发展,促进了福建农业产业化进程。福建已成为海峡两岸农业交流合作的重要基地。[①] 2013 年福建省农业厅闽台农业合作在继续深化闽台农业产业合作项目,提升台湾农民创业园建设,加大示范县建设的推广力度上,取得新的成效。2013 年全省 6 个创业园引进台资农业企业 18 家,合同利用台资 5600 万美元,累计有 513 家台资农业企业入园创业,引进台资 9 亿美元。此外,全省专项安排农业综合开发资金 2000 多万元,用于创业园的基础设施建设,全年接待游客预计突破 30 万人次,旅游收入突破 8000 万元。2013 年全省新批台资农业项目 48 个,合同到资 7690 万美元,千万合作项目有 5 个,至 2013 年止,全省批办台资农业项目 2474 个,合同利用台资 33.7 亿美元,实际到资 19.1 亿美元,投入农业项目的台资数量和规模继续位居全国第一。[②] 但是上述合作项目主要落实在海产品出口,如冻、干、盐腌、盐渍或熏制墨鱼、鱿鱼、海带,制作保藏鲍鱼、鲜、冷黄鱼等海产品上,还有花卉、休闲农业、设施农业、生态农业上,近十年闽台农业文化交流、合作项目却基本上是一方未开垦的处女地。可见,在闽台农业经济和文化产业化方面,仍然有很大的可开发空间。

自古以来,历朝历代都本着"无农不稳,无工不富,无商不活"之固国之本,因此保护农业非物质文化遗产是国家利益的需要,是海峡两岸文化共同建设发展的需要,是固本清源、传承绿色生命通道的需要,是开发闽台农业文化资源、发展现代农业的需要。

总之,闽台因历史形成的特殊地理环境,约定俗成的农业特殊非物质

---

① 张广敏:《闽台农业经济区域研究》,九州出版社 2003 年版,第 1 页。
② 2014 年 7 月 29 日,课题组在福建省农业厅采访,从闽台农业发展合作处所得 2013 年工作总结数据。

文化遗产,在中国乃至全世界,是一种生态环境与民俗地理性的文化标志。因而,研究闽台农业非物质文化遗产与产权问题,具有代表性,不仅能有效地保护好闽台地区农业非物质文化遗产,并能通过文化产业化,健康有效地推动闽台地区经济可持续发展。此研究也为已经开发农业旅游文化产业出现尖锐矛盾的地区和正在开发或尚未开发、正在规划农业旅游文化产业的各地政府,提供科学的理论指导与解决问题的具体方案、建议作参考。

二、闽台农业非物质文化遗产资源的知识产权基本理念

对我国来说,无农不稳,是永远的真理。对于我国非物质文化遗产传承来说,所有种类的非物质文化遗产都依托着民间的物质文化传承。由于中国区域广、民族多,文化便成了区域与区域之间、民族与民族之间、文化与文化之间的标识与区别。尤其是在当下全球经济一体化的大趋势之下,全世界几乎成了一个"地球村",不论城市、乡村,几乎都朝着相同的经济模式、相同的物质需求、相同的价值观发展。城乡建筑几乎无大区别,县乡高楼与大都市高楼一样,也比着现代模式往天上攀高。只有遗存在民间的非物质文化遗产,带着历史渊源和原土气息,成为区别于其他区域的文化标识与文化旗帜。至此,文化资源的法律保护就显得尤为重要、不可或缺。

知识产权保护在我国法律界受到重视的时间较早,1982年我国颁布了《商标法》,1984年颁布《专利法》,1990年颁布《著作权法》,中国的知识产权法开始系统地建设起来。但法律的落脚点在于个人创作、发明和产品投入的署名、商标、专利上,对民间群体性传承的民俗文化遗产资源保护尚未有细则参考。

也许是中国太大,文化遗产资源太多,所以早在二十多年前,中国政府和相关部门为中国的长城,故宫,周口店北京人遗址,甘肃敦煌莫高窟,山东曲阜的孔庙、孔府及孔林,福建武夷山,湖北武当山,杭州西湖等文化遗产申请世遗成功时,虽然在许多文化人心里升起民族自豪感,但更多的农民和城市居民却因信息闭塞而无动于衷。2004年韩国"江陵端午祭"申请世遗成功,深深刺痛了国人的神经,让国人很有挫伤感。于是,从国

民到政府,非物质文化遗产保护飞速提到法律条文保护的议事日程上来。我国第一部《非物质文化遗产法》(简称"非遗法")于2011年2月25日,由中华人民共和国第十一届全国人民代表大会常务委员会第十九次会议通过,2011年6月1日起施行。

"非遗法"对我国非物质文化遗产的调查、遗产代表性项目名录、传承与传播以及法律责任等进行了系统的归类与定性,相关文件和司法解释也随之产生。主要包括《非遗法》在内的法律及其相关文件8种,《非遗法》的条文释义,国务院及其有关部门文件10种,国际公约及其相关文件4种。如《非物质文化遗产法律指南》、《非物质文化遗产学》、《非物质文化遗产教程》干部读本等。这些针对我国非物质文化遗产保护与利用的法律条文在很大程度上起到了保护与捍卫非物质文化遗产的知识产权和保护非物质文化传承人的基本利益作用。

然而在后来的田野调查实践中,课题组发现《非遗质文化遗产法》中还有修订和补充的需要,民俗文化资源纳入资本进行产权保护尚缺保护细则。

近几年中,与全国一样,闽台农业非物质文化遗产资源也不可避免地正在被文化产业大开发浪潮摔击、冲撞、撕裂着。出现许多资源资本产权亟须解决的问题,即农业非物质文化遗产知识产权问题、资源资本主体认定问题等,揭示人们理念上的薄弱环节,迫使人们从意识形态上去考虑农业非物质文化遗产是否是资源、资源是否是资本、资本怎么利用和维权、国家与开发商投资后的古村资源资本主体是谁、遇到侵权如何进行司法解决机制等诸多问题。

(一)闽台农业非物质文化遗产知识产权的法规体系

法律制度包括许多具体的制度,如行政法律制度、经济法律制度、婚姻家庭法律制度、诉讼法律制度、教育文化法律制度及更多意义上的法律制度等。专业知识中,有学者认为,法律制度从宏观角度来看,一是一国的立法制度与司法制度的总称,即通常所称的"法制";二是指运用法律规范来调整各种社会关系时所形成的各种制度,即通常所谓的"法规"。

一种良好的法律制度有着三个方面的要素:第一是法律的权威,第二是良好的司法官员,第三是简单易行的诉讼程序。①

闽台农业非物质文化遗产知识产权的法规体系尚未建立。虽然如今不论是福建还是台湾,对非物质文化遗产的保护都有各地的保护措施和相关制度。而且,从知识产权看,只要是专利,有具体传承家族、单位和个人,有注册商标的知识产权,都有法律条文保护和有法可依。但就多年从事闽台农业非物质文化遗产资源调查研究及许多实践中遇到的问题来看,从国家层次到闽台地方相关法规建设中,都还没有农业非物质文化遗产知识产权机制体系,所以有建立的必要。如农村古村落的保护与开发中,古村落的历史渊源、生态环境、生产模式、族群的聚落形态、民居的建筑模式、节日习俗、生活习俗等是古村落构成的主要元素。但是,在文化产业开发中,村民的生态环境、生产方式、民居建筑形态、生活习俗却不在资源资本投股之内。殊不知,没有古村落的这些构件,何来投资开发的资源?如福建正在开发的梯田文化、古村落旅游规划等,课题组所到之处,很容易感受到村民无奈和愤懑的情绪,以及他们殷切期盼相关部门出台相关法规,以确保文化产业开发区原住民切身利益的美好希望。

台湾在知识产权的维护和民间依法上,出现的问题相对少一些。原因是台湾的体制不同,土地基本上是私有财产,故要开发农业观光,开发商必须先把农民的私有土地购买到自己名下,形成自己的私有财产再开发。如台东南八里鄺先生开发观光农庄(图1-2-1、图1-2-2),就在相关规定以内把开发中可能出现的问题都解决了。鄺先生买地时,因土地远离县城二十多公里,且四周荒芜,所以买得非常便宜。但开发商开发后,地价飞涨,以观海民宿带动的观光农业也速见收益,原卖主虽心有不甘,但因有相关规定的制约,没有争议。

在台湾,开发商事先租赁土地一些年限,与当地村民组成股份制再开发也是一条可寻之路。如南投的九族园,是台湾最早开发民族旅游的景区之一。再者就是村民自己开发,更不存在文化知识产权丢失的问题。后一类情况在台湾也比较普遍。

---

① 祁静:《浅议法治建设之魂》,http://www.yfzs.gov.cn/gb/info/XXDT/2012-09/05/0957392695.html,访问日期:2014年11月9日。

图 1-2-1 台东南八里民宿

图 1-2-2 台东私人休闲农业景观

台东县延平乡布农人开发的"布农部落"旅游景区,都是当地布农人组织开发的。布农人通过内部协商成立"布农部落旅游景区",门票240元新台币,部落里设置了几个景区,包括民族图腾、民族雕刻群展、布农民族特产商品区及纺织、织布真人秀等,得到周边布农人的认可和维护,民

图 1-2-3 "布农部落"景区

族资源资本产权问题矛盾少。延平乡开发"布农部落"以来,桃源村也成了旅游的一个拓展景区。来自大陆和其他国家及地区的游客,除了团队旅游之外,大多数是散客、自由行和本岛自驾游观光。这些散客观赏了"布农部落"后,大多会去延平乡"布农部落"旁边最近的布农村庄桃源村看布农人真实的生活(图 1-2-3)。

  桃源村 375 户人家,1700 多人,95% 是布农人,其余的是阿美人和排湾人,汉人是外来户没几人。开发旅游以来的这几年时间里,村里应运而生开了十余家民宿,五六家超市和两三家饮食店。村里没有特别的风景点观光,游客看到的是日据时期日本人将最后强迫迁下山的布农人安置在这里规划的村落和日本退出台湾岛后迁来的天主教堂。布农人平常生活状况成了游客观光的风景点;布农人也见怪不怪,自己做自己的事。遇到民族节庆日,桃源村便人满为患。民宿价比城里宾馆价高 1~2 倍。一间 6~8 平方米的简陋小间,至少要收 2000 元新台币。"背包族"少一点,一张通铺床也要 400 元新台币以上。为了赚钱,许多村民开拓了新的生财之道,有的开出租车专门接送县城到桃源村的游客,单程一趟 500 元新台币以上;有的学习传统纺织,在村里和集贸市场上现场真人纺织,卖布农人服饰,一套成人服饰在 1 万台币以上,一套儿童服饰也在 3000 元新台币以上。更多的布农人开展集贸市场的饮食业,一家一个炉灶。当地政府将布农人规范在村后学校一块空旷的场地上统一开业,村民收入都有门道。

台湾更多的民间古村落没有开发旅游文化产业,但与自然景观相邻的古村落,会时常有游客去观赏。如台湾新北市金山区的八烟梯田蔡氏村落、新北市乌来乡泰雅文化博物馆、新竹县尖石乡民族园、苗栗县桂花巷等。居民利用博物馆、自然景区的便利,各自做旅游产品的生意,虽然观赏不收门票,但由此产生的夜市和购物一条街不但丰富了旅游产业的多元文化,也使当地居民有了经济收益。

闽台两地的情况说明,建立农业非物质文化遗产知识产权的法规体系,也应因体制的不同而有所区别。

(二)闽台农业非物质文化遗产资源产权保护的民间意识

意识,心理学解释为人所特有的一种对客观事物和现实的高级心理反映形式。民间意识,是指在民间人们对一种事物和现实状况认识的心理反应。具体到闽台农业非物质文化遗产产权的知识保护意识上说,是指在福建和台湾民间人们对农业领域的民俗文化资源的重大意义与资本意识的心理认识与反映方式。

课题组在闽台地区做了近4年的田野调查,发现台湾地区对知识产权的保护意识很强,不论城市还是少数民族村落,人们对本地区、本民族和本家庭的知识产权维护都有强烈的意识,如东台知本卑南部落,村民抗议开发商购买他们的祖坟地做土地扭转产业,几乎都为捍卫本民族的历史文化在奔忙着。课题组在新竹县竹北七姓庙考察当地人七月半做祭祀民俗时,也遇到当地村民因政府修路要占用庙产二分土地,政府将赔偿2000万元新台币,但与市场土地买卖价格有距离,他们正在联名起草诉讼草案,准备走法律程序。所到之处,所有课题组成员都有很深的感受,民俗文化在台湾受到了充分的重视。

福建地区城市与农村的法律意识有明显差异。尤其是在文化产业开发中,村民都不知道如何保护自己的知识产权,不知道祖辈留给自己的村落形态、民居建筑艺术、村民生活状态和生产方式正是文化产业开发的主要资源。开发商认为自己投入了资金,就是老板。很多开发单位、地方行政和开发商都把古村落的旅游产业开发当作自然资源,没有对实际资源持有者进行沟通和折算股份的基本意识。故会出现开发景区效益好的地方,当地村民因愤懑而挖路、断电、用石子掷车的个别现象;如果开发状况不好,村民也就袖手旁观,隔岸观火,没有关心和参与的意识。

通过调研,课题组认为,各级县、乡、村行政职能部门,必须自觉地加强法律制度意识,学习非物质文化遗产法和相关知识产权法,厘清民俗文化就是产业开发的资源。资源就是资本之一,是必须参与到文化产业开发的股份中去的。这样,既保护了村民利益、村级利益,也为开发商日后的产业拓展奠定基础。从长远利益看,是双赢的保障。

课题组在三明市尤溪县联合乡云山村考察梯田文化产业开发问题时,该村支部书记包世生很有感受,谈了他的切身体会和改进措施。

云山村有100多户人家600多亩梯田,祖先开垦梯田的历史在450至550年间,因山高路远,村里的主要经济来源就是毛竹。即使在当下,

图 1-2-4　云山村民贫困的生活图景

城郊村民一年都有4万~6万左右的收入,云山村民收入才1万左右,很困苦。

2009年尤溪县联合乡路段的高速公路竣工庆典,前来拍摄报道的记者们在这群山叠嶂、穷乡僻壤的联合乡发现了万亩传统梯田。观光者将镜头中的联合梯田输送到网上,引来上千人专程观光。2012年,尤溪县、乡领导见尤溪联合梯田年年都有五六千人来观光,看到了观光农业开发的希望,于是联系从联合乡云山村走出去打工、已拥有上亿家族资产的包世生,请他回乡带领村民开发梯田文化产业。2012年6月,包世生带着一颗真诚的心回到家乡当了"村官",在一年多的梯田文化产业开发中,遇到的困难很多,他先是自己出资,组织了村里12位能说上话、愿意参加合作社的村民组织了云山村农业合作社,以每亩300斤干谷的代价,将连成一片的300多亩梯田租赁下来,复耕梯田。运作一年后他算了一笔细账:一亩田一年的成本是1500元左右,但一亩田的稻谷最多收成700斤~800斤谷,每亩收不抵支,也不是长远办法,这种租赁体制还会培养村民的懒惰性。就村民而言,300斤谷收入不高,但自家的稻田荒着也是荒着,有利可图即可。

　　2014年初,包世生在改革梯田经营品种时,想到以股份制形式,将全村村民吸引到合作社中来,这样既将村民梯田资源转换成资本投股,又加强了村民的主人翁精神。

　　课题组在村民中采访时得知,目前合作社已由13户增加到49户,年底会突破100户。村民的意见主要在于自己的梯田不在合作社现有开发梯田之内,入不了社。他们希望村委将全村梯田都纳入合作社的文化产业开发之中。一位林姓村民,有7亩稻田,因不在村合作社租赁的整体梯田范围内,没有纳入合作社,今年也被迫抛荒。问其原因,他说周围梯田荒芜了多年,野猪、野羊、鸟和老鼠都跑到他的稻田吃谷,即使栽田也没有收成。所以今年他也抵不住,无奈只能抛荒(图1-2-5)。但他特别想加入合作社。

　　从云山村梯田文化产业开发的现状看,由于村支书有国外打工的经历,又有开发产业的经验和法律意识,所以能在短短一年多时间里,获得村民的爱戴和拥护。

图 1-2-5　云山村荒芜的梯田

(三)农业非物质文化遗产资源产权保护中的政府行为

闽台课题组的田野调查发现,农业非物质文化遗产资源产权保护中,政府行为起着决定性的作用。当地政府和乡村级行政职能部门做得好、处理公平,会深受群众爱戴和感恩,文化产业开发起来阻碍也少。如果当地政府只是纸上谈兵,乡镇村级行政部门没有按章办事,走形式和过场,群众不仅意见大,文化产业开发步步受阻。虽然这些基层单位有权掌握各级部门下拨的项目资金,群众敢怒不敢言,但背后的民怨积累只会导致民心不稳。

课题组通过在闽台地区 60 多个乡村的实地考察,总结政府行为对农业非物质文化遗产资源保护中的作用和影响如下:

(1)人民代表大会是法律法规的制定者,政府是其执行、监督者,是组织村民保护非物质文化遗产、开发文化产业的组织者和推广者,乡村级行政单位则是具体执行者和矛盾处理者。不应该在农业非物质文化遗产保护和开发中制造矛盾,为党和国家埋下民怨的种子。

三明市尤溪县委县政府顺应形势,发现本县联合梯田有开发价值,很快于 2013 年就印刷了一本画册《中国五大梯田——联合梯田》,作为梯田文化产业开发的宣传册。为开发联合梯田,查找当地外出打工的成功者,真诚地做思想工作,邀请他们回村当"村官",为民办实事,开发文化产业。如云山村回村的"村官"在短短一年半的时间里,就将村民组织起来,初见成效。乡政府不论是否休息时间,有无上级部门打招呼,但凡遇到向乡政府索求调查资料的单位和个人,都会热情接待。便也有个别国家级历史文化村,受访的十余位村民,竟然都对本村落的保护和开发表现出漠视的态度。还有村民悄悄地拿出为申请古村落保护单位拆除现代建筑的补偿合同,悲愤地说,原本村民都非常热情,积极配合古村落保护,按合同拆除了刚修好不久的现代建筑。但村委不诚信,厚此薄彼,让村民心寒。

　　在地方民俗文化旅游开发的问题上,台湾地方政府对少数民族文化开发都有一定经费的支持,对汉族人的庙会和节日习俗却很少有资金投入。课题组所到之处,不论是台南的古民居,还是苗栗、新竹湖口的古民居街道,民居建筑的维修主要是私人自己的事,公共设施则由政府出资。由于台湾的相关规定较完善,很少出现民众抱怨的情况。

　　在福建,跟全国形势一样,古村落保护和非物质文化遗产保护有国家资金支持。地方政府是主要的实施者、组织者、引导者和执行者。地方执行者如果处事不公,不仅会破坏党和国家在村民心中的形象,还会错误地把村民引向对社会不满、对政府泄愤的对立面。

　　(2)尊重民俗自然规律,坚持民间事民间办,政府不过多干涉。闽台两地,政府利用历史民俗办节会和活动,推动当地文化遗产资源产业开发,成为闽台两地政府工作中的一项重要日程。

　　在台湾,台中、台北、台南,民俗活动完全由乡民自发组织,数百年长兴不衰。闽人按着传统习俗,自然自觉地进行历史民俗文化遗产的传承与保护。

　　从台湾历史文献记载的民间信仰资料来看,人们把宋代莆田湄洲岛上一位常在海边救人于危难以至牺牲生命的渔家女妈祖视为平安保护神。数百年之后,台湾人仍然十分崇拜她。台中鹿港妈祖庙和大甲镇南宫妈祖庙,每年的妈祖祭都有数万民众前去朝拜,场面仍然如《安平杂记》中所描述的一样,盛况空前,万人空巷。在台湾,每年胜过春节热闹的信仰活动,除了妈祖祭,还有新竹城隍庙的七月半过鬼节。每年的农历七月半之前一个月,乡民就开始过普渡,请戏班子进庙唱戏。鬼节当日,一整天到深夜,巡境等各种表演热闹非凡。祭祀的人川流不息,商店关门,公司放假,全民参与。

图 1-2-6　海神妈祖

针对闽台农业历史民俗中的民间信仰文化遗产保护问题,笔者曾采访过几位法师、庙祝和民众。回答的意思大体一致。在台湾,婴儿还在母亲的怀里就开始感受拜妈祖的神秘与神圣。

台湾妈祖活动,反映出民俗学文化波理论在这里得到了真实的实践。妈祖祭和神灵巡境历史民俗源于闽南地区。这些习俗在闽南地区消失或规模变小,甚至消失了,却在台湾以泉州人、漳州人为主的汉人中完好地保存着。

(3)大型民俗节庆活动中,政府的介入应该注意以下几个问题:

一是对民俗信仰节庆需要因势利导,不以权强俗。

一则政坛逸闻,说的是一位市长在新建的市政府大楼前建造了一片青草坪,诸贤达人士建议,为方便行人路行又不破坏草质,在草坪上修几条小径。于是有建议横走,有建议斜径,有建议竖直僻路,有建议弯曲幽

图 1-2-7　台湾新竹城隍爷巡境前民间自发的组织筹备

图 1-2-8　台湾民俗活动成为旅游观光的地方文化特色项目

径等等。市长淡然一笑说,先不忙修路,一年后待人们自然走出一条或几条路来后,再按走出来的自然途径修建草坪小径。一年后,草坪上出现了几条人们自然走出来的小径,市长安排人从河边运来漂亮的卵石铺嵌成亮丽的草坪小径,得到广大民众的赞赏,草坪的青草也再无人随意践踏,长得郁郁葱葱。

这则政坛逸闻的立意在于,在某些事情的处理上,政府行为要尊重民间约定俗成的习惯,因势利导,而不是以权侵犯民意。劳动需要技术与技巧,政治也同样需要技术与技巧。面对根深蒂固的民间民俗节庆,尤其是民间信仰节俗,是主观地强制开发,还是因势利导,正是目前全球性区域文化产业开发所面临的现实问题。

二是尊重民俗传承的原动力、规律性。

这与采取行政命令的效果完全不一样。政府行为的不科学性,可直接导致民俗节庆失去原真性,破坏千百年来人们自成体系的思想道德意识,会出现诸多社会问题,轻则民心躁动不安,重则影响国之根本。

台北县新北市某乡阿美人为庆祝一百周年而举办了隆重的"丰年祭"。然而,祭典既没有按传统习俗在祖屋举行,也没有想象中的人声鼎沸、车水马龙的场面。在租来的草坪上,新北市三芝区公所作为主办单位,负责整个活动的资金和会务接待,在太阳伞罩下,衣着统一服装的工作人员在闲散中接待着零星赶来的人签名、捐钱,安排活动事务。主席台上,来自台北各地的阿美社区领导十余人观看着草坪上十来位衣着民族服饰的中年妇女进行歌舞表演。主席台的左边是观众席,约有四五十位阿美人和穿着汉服的观众在观摩,右边是工作人员的工作棚。主席台对面的空坪上,设有祭祀神龛。整个丰年祭活动没有多少外来观众,本族人参与的也不多,参加表演的除了十余位中老年妇女,还有几位青年男女和穿着民族表演服饰的几个小姑娘。总之,整个庆典比较冷清。

在新北泰雅人社区,笔者曾问及几位泰雅居民,他们对地方政府资助主持的丰年祭并不是很热衷。因当年政府资助金没按时到位,传统收获祭也就没按期举行。对此,采访中村民回答是:"政府不出钱,谁来办呢?"再次赴台后,笔者得知该年丰年祭在2个月后的11月举办,向该乡老人问至此事,所表现出的也是淡然态度,已找不到原有的神圣的感觉。

据笔者实地调查,台湾少数民族的收获祭近十来年一直是各地政府出资举办。开始时,各族民众非常感谢政府对本族群历史民俗的重视和资助,在外地工作、生活的原部落成员到时也会回到部落,参加祭祀和节庆活动。然而,有的地方由于其组织、资助的丰年祭节庆活动受市场因素和资金的限制,办了几届仍然开发不了旅游产业。现在举办的丰年祭并

图 1-2-9　新北市阿美人丰年祭

图 1-2-10　上台是表演者,台下是观众

不是本民族传统意义的收获祭,族人认同感不强,故而对丰年祭的投入和热情有些降温。

在福建农村,原本民间庙会和节庆习俗,也多有政府参与并主导。如龙岩市连城县罗坊乡罗坊村历史上就有元宵"走古事"习俗。每年元宵节时,村里各聚落就要扎架,选择一些童男童女化妆成历史上的英雄人物,扎在高架上,抬着巡境,以达到娱神娱人、传承历史的作用。近几年,为开发当地文化资源产业,政府开始投入资金和组织工作,每抬"古事",政府付 10000 万资金。村民从感恩到漠然。

2012 年元宵时节,课题组在罗坊村考察时,村民解释,政府给了 7 万元,一抬"古事"有 10000 元。当课题组问,如果没有政府的出资,还会有这样热闹的抬"古事"吗?回答是,有是有,不会这么热闹。政府不给钱,谁来抬呢?民间的民俗演变成政府行为。罗坊乡办了多年"走古事",至今农业观光仍然没有开发成功。

泉州市部分地区有端午海上泼水节习俗,是以除污去疫的习俗演变而来的。在当地政府数百万资金支持和组织下,举办了八九届。2014 年因种种原因,政府有不参与举办、让民间自己办的意向,急坏了当地的组织者。这些农民企业家,每次活动都有资金垫付,如果政府不出资,就有 300 万左右资金的缺口,困难可想而知。经过多方努力,为保持这个已在社会上形成初步"品牌"的节俗活动,2014 年的海上泼水节仍然是政府作为主办单位之一。

(四)农业非物质文化遗产资源产权侵权的司法救济机制

司法救济是指当宪法和法律赋予人们的基本权利遭受侵害时,人民法院应当对这种侵害行为作有效的补救,对受害人给予必要和适当的补偿,以最大限度地救济他们的生活困境和保护他们的正当权益,从而在最大程度上维护基于利益平衡的司法和谐。目前,我国有关司法救助制度的法律规定,主要依据是最高人民法院《关于对经济确有困难的当事人予以司法救助的规定》。此规定中的司法救助,内容仅限于民事、行政案件中经济确有困难的当事人诉讼费用的缓交、减交、免交。将我国司法救济

图 1-2-11　海上端午节开幕式

图 1-2-12　海上端午节泼水除疫习俗

机制引用到闽台非物质文化遗产资源产权受到侵害时的补偿参照法律，也未尝不是一个行之有效的司法途径。

比如三明市尤溪县某村在古村落保护的实施中,拆除现代建筑的补偿就是一个典型的案例。该村为申请国家历史文化名村,按要求要拆除村临街面的几栋新砖瓦楼。2008年5月6日村委会与村街面几栋现代砖瓦楼的居民签订了拆除合同,其中在拆除第一户蔡某的《拆迁新房屋合同》中规定了房屋拆迁补偿金额,并约定以此合同为参照执行之后的房屋拆迁价款。但事后村委会并没有遵照合同条例的规定一视同仁,拆迁的资金补偿也欠公平。

蔡某因古村保护而拆迁的新房就属于我国司法救济机制的范畴。他的新房建在古村保护之前,是受我国宪法和法律保护的。当他的基本权利遭受侵害时,他可向当地人民法院提请诉讼,人民法院应当对这种侵害行为作有效的补救,对受害人给予必要和适当的补偿,以最大限度地救济他们的生活困境和保护他们的正当权益,从而在最大程度上维护基于利益平衡的司法和谐。

(五)农业非物质文化遗产资源产权纠纷的民间解决机制

闽台地区农业非物质文化遗产资源产权纠纷的民间解决机制尚未健全,但民间通过习惯法解决此类问题的历史非常悠久。

台湾高雄旗津港口是台湾南部地区开放最早的港口,是一个商贸、农海产品交易港口,清代之前就十分繁荣。传承至今的旗津港口,古骑楼建筑仍然很多,是高雄古代经济的一个缩影。现在因工业起飞,交通运输现代化,港口没落,成为渔村休闲居住的老街道。如今成了高雄旅游观光的一处景点,但人不多。在台湾高雄旗津港口的妈祖庙前,竖着两块清代石碑。一块是清咸丰九年(1859年)厦门人仝立的石碑,主要内容说:有因风沙进不了港口的渔船,港口的人必须划小船去救助接人;如果小船也出不去,必须划竹筏去接人。若有违反,罚戏一台和灯花一对。另一块石碑是清同治六年(1867年)立的,内容是说,港口曾有不法之人,凡粤人过境或来台做事都被勒索强制税收。告诫港口所有人,凡有粤人过境或入台,除了要问清入台之目的及投亲的具体地址姓名,还不许带违禁品入境;凡有人勒索和强收礼金、税款,一旦被人告发或发现,必严治。据当地渔民

图 1-2-13 高雄旗津港现状

图 1-2-14 高雄旗津港旧骑楼街道

说,旗津的社会风气一直比较规范,就是因为有民间公约。可见民间解决机制的影响之大,威信之高。这两块珍贵的清代石碑,记录了历史上闽台人因资源、资本、利益受到侵害时的民间解决机制运行模式,很有历史见证的意义和学术研究价值。

课题组在福建各地考察时,也曾发现有许多地界划分和遵守条约的石碑。如三明市尤溪县桂峰村小溪桥头的石碑写的就是地界和责任划分的民间公约。类似公约式的清代石碑和森林防火公约在福建各地都存有。

图 1-2-15　清同治六年高雄旗津港竖立的治安碑

图 1-2-16　清咸丰九年厦门人在台湾高雄旗津码头与地方签订的船户公约

如今这种民间解决机制如果运用到农业非物质文化遗产保护与开发问题上，由于它的历史性和民众认同的心理民俗性，接受面广，应该还是一个行之有效的解决办法。如闽南地区农村多以宗祠为单位，对全族人的行为意识进行规范与教育，虽然不在法律范围内，但人们仍旧十分在意。

例如2012年，课题组在厦门市集美区后溪镇英村遇到一吴姓家族给老人办丧事，在追悼场上，应该赶来参加追悼的族人因事未能前来，必须请人代为大声宣读他的悼词，以示他参加了老人的悼念。在场的族人和亲戚朋友，如果在老人生前病重时没去探望过老人的人，必须站在事先准备的红地毯上三跪十二拜，全场的音乐和哭声会立即停止，人们会用鄙视

图 1-2-17 厦门集美后溪英村丧俗场景

的目光盯着此人,心里骂他是一个不厚道、不孝顺、没有德行的人。一般对这种人,从此村人不再亲热他,会疏远他。此人如果在红毯上三跪十二拜后,再掀起红毯的一角,再进行三跪十二拜,表示他愿意悔改,音乐再起。调查中得知,这种民俗是英村自古传承下来的,用民俗约束全村人尊老爱幼、关怀老人的行为模式,村民都会自觉遵守和履行。这正是民间解决机制的能量所在。作为一方政府和基层管理单位,对这类有利于民间公德和社会风化教育的民间解决机制,应继续传承与保护。

、闽台农业生产技能文化遗产资源的开发及现状调查

2014年2月20日,福建省统计局公布的《2013年福建省国民经济和社会发展统计公报》载,2013年全省稻谷面积1226.27万亩,减少15.13万亩。稻谷产量502.02万吨,减产1.76万吨,比去年周期下降0.3%。① 这组数据说明,由于近三十多年全国市场经济大开发,城镇一体化,年轻农民转业、进城打工、经商、开工厂等,50岁以下熟悉、熟练传统生产技能的农民越来越少,荒田在增加。

课题组曾在龙岩长汀、连城,漳州长泰、云霄,泉州惠安、安溪、永春,南平浦城、建瓯、建阳,台湾苗栗、新竹、台东、台南、彰化等农村进行田野调研,发现30岁至50岁左右的男性劳动力,一直在家务农的不到1/5,有许多村基本没有中青年。许多人出去打工几年,回来后在家开商店、办工厂。

据南平浦城富岭镇3个村的问卷统计:在家务农的约占总人口的65%,知道节俗具体时间的占90%,但知道祭祀仪式过程细节和传统内涵的村民不到20%。大多数参与者是跟着老人走过场。传统的四月八牛过节、六月尝新、秋收祭等已在这些村落消失。

在台湾,因农耕机械化作业,一年一季或二季的插秧、收割多是由专业户完成,这些机械插秧、收割专业户,年龄也大多在50岁以上。(图1-3-1)

---

① 福建省统计局:《2013年福建省国民经济和社会发展统计公报》,引自http://www.stats-fj.gov.cn/xxgk/tjgb/201402/t20140224_36808.htm,访问日期:2014年11月27日。

图 1-3-1　台湾花莲田里机械插秧的老年人

台湾从20世纪50年代开始,调整农业经济比例,推广"以农业栽培工业,以工业支持农业"政策,实现大力扶植农田水利建设,引进良种,改组农会组织,增加化肥供应,采取一系列的实际措施来发展农业。1952年全岛在传统的"米糖经济"下,农业产值占总产值的36%,农业就业人口占总人口就业率的56%,农产品出口值占出口总值的95%,农业的经济比例很重。

到60年代,台湾的战略方针发生了重大转变,由"面向出口",取代"替代进口",政策也改为"以贸易促进农工,以农工支持贸易",建立出口加工区,城乡区别逐步扩大,农业开始出现了萎缩。① 在现代工业化冲击下迅速消失的不仅是台湾传统农业生产技能和经验,稻作地区的民间信仰和节庆习俗也随之发生质和量的退化。

例如,苗栗县赛夏人每年最隆重的传统节日"矮人祭",中青年参加者大多拿着事先准备好的纸版祭词跟着老人朗诵,对其中的内容不怎么了解。在新北市金山区八烟聚落里,全村多是七八十岁以上的老人,有一户不到60岁的农民是回家为老人机耕土地的,完事后还要返回城里。村里

---

① 刘克辉等:《台湾农业发展概论》,厦门大学出版社1997年版,(吴城)《序言》第2页。

十几甲(一甲相当于两个标准田径场)稻田的春耕都是请人作业(图1-3-2)。

在桃园县,四五十岁在家做农业的不多,留乡进行农业生产的多是家传的祖业地主,农忙时请工,农闲时自己料理。因台湾农业机械化早,随着生产资料的革新换代,早在四十年前就陆续淘汰传统稻作技术,改用机械化农田生产。因此,因传统农耕需要产生的稻作民俗现象也随之消失。如四月八牛过节的节俗、六月六尝新节俗等非物质文化遗产基本在台湾消失。许多传统技术和经验濒临失传(图1-3-3)。

2012年9月课题组在台湾新竹县尖石乡、苗栗县南平乡和新北市乌来

图1-3-2 台湾新北市入烟聚落干农活的老人

图1-3-3 桃园地主陈添寿家的现代农用器具

乡实地考察，农村中传统农具已不多见，除了农庄集约式、租赁式经营外，农民多从事手工制作和加工业、服务行业，个体经营稻田和麦作不多。

新竹县竹东镇廖贤德先生，四十年来在全岛各地农村，搜集了数万件传统生产工具。新竹县尖石乡文化馆陈列室展览的农业生产资料，90%是仿制传统生产的工具以及现时纺织品。采访中馆长解释，现在很难搜集到年代历史悠久的生产工具，为让历史传承下去，政府投资办了这个博物馆，按1∶1的比例复制传统生产工具和设施，以达到保护和传承非物质文化遗产的作用。从另一个角度看，台湾传统生产资料基本退出历史舞台（图1-3-4，图1-3-5）。

图1-3-4　廖贤德家收藏的台湾农业器具

台湾农业民俗非物质文化遗产保护和开发过程中，最明显的措施是各地由政府出资，利用各族群特殊节庆来经办旅游观光产业。

台湾新北市乌来乡近十年开发观光农业产品，政策鼓励农民恢复传统稻田种植，各县都利用少数民族秋收时的节日收获祭，与旅游产业结合起来，举办"丰年祭"来开发旅游节庆观光，可见台湾地方政府把战略发展目光转到农业文化遗产的利用和开发上来，尝试用生产性保护措施来传承文化。

近五年，台湾人也发现原始的稻田养鸭是有机稻最有利于健康的资

图 1-3-5 新竹县尖石民族乡博物馆收藏的仿制工具

源,政府开始鼓励种有机稻,稻田养鸭(又称鸭间道),原始农业技术与经验又开始在桃园、新竹、苗栗等县恢复。

(一)闽台传统梯田文化遗产资源开发现状

福建是多山多水的省地,境内群峰叠嶂,丘陵连绵,河谷、盆地穿插其间,全省土地总面积为 12.4 万平方千米,山地、丘陵占全省总面积的 80% 以上,素有"八山一水一分田"之称。全省有农业耕地 123.47 万公顷,主要集中在沿海平原、沿河流域、山间谷地与低丘陵地带。东部沿海为丘陵、台地和滨海平原。西部以武夷山脉为主体,海拔大都在 1200 米以上。福建全省陆地海岸线长达 3751.5 千米。宜稻作生产。[①] 但因其靠山面海的特殊地理,耕作农业非常艰辛。清乾隆三十八年(1773 年)尤溪知县焦长发就有因本县梯田开垦之艰辛有感而发的诗作,如下:

---

① 刘芝凤等:《闽台农林渔业传统生产习俗文化遗产资源调查》,厦门大学出版社 2014 年版,第 4 页。

图 1-3-6　福建田野风光

雨霁天气清，原田春水足。
戴胜降桑间，声声鸣朝旭。
民生当在勤，不材由土沃。
尤溪万山中，开垦苦踘躅。
移石作深塍，引流检细渌。
短长因势便，为田相继续。
地寒耕种迟，芟柞乘炎溽。
苟不极苦辛，曷尝粒粒粟。
今年雨旸时，宽闲无迫促。
好趁风日佳，荷锄东西曲。
驱犊耕深清，插秧匀净绿。
知看庆有年，明昭邀神笃。
春酒介寿眉，乐为田畯告。①

　　1773年就任于闽中尤溪知县的焦长发，就尤溪稻作梯田的形态与人文耕作通过诗歌描述得十分细致入微。作田苦，苦不堪言。但自古到今，

---

①　（清）焦长发：《观劳》，引自尤溪县委、县人民政府：《中国五大魅力梯田联合梯田》，(明)新出（2013）内书第49号，第24页。

人们为什么还会"春酒介寿眉,乐为田畯苦"呢?因为那粒粒稻米都是汗水换来的,粮食是托起人类生命的重要能量之一。这首诗歌记载了闽地(包括台湾)稻作的季节与生产技能知识。也道出了福建梯田稻作的生产状态。

图 1-3-7　清代平埔族插秧(摘自《台湾传统农村生活与文物》)

农业最大的革新成果是 20 世纪 70 年代后期杂交稻的成功,这是农业科学家袁隆平一粒种子改变一个世界的伟大革命。30 年来,福建由于采用杂交水稻种,稻作每亩平均亩产达到 400 多公斤(一季),至 2013 年止,福建全省粮食种植面积 1803.08 万亩,其中稻谷面积 1226.27 万亩,为半传统半机械生产。

1. 福建传统梯田开发现状

福建的梯田开发历史悠久,大体上有 500～1000 年的历史。据福建省三明市尤溪县联合乡云山村开基祖姓包氏(村中包姓占全村 90%以上)族谱记载,大约在元末明初期间,从江西吉安迁徙到福建建 19 都,再迁徙此地建 12 都,开垦荒田。从包氏第 17 代孙在清嘉庆年间修的这份族谱时间来推算,云山梯田开垦时间应该在 450 年至 550 年之间。武夷山市吴屯镇后源村梯田历史,以祝姓族谱上所记载的时间开始计算,是 468 年,祝姓迁徙到此地时已有地主章姓,祝姓祖先过来给章姓地主当佃农。说明此地早在 468 年前就有梯田。后源村第二大姓是游姓,迁徙来此地也有几百年历史了。其他梯田多在两省三地交界之处的崇山峻岭之中,大致产生在明清时期。

福建梯田主要在山区,梯田多少与稻作村庄人口和迁徙时间有关。闽北和闽西地区与江西、浙江稻作山区交界,山多林密,那里的山民如愚公移山,千百年来一直没有停止过开垦梯田。小面积梯田在群山叠嶂的山涧中非常普遍。

福建省梯田现状是:三明市主要有尤溪联合梯田,宁化大洋梯田;宁德市有蕉城区猴盾梯田,寿宁凤阳梯田,福安马洋梯田;南平市有政和念山梯田,武夷山吴屯后源梯田,浦城风溪梯田;龙岩市有长汀童坊马罗梯田;泉州市有德化戴云山梯田;福州市有闽清巫岭梯田,永泰云顶花梯田(种花)和漳州市的南靖田螺坑梯田等。

比较典型的大块梯田如下:

(1)后源梯田

武夷山市吴屯镇后源村,有10个自然村,8个村民小组,总人口1128人,均为汉族,主要为祝姓、詹姓、袁姓等,其中以祝姓居多,大概占总人数的30%左右。468年之前,后源村主要以詹姓为主,祝姓先人迁到此地后,成为后源村的第一大姓氏。如今遗存在村中具有400年以上的古建筑有5座,200年以上的有40多座,100年以下的土坯房有100多座。① 后源村梯田耕地面积1785亩,坐落在海拔700米至1080米之间,以种稻、稻田养鱼为生,间种黄豆,土特产物有竹笋、地瓜、芋头等。

后源村梯田的文化产业开发尚未正式启动,目前还在保护古建筑古村落的工作之中。一年中只有梯田插秧和收割稻谷的季节,有成百上千拍摄爱好者和美术爱好者前来拍摄,拍摄完就离开。后源村书记祝永兴认为,保护古村落是可开发梯田文化的先决条件。因此,之前有人出价想购买村中破旧的马头墙古民居建新楼,他一直没有同意,只能对其进行修缮。2014年8月2日晚课题组借宿村办遇上村民开代表会议,祝书记动员社员利用冬闲田种油菜,一来可延长梯田的观赏季节,二来菜油是最好的植物食用油。村里出钱买种子和榨油机,义务教村里人栽种技术,收获归村民。后源村第一项梯田文化开发项目就这样一锤定音。

后源村的文化产业计划包括开发稻田养鱼,将传统自给自足的生产方式向文化展示转换,传统的稻田养鱼每丘田多则放养20多条鱼,小田

---

① 2014年8月13日,武夷山市吴屯镇后源村村书记祝永兴介绍。

图 1-3-8　武夷山吴屯后源村梯田与民居

则只放养七八条稻花鱼,田多鱼少,构不成农业观光效果。祝书记动员村民打破传统丰衣足食的观念,建立观光农业和开发稻花鱼市场的意识。

(2)联合梯田

三明市尤溪县联合乡稻田基本上都处于闽中山涧峡谷之间,总面积近万亩,绵延联合、联东、下云等8个行政村。该地曾发掘出青铜时期的农具,说明这里开垦的历史十分悠久。唐宋以后,随着陈氏、张氏等大量移民迁入定居,联合梯田开始有较大规模的开垦。目前梯田大者有数亩、小者仅有簸箕大,梯田坡度在15度至75度之间,以一座山坡而论,梯田最高级数达上千级①,是典型的"斗笠丘、眉毛丘,蛤蟆一跳过三丘"的千丘田。(图1-3-9)

云山村,是联合乡的一个行政村,有147户人家647人,均为汉族,梯田共有630亩,其中村前山凹集中的梯田是300多亩,位于金鸡山下,海拔800米。村民包世生初中毕业后,出国当了几年大厨,继而开发房地产和其他产业,十几年后家族企业已拥有600多名员工,20多亿的规模。

---

① 2014年7月28日尤溪县联合乡提供文字资料:《中国五大魅力梯田·联合梯田》画册,(明)新出〔2013〕内书第49号,"序"。

图 1-3-9　尤溪县联合乡梯田

县领导请他回乡带领村民致富,2012年包世生回乡后,自己先垫资,修公路与引水工程,将基本上荒芜的梯田恢复耕种,以每亩300斤干谷租赁山凹中村民手中的梯田,也用来耕种。2013年吸收社员49人,组成模特队,配合拍摄爱好者服务。此外还成立专门的耕作队,为租赁梯田精耕细作,以保证稻田的景观和粮食丰收。2014年,包世生将单一的梯田稻作,更改为多种经营观光农业,如稻田养鱼、稻田养田螺、稻田养泥鳅、稻田养莲等,使梯田中充满了生气。

目前云山梯田还是负债运作,2013年全年旅游客流量只在五六千人次,且多为观赏后即走,基本上没有旅游收入。山高路窄坡陡,没有停车的空间,许多自驾车不敢进山;没有村俗馆、古民居历史建筑简介、地方风物展览等建设;全村只有三四户人家可开房接待,一次性接待不能超过200人,局限了留客的空间。目前村委正筹备停车场等旅游设施。

(3)宁化大洋梯田

宁化大洋梯田海拔800米左右,是客家先民为了迁徙山区艰辛开垦的真实写照。总面积有1万亩左右,没有开发文化产业,仍然是传统的耕种方式,有许多田荒芜。

(4)宁德市寿宁县凤阳乡梯田

图 1-3-10　云山梯田中的荷莲田

  宁德市寿宁县凤阳乡梯田延绵数座山峦,总面积约一万亩,从海拔300米到海拔1100米左右,在800米的垂直高度间,梯田集中。2014年6月网上新闻报道,寿宁县利用梯田稻作文化大做农业观光旅游文化产业。政府组织了首届开犁节,构建以传统文化、生态休闲、养生度假、垂钓休闲、自驾车游、摄影采风、梯田观光等为主要内容的休闲旅游产品体系,欲激起游客对凤阳梯田的关注和兴趣。

  (5)福安晓阳镇马洋村盘山梯田

  福安晓阳镇马洋村盘山梯田是一片面积不大的盘山梯田。在青山绿水之中,犹如小家碧玉,白云缭绕,分外妖娆。

  (6)政和念山梯田

  南平市政和念山梯田,从海拔300米的山脚星溪河盘绕而上,至海拔1100米之间,梯田大小不等,层层叠叠,错落有致,网上有"一跃过三丘,一牛躺一丘"的介绍,是福建省百强旅游名村的稻作文化景观之地。从梯田开垦面积与武夷山吴屯乡后源村和尤溪县联合乡云山村梯田面积比较分析来看,开垦历史也在500年上下。

  除此之外,泉州市德化县高山有先人开垦的层层梯田,大部分分布在坡度50度以上的半山腰间；闽清县金沙镇巫岭村的梯田小巧而秀美，曾上过《中国国家地理·福建专辑》；闽南地区南靖县书洋镇上坂村田螺坑自然村的梯田也随着土楼的旅游开发，而在全国小有名气。

2. 台湾传统梯田开发现状

台湾与福建都属于"八山一水一分田"靠山面海的自然生存环境状态，台湾农业非物质文化遗产传承的渊源主要是闽南地区。

台湾因海上岛屿的特殊地理因素，形成的梯田不多。开发观光农业后，稀少的梯田应验了国际微观经济学"稀缺性"的核心理论，不多的几丘梯田成为台湾农业观光的热门景观。台湾梯田主要遗存在新北市、基隆、宜兰、花莲和台东等靠山脉生存的农村。台湾的梯田，相对我国其他地方的梯田而言，形态与面积小很多。

明代之前，台湾主要的居民是当地的少数民族，汉族人不多。明代晚期到清代，是漳泉人大量入台的时期。日据时期，日本统治者强迫少数民族下山耕种水稻。国民党退守台湾带去的数百万汉族人，他们集中居住在沿海的平原和谷川之地。因此，台湾梯田开垦数量少。经课题组考察，全台湾最著名的梯田是新北市三重桥镇的八烟梯田、三芝梯田、贡寮梯田和花莲县石梯坪阿美梯田。具体考察如下：

(1) 新北市八烟梯田传承与开发现状

近十年，台湾人返璞归真，田野郊游盛行，如台湾新北市金山区三重桥八烟①聚落梯田就是一个典型的农业生产性保护开发的个案。

那里的梯田开发时间约在清代，是从漳州迁徙过来的蔡姓先人入台后开垦的。八烟原有十几甲梯田，八烟梯田的稻米非常好吃，日据时期是送给日本天皇作贡米的，现称"天米"。

关于种水稻的信仰，一般播产当天要拜土地公，用鸡、鱼、肉拜拜，收获时也要拜拜土地公，表示感谢。在农历六月，时间没有规定，各家自己看日子。

---

① 八烟的称法是台湾光复以后，政府修从金山到阳明山的公路，从金山到三重桥约八公里，取一"八"字，因这里硫磺泉水冒地气的雾很重，似烟，取"烟"，就称之为"八烟"。

三十年前,台湾大规模开发加工企业,许多梯田荒废后从水稻田变旱田再废弃,梯田所剩不多。2009年"台湾生态工法发展基金会"进入该地,"林务局"出资,修复水圳,引水入田恢复梯田生产。如果一年的收入没有达到最低工资标准(21000新台币),政府就会补贴到这一标准,当地居民的收入有一定的保障。

2012年有人路过时发现这里的梯田非常好看,将照片发到网上,来的人就多了。现在每到周末都有许多人从台湾各地赶来游玩,观光农业这样就在无意中开始了。

图1-3-11　新北市三重桥八烟梯田
(图为徐辉教授与车宋同先生在八烟梯田考察)

2013年4月,八烟农会在八烟村口办了一个小商店,把木质小盘、稻草扎的刷锅把、糕点模等当作纪念品卖。①

(2)新北市三芝乡俾仔顶梯田

新北市三芝乡俾仔顶梯田位于俾仔顶的山坳间,耕种的时间也约有五百年;梯田面积不大,就百余亩;围绕在进山公路的两旁,依坡势而建,一般十几二十层,最多的梯田层次约30多层;现在多为空置,有的稻田已

---

① 简介人:间丰华,女,30多岁,金山人,八烟农会小卖店老板。

蓄水,准备春耕。课题组冬闲季节采访此地,稻田里只残留着一行行稻根茬,有的稻根又自然发育出青苗般的绿叶。

这里的梯田从20世纪70年代中后期就开始用机械化作业,四月八"牛过节"习俗因水牛换成拖拉机,民俗随之消失。六月尝新习俗也没保存,保留了过半年节祭祖、祭土地公的习俗。目前尚未开发观光农业。从梯田周边的梨树、樱花盛开和指示路牌看,此地已开发早春观花旅游项目,为结合梯田开发项目奠定基础。

(3)贡寮梯田

据台湾网上资料显示,台湾沿着坪林石碇山区一路到东北角一带,是水稻及茭白笋等水梯田的大本营。现存最大面积的水梯田,分布在北海岸大屯山系北侧的三芝石门一带和雪山山脉北端的贡寮双溪坪林山区。

台湾北部的水梯田,距台北一个小时左右车程的地方,从省道往桃源谷山区沿路,从下坪到内坑一线,都有先民留下的水梯田。如新北市贡寮区的山区水梯田聚落,因地处偏僻、人口大量外流,保留了北台湾少见的大规模梯田。

新北市贡寮的水梯田位于贡寮山区海拔300米左右,由合作农户耕作。其中有1.6公顷栽植水稻,另有1.3公顷在曾经弃耕的稻田中重新整理后蓄水。在较缓的坡地,仍可见一阶阶的梯田痕迹,相似的地景发展出的散村聚落,是贡寮山村的原型。①

据台湾学者谢赐龙先生搜集的资料显示,最早生活在贡寮的族群是凯达格兰人,从海上而来,落脚在接近水的地方,其中一支,在双溪河口建立聚落,是历史学家口中的"三貂社",承袭祖先的生活,过着渔捞为主、农耕为辅的生活。

二三百年前,一批批的汉族人先后来到三貂湾,在海边落脚,过着农渔并重的生活。随着汉族人愈来愈多,凯达格兰人聚落慢慢减少,到今天,仅留着"新社"、"旧社"这些名称。虽然这个族群看似消失了,但当地汉族人有与凯达格兰通婚传承的历史,凯达格兰的民俗仍然在这一地区传承。

---

① 谢赐龙:《北台湾梯田资料搜集》,引自 http://kongaliao－water－terrace.blogspot.com/p/blog－page.html,访问日期:2014年11月25日。

随着台湾工业化时代的到来,近三十年台湾北部梯田荒芜的状况越来越严重。

2011年初,台湾"林务局"开始在当地推动水梯田生态保存与复育计划。为了防止贡寮的水梯田快速弃耕陆化,目前已有10户农民合作。有的提供土地,有的投入田间作业,在1.6公顷的农地上采取不用药的传统耕作方式栽植水稻,在1.3公顷的弃耕农地上重新整理后蓄水。冬季停耕时,将持续协助农地蓄水整备,争取更多农户的加入。

2011年贡寮水梯田生态复育计划开始推动后,将一处已废耕多年的梯田重新整理,并蓄水营造湿地生态,目前已成功引入青鳉鱼,种源则是来自贡寮其他洼地的残存族群。而"人禾基金会"也已访问了老农对青鳉鱼分布的记忆,希望重新复育蓄水梯田,逐步将青鳉鱼引回原有分布区域,重建贡寮的野外族群。稀有物种在贡寮的重新出现与数量扩增,突显了水梯田作为"保护区外的保护区域"的角色。而诸多过去农家熟悉的水生植物,如小谷精草、瘤果簀藻、小荇菜等,因为除草剂的施用,在台湾的野生分布也日益稀少。如今台湾推广有机稻生产,利用无毒水梯田,为这些水生物种筑建庇护场所①。

这个计划除了尝试引入类似欧洲及日本的绿色补贴制度,以生态劳务委托农民的方式来调整惯行农法,使水梯田在粮食生产之外,更能发挥市场机制难以反映的环境公益价值。农户展现的以手挲草施肥,以竹材编制捕虫器驱赶负泥虫等传统技能,是建设往日低碳循环型社区的开端。计划也包括生物资源调查与田间记录,进一步发掘水梯田与水域生态廊道的生态价值,以及未来可行的监测指标,并累积与环境共存的传统知能,透过环境教育平台的课程转化与传播,分享给社会。社区居民则开启社区绿色产业,开发台湾梯田农业观光。②

(4)花莲石梯坪阿美人海稻梯田传承与开发现状

台湾省花莲县环太平洋岸边有一个阿美人的世居部落,居住着300

---

① 谢赐龙:《台湾北部水稻梯田介绍》,http://kongaliao—water—terrace.blogspot.com/2011/09/blog—post_15.html,访问日期:2014年11月25日。

② 谢赐龙:《台湾北部水稻梯田介绍》,http://kongaliao—water—terrace.blogspot.com/2011/09/blog—post_15.html,访问日期:2014年11月25日。

多个阿美人,五百年间,以耕渔为生计。阿美人捕鱼用梭枪,一个猛子跳下海里,最深的可到十多米深,闷着一口气,在海水下用木棍插铁头做成的棱枪去射鱼、叉鱼。然后浮出海面,再取射杆,把鱼系在腰上,再沉下海水再射鱼。到得五六条、七八条,二三十斤就回去。

梯田是从阿美人祖辈传承下来的"海稻田",面积不大,大的不足一亩,小的仅插几十株禾苗。水是从山上自然流下来的山溪、山泉水。

图 1-3-12　人称"海稻田"的花莲县石梯坪阿美梯田

从阿美部落往台东方向公路沿线约 2 公里之多,公路上有十几二十层梯田,公路下直到太平洋海岸的坡面陆续开垦出层层梯田。

吴先生就是石梯坪部落的阿美人。他中学毕业后就参军,退伍后,留在台北工作,还没到退休年龄就开始策划在自己的家乡修别墅建民宿,利用自然的海景和梯田做农业观光旅游。所以工作一满二十五年他就办了退休,妻子也辞职跟着他回到家乡办民宿,做农渔海景观光旅游。

石梯坪梯田生产观光农业的组织者是一位阿美妇女,与吴先生是邻居。她负责石梯坪部落梯田春耕生产和组织宣传。她在自己的家里开了一间工作室,有许多小工艺作品。这位妇女带着课题组成员到海稻米梯田间考察阿美人的梯田。早上 5 点多钟,石梯坪梯田已经有很多阿美妇女在插秧。这种传统的人工栽秧技术在台湾已不多见。

石梯坪梯田开发观光旅游景区,还得益于离此地约 2 公里的地球北回归线,有一作为地标的白色高塔。

(二)闽北、闽西稻田养鱼生产性开发现状

1.稻鱼共生渊源及原始科学价值

(1)福建稻田养鱼历史渊源

稻鱼共生传统稻作经验是古越人在漫长的稻作生产和生活实践中积累的农业文化遗产资源财富,闽越之地的福建也是主要传承地之一。

据福建连城、长汀、永安、沙县等县的县志记载,早在五代后梁龙德年间,福建农民就利用莲田养鲤。水田中养鲤,能起保护水稻的作用,使稻鱼互利。

《宁化县志》载,宁化县自唐朝末年已开始在安远一带发展稻田养鱼,迄今已有千余年养殖历史;清《政和县志》记载,从宋末到明初,政和地区有一季种稻、一季养鱼及稻田培育草鱼种的记述;[1]《邵武县志》记载,明弘治十三年(1500年)以前,邵武南乡就有稻田养鲤的习惯,这些历史记载说明福建稻鱼共生很久很广。当时,采用"一稻一鱼"养殖法,即早季收成后,堵高田埂蓄水,待水草长满,放鱼入田,第二年正月捕起,年复一年。至新中国成立初期(1951年),年产量约1.5万公斤。主要放草鱼、鲢鱼(分白鲢、大头鲢)、鲤鱼(俗称鱿鱼)乌鱼、乌格、槽鱼、鲫鱼等,1947年全县生产30.5吨,1949年40.5吨,直到1975年以后减少,80年代基本消失。[2]

(2)稻鱼共生的科学价值

稻鱼共生的科学价值在于:一是鱼类在田间觅食,能吃稻田中的害虫和杂草,解决先民们无法解决或很难解决的问题。用现代科学解释,即鱼

---

[1] 福建省地方志编纂委员会:《福建省志·水产志》,方志出版社1995年版,第131～133页。

[2] 云霄县地方志编纂委员会:《云霄县志》,方志出版社1999年版,第240页。

可吞食危害水稻的多种病虫（如二化螟、稻飞虱、金花虫等）、杂草和浮游生物，可大大减轻虫害，减少杂草争肥。二是鱼类游动翻动底泥，使田土疏松，破坏了土壤表层的氧化膜，使氧气进入耕作层，加速有机旧料的分解。同时，鱼类粪便也为稻田增加了肥料促进肥料分解，有利于稻株的发育。养鱼的水稻田病虫杂草少，土壤疏松肥沃，古时无农药，亦可保障正常产量。如今仍然可不施或少施农药、除草剂和化肥，从而增产稻谷，提高稻谷品质。据中科院水生所与湖北农科院联合进行的稻田养鱼试验结果表明，养鱼田比不养鱼田增产稻谷 7.8%～14.3%。[1]

据武夷山市后源村村民介绍，传统的稻鱼不卖，主要是改善自家生活质量，提供营养。一丘大田，放养十几二十条有两指大小的鱼，小田放七八条小鱼苗。让鱼吃禾苗的微生物，待稻禾扬花时，是鱼猛长之季，稻花鱼（鲤鱼）特别喜欢吃稻花，长得很快。当稻禾打苞要晒田时，再将稻田挖深沟，鱼跟水自然游流到深沟里继续存活。稻谷秋收前后，已长成3指宽以上的稻花鱼就打捞上来吃，吃不完的腌鱼，为冬天蓄藏食物，小鱼再放回自家的秧田之中，准备来年再放养。（图1-3-13）

图 1-3-13　武夷山后源村稻田养鱼图

---

[1] 苏向阳：《山区稻田养鱼实现增粮增收》，《福建畜牧兽医》，1999年第4期，第27页。

稻田养鱼的主要好处如下：

一是可增产稻谷。在各种条件相似的情况下，稻田养鱼之后，可以提高稻谷产量10%左右。

二是投资小、收益大。每亩稻田投资1~2元的种鱼苗费，可以收获40~50斤的食用鱼或300~500尾鱼种，增益一股可达20~40倍。

三是不占水面、节省饵料。稻田养鱼的水面就是稻田本身，不另占用土地或水面。在我国目前条件下，鱼类只摄食稻田本身的天然饵料，如杂草、底栖生物、有机碎屑等，不需人工投饵。

四是保护环境、减少农村疾病。鱼类可以吃掉稻田中大量蚊子的幼虫，这对降低某些由蚊虫传播的疾病如脑炎、疟疾、血丝虫等的传染率和保护环境有着十分重要的意义。

五是养殖时间短、见效快当年的水花鱼苗经过4~5个月的稻田养殖，就可以得到食用鱼或大规格鱼种，对国土资源的再利用，不需额外占用耕地就可以生产水产品。此外，稻田养鱼还可增加水产品供应，丰富人们的"菜篮子"，保障生态食物入户进家。①

2. 稻田养鱼的开发现状

福建稻田养鱼主要在闽北和闽西进行。稻鱼共生传统稻作经验是福建农业非物质文化遗产中的珍宝。

稻田养鱼的农耕经济模式在福建几起几落。近三十年来，随着农业生产责任制到户和人们生活水平的提高，稻田养鱼作为无激素、无化肥的绿色生态形式倍受人们重视与欢迎，传统的农业模式重新回归人们的生活之中，养殖技术也不断革新。

据《福建省志·水产志》载，三明市自1981年开始，利用稻田培育10~12厘米的草鱼种，做到全市草鱼种自给有余。1983年，漳州市水产局和平和县城关乡厝邱村在稻田边试行挖小坑塘养鱼，试养获每亩稻田产鱼88公斤的纪录，被福建省水产厅命名为"坑塘"式稻田养鱼模式。1984年，福建省农业科学院在建宁县试验和推广"稻、萍、鱼"养鱼模式，获得大

---

① 笔者根据本人考察与《稻田养鱼知识（上）》（《江西农业科技》1984年第1期）及《稻田养鱼知识》（《农村科学实验》2010年第6期，冯国明、王洪秋）概括。

面积稻田亩产鱼50公斤,稻谷增产5%以上的科研成果。1984年,宁化县水技站推广"流水沟"式稻田养鱼565.5亩,平均亩产达到50.3公斤(其中草鱼占63.7%,鲤鱼占31.1%),稻谷产量比对照田增产5.6%。因此福建省大力推广稻田科学养鱼以及利用稻田培育大规格草鱼种的技术经验。

但是,从20世纪90年代后期至今,随着城镇一体化的急速推进和房产业的过度开发,稻田挪用和荒废现象比较严重,稻田养鱼再一次陷入低谷时期。近几年作为渔业养殖的一种新型科技经营模式,在闽北和闽西连城、泰宁、政和、松溪、邵武、龙岩、宁化等十多个县进行以点带面的科学试验。

至2013年止,福建省在传统稻田养鱼的基础上,不断丰富与创新,为闽台地区农业文化遗产生产性保护模式,提供了非常行之有效的经验与典范。

目前,福建闽北、闽中稻田养鱼从传统的丰衣足食开始向休闲、观光农业文化产业转换。在南平的建阳、建瓯、武夷山及三明的尤溪等地,已有许多村庄将稻田养鱼、莲田养鱼作为古村落旅游文化产业开发的观光项目。如闽西、闽北的稻田养鱼、稻蔗轮栽传统技术与经验,近年开始恢复和发展,继续传承;龙岩长汀的闹春田,福建各地农村抬菩萨巡稻田以求风调雨顺、五谷丰登的习俗仍然盛行。

台湾稻田养鱼消失得更早,清代以前有史料记载,但自日本统治后,开发水利工程,尤其是鼓励私人水利建设,因为水利私有制的局限性和岛上水资源丰枯不均的自然条件限制等多种因素,水稻田蓄水不多。且"二战"后,为了保证美国粮食进口的利益和提高稻米的质量,加强了水稻苗期分蘖率控制,所以稻田缺水不能养鱼。故在台湾,养鱼基本上只在池塘养鱼,稻田不养鱼。

(三)闽台稻田养鸭习俗及开发现状

稻鱼、稻鸭、稻莲共生与轮栽技术是我国古越族稻作文化的一个普遍现象,自然也是古闽越地区农业文化遗产的衍生民俗。稻鸭养殖,更多的是利用稻田和水鸭的自然属性,无须专门开沟设塘,是无本万利之举。因此,自古以来,每年从泡田开始到水稻扬花结苞期间,稻田放养鸭子,是稻作民族农业约定俗成的生产习俗。

1. 福建传统稻田养鸭习俗

福建地区稻田养鸭最早起缘于什么年代,尚无确切文献记载。据泉州市安溪县的《安溪县志》载,安溪素以农业为主。境内山多地少,有"八山一水一分田"之说。明洪武二十四年(1391年),全县耕地139134.18亩;1945年,水田141120亩;1949年耕地面积42.31万亩。① 据课题组调查,安溪县自古就有稻田放养鸭的习俗,因是自家养殖和食用,一般一户人家放养几只至二十余只鸭不等,没有专门的统计。近二十余年,农村出现养鸭专业户,一年一个专业户可养鸭几百上千只。插秧时就带着仔鸭下田,晚上插完秧就把仔鸭赶进鸭笼挑回家。以后每天如此,直到禾苗扬花结苞就不能再放养稻鸭了,鸭会吃新谷。

福建地区稻田养鸭,多为番鸭和麻鸭。番鸭有放养和圈养两种,放养的处所为溪、池、沟、塘和稻田。麻鸭,俗称田鸭。以稻田放养为主,晚上加喂夜食,普通农民以散养居多,专业户养鸭50~200只不等。

在闽中地区,有着传统的稻田养鸭习俗。三明市尤溪县联合乡于2013年,为整体开发联合梯田的旅游文化观光项目,将全乡稻田养螺、稻田养鱼、稻田养鸭以及开春前稻田冬闲田养羊、养鸡等作为循环有机生态农业来观赏。

2. 台湾鸭间稻再生产发展现状

历史上台湾的稻田养鸭、鸭田共生现象非常普遍。直至20世纪70年代农药普及后才失传。近五年,台湾人发现稻田养鸭、培育有机稻有利于资源的可持续发展,政府开始鼓励农民种有机稻,台湾中部地区的鸭间稻在近几年中恢复。

台湾的鸭间稻在30年前,曾是台湾农业经济的一大支柱。据采访,

---

① 安溪县地方志编撰委员会:《安溪县志》,新华出版社1994年版,第4页,第174页。

图 1-3-14　福建漳浦杜浔镇农民稻田养鸭

20世纪70年代以前,一户养鸭人家,赶三五千只幼鸭,从屏东、宜兰出发,沿着稻田从南走到北,到了基隆卖鸭后,回家就可买地买房。有一部电影《养鸭人家》专门记述台湾鸭间道现象。

2014年3月2日至5日,课题组在台湾桃园县大溪镇农户陈添寿家和新竹县峨眉乡湖光村刘盛展家采访时得知,当下的台湾人把鸭间道当作有机稻田管理的重要手段与经验,产品有生态鸭蛋、稻田鸭等。利用小鸭踩田喷在野草叶上的泥浆封死野草的生气孔导致野草枯死等原理,管理稻田。稻田养鸭在桃园、新竹、苗栗等县恢复起来,使相关农产品成为伴手礼和婚宴上新情礼的礼物。①

3. 闽台传统鸭间稻的原始科学性意义与生产性技能保护价值

与稻鱼共生农业民俗一样,稻鸭共生也是闽台稻作地区传统农业文化的普遍现象。它的科学价值体现在:

---

① 有机稻米通过艺术包装和加工,形成台湾盛行的"伴手礼"。如婚礼上的伴手礼、人情往来的伴手礼等。很时尚,具有十分广泛的市场前景。

图 1-3-15　台湾新竹鸭间道(谢乾桶摄)

一是可节约鸭饲料的人力物力。

二是经历过稻田养殖的鸭肉尤其味美,营养价值高。

三是鸭子天生水性好,在稻田养殖能活水松土,吃掉杂草、有害昆虫、浮游生物、底栖动物,起到除草作用。鸭粪是水稻最理想的有机肥料,稻田养鸭直接起到护苗、增肥的作用,从而促进水稻增产。

闽台地区农村鸭间稻的传统技术是插秧 20 天后开始放小鸭进秧田,开放之前先喂鸭一些饲料,小鸭在水田间戏游时,鸭脚板带起的泥巴和泥水可以把青草的叶子糊住,青草失去呼吸的空间,会自然枯死。

鸭蛋和鸭肉又是人们餐桌上最美味的佳肴,是农户传统经济来源的主要产业之一。因此,自古以来,每年从泡田开始到水稻扬花结苞期间稻田放养鸭子,是闽台地区的生产习俗。

课题组认为,这种习俗在当下的闽台地区能逐步恢复与发展。

（四）闽台传统稻莲、稻蔗轮栽的开发现状

稻田莲藕连栽、稻蔗轮栽在福建闽北地区有着悠久的历史。

福建南平地区居闽江上游，西与江西省接壤，北与浙江省毗邻，是闽赣浙农业经济三角洲之地。闽北因特殊的地理位置，成为我国稻作文化传播最早的地区之一，稻田的多种经营技术与经验也十分悠久，稻田养藕传统技术是其中之一。为防止水田结成板块，莲田不能久栽，传统的稻莲轮栽一般是三四年一轮，即种三年或四年水稻，就轮栽一年莲藕。莲藕不仅味美、营养价值高，还是稻作人家一年经济的主要来源。古时农家就利用稻田养莲为家庭补贴收入。

闽北地区稻莲连栽从什么年代开始，目前尚无查到文献依据，但就课题组在南平建阳、建瓯、顺昌、浦城、武夷山、政和等县考察时得知，这些县市稻田养莲藕的历史传承至少有5代人以上，如水吉镇的徐姓居住在此地至少有500年以上，徐姓家家稻田养莲。三明市尤溪县联合乡云山村2013年开始，将部分梯田改种莲藕，莲田养鱼，以延长水稻梯田的观赏时间，建设观光农业。2014年7月28至30日，课题组在此考察时，村在梯田中，梯田绕山村，村口绿油油的梯田一头盛开着鲜艳美丽的荷花，莲田水中畅游着鱼儿，的确具有观赏价值。

武夷山市吴屯镇周边的稻田中，也穿插着盛开着荷花的丘丘莲藕稻田。说明这里的农民也有稻莲轮栽的习俗。

传统稻莲轮栽三年一轮，在清明至谷雨定植种藕。株行距约为1米×1.2米～1米×2.5米之间，每穴栽1～2支藕种。莲田也不单种一种莲。近年来为提高莲藕产量和莲田利用率，闽北的莲农们利用莲田还同时进行莲田养鱼、养蟹、养虾等试验，也有莲套稻的套种栽法。

稻蔗轮栽的作用和意义与稻莲轮栽意义一样。福建和台湾地区因大面积受海洋性气候的影响，风化岩较多，土质沙性较严重，种稻产量不会太高，但栽种甘蔗却是天然的好条件，甘蔗的糖含量很高。因此，不论在闽北还是福建的闽南、闽东、闽西地区，自古就有种甘蔗的习惯。蔗糖是闽台地区传统的主要经济作物。甘蔗是一种水旱两栽的植物，水较多的

图 1-3-16　厦门翔安区新圩镇村尾村甘蔗田

洼田栽种,产量较高;旱地种蔗,靠自然降雨,产量不稳定。因此水分条件能否满足甘蔗生理代谢和生长发育的需要,成为直接关系到甘蔗产量高低的条件。尤其是山区常见的漏水田、烂泥田等稻田中质量较差的水田,却是种植甘蔗的理想之地。

　　闽台地区的稻农在漫长的生产实践中总结出甘蔗种植经验。于是稻蔗轮栽成为闽台地区普遍的经营模式。早在清代之前,因种蔗产糖而形成的糖加工厂和民间作坊在闽台民间也非常普遍。课题组在台湾的宜兰、新竹湖口和闽南的漳州、泉州等地农村,考察到许多废弃的榨糖石碾。说明甘蔗种植在这些地区普遍存在过。

　　在闽南漳浦县,民国时期的蔗糖作坊,几乎家家都有。杜浔镇的蔗糖曾在东南亚闻名遐迩。在漳州龙文区,九龙江沿岸曾经是蔗田如海,采访中农民说,最兴旺时期,这里都架上小铁轨,专门输送甘蔗进粮厂,家家户户都富裕。

　　在闽南、闽西等地,稻田轮栽更习惯为稻—稻,烟—稻,稻—菜,稻—薯,稻—花生—菜三熟、四熟栽培模式,复种指数约 200%。如永定县坎市镇1999年以后,复种指数高达221.41%。[1]

台湾目前考察之地没有发现稻莲轮栽和稻蔗轮栽,因农村中几乎家家都有在外工作或经商的亲戚,生活上相对宽裕,加上农药和化肥成本费用高,大部分农民不需要稻田复种的微薄利益补贴家用。所以,自从台湾工业化后,种甘蔗做糖厂也多进入集团化和专业户操作,有专门的机构和专业户运作,故民间很少有稻莲、稻蔗轮栽现象。这种通过水旱轮作技术,可以减少杂草和害虫的生存概率,改善土壤理化性能,提高土地的抗病能力和生产能力,需要大力推广。

(五)闽台传统养田技术与积肥的文化转化现状

闽台漳泉人生活的农村流传一句农业谚语:冬至前挖金,冬至后挖银。说的就是冬至前将稻田犁一次田土,再泡田,来年会大丰收;冬至后犁田泡田则不如前者。这是积累出来的冬田养田技术经验。

闽台地区靠山面海的特殊地理条件,一般近海的农业一年两季稻,虽时间上可种三季稻,但少有种三季稻的。山区一年主要种一季稻。秋后稻田种油菜、马铃薯、蔬菜等。赶在冬至前将稻田深犁一次,用人的粪尿、猪牛粪、草木灰和菜籽枯饼等农家肥料施放于自家稻田上,并用水灌溉,将稻田泡上两个多月后,来年开春,田土变肥,泥水细腻,栽上早稻秧,准是一个大丰收年。

积肥是一年稻作生产的基础保障,用漳州的谚语解释,是"人误地一时,地误人一年"。因此,历史上,积肥是农业生产程序中必不可少的一环。传统的积肥主要是农家肥,科学上称之为有机肥料。即人的粪尿、猪牛粪、草木灰和菜籽枯饼、青草等农家肥料。

课题组在台湾多地考察发现稻田间均有废弃的"工寮"和蓄粪池,说明台湾农村冬田养成曾经也是传统的技能方法。

---

[1] 坎市镇政府:《坎市镇志》,2003年版(内部印刷物),第45页。

图 1-2-17　位于台湾新北市三芝梯田间的工寮　　图 1-3-18　位于台湾新北市三重桥八烟梯田蔡姓村田间的工寮

闽台传统农家肥积肥的科学意义在于肥田、养田,农家肥无毒无害,生产出的稻米有利于人类的健康。

冬泡田是闽台稻作地区古时就有的习俗,但是随着城乡一体化,村民进城,冬至泡田的习俗正在消失。福建比台湾消失稍晚,但也将近20年。

台湾在20世纪70年代年轻人大多进城工作,稻田荒废,很多城郊农村基本不种稻。如新北市乌来乡有一泰雅村,该村停止种水稻已有近20年的时间,土地多承包给外人利用,或是被政府征用开发。

2014年3月初课题组赴台湾高雄、台东和花莲考察时,在台东和高雄田野调研,春耕前的冬田遍地鲜花,给游人明朗而温馨的美感。台湾海洋科技大学蒋教授告诉我们,过去东海岸的农田每到冬季基本上都在泡田、养田,为来年春耕准备有机肥料。40年前全面使用化肥后,基本不再冬泡田。稻田栽花是这两年的事。为了发展冬季旅游,利用海洋性气候,给淡冷的冬季营造旅游气氛,政府鼓励农民在闲置的冬田里栽花,以达到理想效果。这两年,仅台湾本岛的游客,冬季到台东、高雄和花莲旅游的人明显增多,几乎所有游客都爱在鲜花丛中留影。春耕时,花草耕于泥中沤肥,又是天然的有机肥,一举多得。

将传统的冬泡田转换为文化产业,是一项值得两岸农村推广的文化产业项目。

图 1-3-19　台湾高雄冬闲田文化转换为冬花田观光项目

（六）闽台传统果茶习俗的文化传承与产业化现状

福建全省茶园种植面积 348 万亩左右，居全国第五位，但茶叶产量却为全国第一。全省茶园，分布相对分散，除石狮市、厦门市等社区和一些海岛没有茶园，其他地方一般都有茶园。

茶叶产业化程度在全省农业中是最高的，有种植、深加工、供销、物流等，形成了产业链。

据福建省农业厅果茶科介绍，福建茶叶如果没和文化产业结合，就是普通的饮料，难以卖出很好的价格。一位茶行企业家说，茶叶去掉文化就是一片树叶。武夷山的茶产业做得比较好，就是因为有浓浓的文化味。因该地位于晃北山区，茶树多生长在岩石峭立的山间之中，山岩茶因"大红袍"品牌而享誉国内外。所以，你一到武夷山就能看到"印象大红袍"实景表演,将武夷山旅游文化产业推向热潮。尽管那里至今尚未开通高铁,普通铁路客车一天也只有一班,飞机多是经停站客机,交通仍然不便,但那里的客流量仍然是福建省前三位。福建省政府将茶产业视为重点。2008年省财政投入7500多万,2013年是1亿5000万。农业厅为茶产业的主管部门;种植管理局主要负责茶业生产过程中成熟技术的推广和应用;科技厅专门负责研发,对技术催熟连续性投入较多;茶文化推介和保护归属于文化厅管理;农业厅闽台农业海峡处负责闽台茶叶种植的合作。据省闽台农业合作中心提供的数据显示,2013年1月至11月,福建省农产品进出口总量第一的是茶叶,有12222.9吨。随着福建茶叶大量进出口,福建的茶早已成为福建省的文化名片和文化标识。

1. 福建茶文化习俗传承现状

福建茶文化由来已久。闽南人有句谚语:"宁可百日无肉,不可一日无茶",闽北谚语有:"宁可三日无粮,不可一日无茶"。[①] 福建人的喝茶习惯至少有一千年的历史,中国海上丝绸之路是唐宋时期从福建茶之路和陶瓷之路开始的。到宋代,由福建安溪生产的铁观音和武夷山岩茶,将中国的茶文化推向了一个新时代的峰期。从京都皇宫到福建民间,品茶、斗茶成为时尚。据厦门文史学者彭一万介绍,晚清时,英国商人在女皇婚礼上送去福建茶叶作为贡品献礼,使闽茶在欧洲闻名遐迩、红火一时。

今日,闽南人和闽北人的家里,几乎家家都有茶具,茶桌前成为人们品茶、待客、聚事、议事、聊天、传授的主要场所。闽台民间信仰中的菩萨崇拜、祖先崇拜仪式和民俗婚礼仪式上,茶也是必不可少的祀品和礼品。

福建的茶文化早在半个世纪前就形成了三大系列品牌:武夷山岩茶以"大红袍"为品牌系列,形成武夷山茶文化圈;安溪茶文化以"铁观音"为文化品牌符号;福建客家的擂茶也形成客家茶文化的体系。福建的"大红袍"、"铁观音"不仅在国内闻名遐迩,在国际上也成为中国的文化符号。据专家考证,英文的茶字读音,源于福建方言。说明福建茶文化的历史之悠久和影响之大。

---

① 王煌彬:《福建茶文化调查报告》,引自刘芝凤总主持的厦门市重大课题"闽台历史民俗文化遗产资源调查"学生田野调查报告资料。

图 1-3-20　茶文化产业化（茶园—晒青—择茶—品茶—茶艺）

福建的茶之所以成为文化符号、文化旗帜和文化形象，除了品牌符号之外，更多地体现在民间习俗和民间信仰上。大凡福建民间节庆日祭祖，在民间祭祀和人生礼仪婚丧大事之中，茶都有不可替代的作用和象征。

在闽南地区，厦门婚俗中，茶的作用非常重要。湖里地区多上鸡蛋茶和甜茶；集美多做米糕、红龟；翔安有淀粉芋头饭、炒米粉、萝卜莲子猪肚汤，大嶝一带必上封肉，不上葱；同安区一定会有炸枣、糕，新娘吃三道甜茶：茶叶茶、橘饼茶和鸡蛋茶。茶叶茶象征有心（闽南语的谐音），橘饼茶意为有结果，鸡蛋茶有两个鸡蛋，意为成双成对。在闽南人的礼俗中，客来而无茶，视为主人失礼。主人给客人斟茶，客人要伸出右手食指和中指三叩桌面，以示回礼和谢意。

2. 台湾茶文化习俗传承现状

据台湾学者蔡清毅介绍，近年来，台湾茶人提出"以茶立国"。小小一杯茶，提到如此高度，西方人是很难理解的。饮茶，不仅包含伦理、文化与思想，还涉及世界观。茶之理至深，茶之义至远。①

在台湾，茶文化因闽人入台而随着生产方式进入台湾。台湾地区福建人占现有人口的74%，台湾闽人中，闽南人又占其中的90%以上。因此，茶文化也随着闽南人迁徙带入台湾，台湾的闽茶文化也非常传统。

据蔡清毅考证，台湾的野生茶发现在300多年前。清代关于台湾茶的记录有许多资料，如清康熙五十六年（1717年）《诸罗县志》、清乾隆元年（1736年）《赤嵌笔谈》，以及《淡水厅志》等历史文献上都有记载。说明台湾"原住民"有利用野生茶烘焙茶叶的历史。而台湾人工种茶历史约有二百年，茶叶生产进入文化系列，则有百余年的历史。1860年，英法联军攻陷北京后，中国被迫开发基隆、沪尾港口通商，同时打开台湾茶叶出口的大门。1865年，台湾淡水海关公文记载出口82022公斤茶叶，是台湾茶叶出口的正式记录。之前，台湾有在清道光年间将茶叶输入大陆制作精加工后转销海外的台湾茶抽税记录。②

台湾茶文化品牌在百年的历程中，经历了乌龙茶－包种茶－红茶－绿茶的全过程，鼎盛时期在20世纪70年代，仅蒸清绿茶制造厂多达300余家，1972年出口蒸清绿茶达1.3万吨。1975年至1990年，台湾乌龙茶

---

① 蔡清毅：《闽台传统茶生产习俗与茶文化遗产资源调查》，厦门大学出版社2014年版，第3页。
② 蔡清毅：《闽台传统茶生产习俗与茶文化遗产资源调查》，厦门大学出版社2014年版，第19～21页。

一度重新占据台湾茶的前锋,但到了1990年以后的十年间,再度被红茶挤出。因海上贸易进口便利,台湾人大量接受进口物资,以饮进口红茶为时尚,本岛的红茶敌不过进口红茶,很快进入萧条阶段。如盛行一时的日月潭红茶、鹤冈红茶也敌不过进口红茶的冲击。

2014年3月,课题组在新北市山重桥八烟聚落考察时,八烟聚落农会简女士拿出他们新制作的小包本地茶说道,台湾人近几年在返璞归真,重新认识本岛绿茶和红茶的价值,以茶为文化符号进行推广,尤其是人工摇茶和人工制作茶受到人们普遍的欢迎,形势见好。

3. 闽台茶文化产业化开发现状

福建和台湾的茶文化产业一直没有断代过。据闽台课题茶文化组调研:20世纪80年代是福建茶鼎盛时期,福建茶叶总产量、单产量、良种普及率、特种茶数、茶类发祥地、茶树良种数量、销售总额、市场占有率等八大指标,均为全国第一。2011年福建茶园面积超过21.2万公顷,为全国第四;年产茶叶29.6吨,产量占全国第一;涉茶行业产值超过350亿元人民币,是中国茶生产第一大省;现今从事与茶相关产业的从业人口,占福建全省总人口的1/10,有300多万。2006年11月,福建名优茶代表中国茶叶参加巴拿马中国贸易博览会。①

台湾的茶文化在民间仪式中也是必不可少的礼品。不论是菩萨生日、祭祀还是祖先祭祀,供桌上必不可少的有茶和水果。台湾茶相对福建茶,文化影响小一些,但在东南亚一带,台湾乌龙茶、日月潭红茶和鹤冈红茶一直是闽人后裔的家乡情结和文化符号,受到海外游子的钟爱,有一定的市场份额,为此台湾茶人也想以茶兴邦。

4. 闽台传统习俗中的果茶文化作用

闽台果茶在人们生活中的特殊作用,其科学价值主要源于茶与果的自身营养价值和清凉降火、暖胃健脾、平静心气的特殊功能。

闽台地区因特殊的南亚海洋性气候和山海一体的特殊地理条件,生

---

① 蔡清毅:《闽台传统茶生产习俗与茶文化遗产资源调查》,厦门大学出版社2014年版,第19页。

长的水果味甜爽口,主要有甘蔗、龙眼、荔枝、凤梨(菠萝)、芒果、木瓜、香蕉、柳橙、草莓、梨子、桃子、西瓜、柿子、花生、柚子等;台湾除此之外,水果

图1-3-21　台东延平乡布农部落的凤梨地

中还有大白柚、番石榴、杨桃、释迦、文旦等。福建传统水果品种有八大类,传统常绿果树品种有柑橘、龙眼、荔枝和枇杷;传统落叶果树品种有梨、桃、柿子和李子。近几年发展好的水果是日本引进的葡萄,有特色的是福州(闽清、闽侯)的橄榄。台湾引进的品种有花石榴(芭乐)、花木瓜、毛叶枣、火龙果、莲雾等,技术转让到本省种植,收成很好。

柑橘在福建从南到北都有种植,是全省水果产量最大的品种,全省大概有240多万亩。柚子属于柑橘类,漳州平和县是全国产地和出口量最大的地方。

在福建的水果品种有十几种,种植有803万亩,2011年的产量有600多万吨。

据省农业厅水果科的干部介绍,水果的文化品牌打造一般是由地方政府来主导举办一些文化节,如福安的葡萄文化节和杨梅节、平和的柚子节等等,且每年到省外去推介。顺昌结合知青返乡开展柑橘节,泉州市的龙眼推介会还到东北(2009年)去过,平和打出了琯溪蜜柚名片,漳州是南边水果的主要产区,三明的落叶果树很有名,效果很好。

图 1-3-22　2014 年福建省优质水果鉴定会

全省的特色水果优势除了闽南的龙眼、荔枝外,如今宁德蕉城晚熟的龙眼和荔枝也有明显的效益。三明和南平(闽西一带)早熟的梨和桃,也正在走向产业名牌,德化县于 2001 年得到全国优质早熟梨第一名。一般通过无性繁殖、嫁接,使优良品种得以保留下来,通过人工杂交来改良品种。

有专业学者认为,政府在此类项目资金的扶持上力度不够大。如大棚葡萄的种植 3 万～4 万元每亩的成本,而国家只补贴 5000 元。一般果树初产要 3 年,5 年才能试着投放市场,到 7 或 8 年才能打开市场,收回成本(这是在市场认可该产品的情况下才能回收成本)。因此,政府应加大财政的补贴力度。

目前一些从事工业的商人转而投资农业果林栽培,表象上是开发农业文化产业,但业内人士认为,其最大目的不是上山栽种果树、办休闲农业,而是以此为由进行圈地。商人知道种植农业基本上赚不了钱,休闲农业也只是个人附庸风雅的一种行为,一旦圈上地,进行土地转让和利用,才能实现赚钱的真实目的。

观光休闲农业之所以盈利少甚至亏损的客观原因是受果树花期、果实期短,不同季节不同果树又存在较多的病虫害等多种因素的影响,现在大部分休闲农业开发明显心有余而力不足,效益不是很好。如果休闲农业只能种植单一品种的果树,就便于管理。但单一品种季节性强,无法突出特色来吸引游客的观光。花期、果期是固定的,因此一年当中旅游资源的分布不均。例如,厦门同安莲花镇最先是由台湾人圈地做休闲农业的,由于亏损只能通过土地转让来赚钱。因为福建的山地丘陵地貌,大型机械无法大范围推广,只能靠人工劳力,成本很高。农资成本、租地成本也很大,水果市场价格却变动不大,如柑橘,20年前就是1元多1斤,现在还是一二元1斤,人工成本却早翻了几倍。因此果农很难有好的收入。

为此,福建省农业厅水果科从1988年开始对水果早中晚熟的品种进行调整,相当于拉长了一年的水果产期,让水果上市时间的集中率降低,减少了同样水果的竞争,有利于创收。[①]

由于福建水果一年四季都有盛产,水果果名的谐音、颜色、味道等在百姓心中有着固定的概念,因此,福建人将水果"文化化",贯彻到人们日常生活之中,形成一定模式的文化内涵。

闽台人的生活中,与茶一样,水果也是民间祭祀和婚庆礼仪中必不可少的礼品。厦门海沧区在重阳节一定会进补甘蔗、花生、柚子、柿子等。他们认为甘蔗补腿,花生补指头,柚子补脑,柿子补血。漳浦县杜浔镇正阳村一年中最隆重而热闹的"二月社"祭祀民俗必备四物:用红盘装的香(压邪作用)、花(保佑相貌长得好)、真经(代表神灵)、果(做事有个好结果)。祭龛上必须要有12杯的熟茶,如果茶变得混浊,就是证明神灵已经来过。还要有八格顺盒,此为正阳村祭拜特有之物,一般请专门的糕饼店制作,用品有饼、金枣、柿子饼、糯米饼等,燃后用长的铁棒将他们串在一起,并插在专门的小型供台,有一米多高,为了表达一种祈福保佑,会在糯米饼上写上:众望所归、丰功伟绩、行事如意、吉星高照、财源广进、百业俱兴、宏图大展、新年快乐等类似的吉祥祝福语。对于正阳村的村民来说八

---

① 刘芝凤、陈春香:《2014年7月29日福建省农业厅水果科采访调查报告》,本课题组调研。

格顺盒代表了他们对神灵最高敬畏的供品。①

图 1-3-23　永定县坎市镇妈祖祭桌上的水果祭

台湾的水果生产从产量到数量，不亚于福建省。台湾水果好吃早在东南亚一带闻名，分常绿水果和落叶水果，现多是从海外引进的热带水果品种。

台湾水果主要品种有：草莓、芒果、莲雾、释迦、凤梨、荔枝、葡萄等。在台东，凤梨和释迦的种植面积很大，不论是汉族人庄园，还是布农人的水果园，几乎都有这两类水果。台东县南八里乡的鄞先生，从当地人手中购买了两座面临太平洋的山头，山顶保持原始树林；山腰建民居，做民宿，接待旅游客人；屋前的天然平地，做绿草地；然后沿山下去的梯田种植释迦果树林，形成一座人间仙境、耕读人家的气氛。在台东桃园乡布农人部落的土地上，遍地栽种的是凤梨，凤梨成了游客拍摄的内容。宜兰的哈密瓜也非常有名，入口甘甜而爽脆。

在许多礼仪之中，台湾水果是伴手礼的最佳选择之一。台湾在民间祭祀中与福建一样，大小祭祀中水果是不可或缺的祀品。

---

① 引用刘芝凤总主持的厦门市重大课题"闽台历史民俗文化遗产资源调查"课题组田野调查笔记。

图 1-3-24　新竹七月半鬼节居民门前摆放的供品（颜莉冰摄）

（七）闽台传统农业水利灌溉文化转换的开发现状

1. 福建省传统农业灌溉

福建省传统农业灌溉具有悠久的历史，早在晋太康三年（282年）太守严高扩建府城，在福州西北隅就有人工挖的西湖与东湖，滨湖附近农田获灌溉之利，距今已有1700年以上的历史。隋开皇十三年（593年），连江县人林尧等舍田为湖，灌溉七里农田。隋代（581年—618年），谏议大夫黄鞠，在宁德十二都霍童松洋岸，凿仙湖（又名诸坪湖）引溪水溉田。唐代是福建各地开凿池塘、官陂、水库的一个高潮，有莆田、福州、泉州、宁德、晋江、长乐、闽清、连江、同安等地先后筑堰储水，开凿了19座水湖、水库、池塘等，垦田、灌溉数万亩。据《福建省志·水利志》载，新中国成立的1949年，福建省有小型水库两座。一座是厦门上里水库，一座是龙海西山的冰厂水库，还有一些零星的池塘和天然湖泊。1954年初，在南安彭美和建阳马伏分别建成库容为6万立方米和23万立方米的两座小型水库,揭开全省水库建设的序幕。1971年起,福建一批水利工程陆续动工。据福建省水利厅提供的信息显示:2011年,水库工程方面,全省共有水库3692座,总灌溉面积1772.1408万亩。在近二十年的时间中,福建水利灌溉经历了从以保障农业灌溉为工作的全部,到水利灌溉、水资源保护、水库风景区建设的转换。

图 1-3-25　水库网箱水上养殖

福建省水利灌溉的文化转换,主要体现在水库的风景区建设、多种经营形成观光水利等方面。

据福建省水利厅提供的资料显示,为贯彻落实全国水利风景区建设与管理工作的会议精神,以人水和谐理念为导向,以维护水工程、保护水资源、改善水环境、修复水生态、弘扬水文化、发展水经济、促进水利改革和发展为目标,2013年编制了《福建省水利风景区发展规划》,颁布《福建省省级水利风景区申报及评审办法》和《福建省省级水利风景区评价标准》,成立了全国首家水利风景区协会。至2014年7月止,全省已设立水利风景区48家,其中国家水利风景区11家,省级水利风景区37家。目前90%以上的国家级、省级水利风景区还处于水资源保护、水库养殖清理、防洪、泄洪等主要工作之中,开发水利景区文化产业的水库不多。

考察点一：闽湖水利风景区

闽湖水利风景区是福建省申请国家水利风景区的第一批单位之一，为加强水库管理，2013年6月成立闽湖管理处。

闽湖位于尤溪县坂面乡境内，为尤溪县、大田县和德化县二市三县交界之处，距尤溪县城51公里。闽湖水库坝址位于尤溪的上游均溪之上，主要水源是从德化流经均溪和文江溪两支流，最高库存容量达到18.24亿立方米，流域面积分别为1604平方公里和1376平方公里。

闽湖管理处提供的资料显示，闽湖是福建省五大水电站之一，库区水域总面积为36.75平方公里，为全省之最，也是全省具有多年调节功能的大型龙头水电站，管控调节着街面电站—水东电站—文潭电站—水口电站（紫阳湖）—雍口电站的水位和承担其防洪泄洪重责。

闽湖为尤溪街面库区大坝形成的人工湖，水中很多小岛，水山一色增加了景色之美。周边有蓬莱山和罗汉山，里面有原始森林。闽湖大坝巍然屹立于峡谷间，与闽心地标、闽湖碑牌、闽心公园及湖光山色交相辉映。四季不同风景形成闽湖别有洞天的自然和谐景观。

闽湖有着很好的开发资源：其一，这里是福建地理中心地标之处，有一定的旅游观赏价值。其二，此乃全国水质好的公开水域游泳场所之一，其湖面宽阔，湖水清澈，三年前水库的水可直观水下三米多，清辉如镜。其三，库区的养殖人家自然构成了一幅幅观光渔业的人文景观。只是网箱养殖对水质有污染，必须控制和跟踪管理。其四，闽湖水库是全国黄颡鱼的保护基地和原产地。其五，这里依托尤溪特殊的人文历史。

尤溪始建于唐开元二十九年（公元741年），是南宋著名理学家、教育家朱熹的诞生地，素有崇文尚学的传统。著名艺术大师刘海粟曾题词："尤溪风月无古今，学海扬帆有后人"。朱子文化遗产得到保护开发，初步形成了朱熹塑像、文化广场、半亩方塘、南溪书院、沈郎樟公园等人文景观。同时，尤溪还有被誉为中国历史文化名村的桂峰、被农业部评为"全国首批农业文化遗产资源保护单位"的联合梯田、县文保单位卢兴邦故居、全省最大的古银杏群——中仙龙门场古银杏林等。

据课题组在闽湖考察，县旅游局成立了鸿运旅游公司，目前该公司有快艇5只、漫游船2艘、摩托艇1艘。客流量一年在10万人次左右。

据闽湖管理处主任陈震介绍，为管理和发展闽湖国家级水利风景水

图 1-3-26　闽湖上开发的水上游艇娱乐项目

库,目前对闽湖开发的思路有:

(1)先要保护水资源;

(2)种植不同品种的林木,打造成湖边风景带;

(3)建设一个全国最大的垂钓基地(鱼类有十几种如鸭嘴鱼、黄颡鱼);

(4)库区周围引进财团进行规划开发;

(5)库区湖面养殖区域的水面整治和库区林木资源的保护。

考察点二:武夷山东湖国家级风景区

武夷山吴屯东湖水库,又称东溪水库,是国家级水利风景区。始建于1978年,1986年12月投产,库积雨面积554平方公里,主河道长度554公里,总库容1.127亿立方米,属于国家大型水库,水库水域面积8700亩,拦河大坝为混凝土双支墩大头坝,是福建省第一座此类大坝。坝高55米,坝长239.5米,最大泄洪量2800立方米/秒,年平均发电量5000万KWH。东溪水库是福建省集蓄水、发电、灌溉、防洪及观光水利旅游文化产业于一体的水利枢纽工程水库。

武夷山吴屯东湖水库(东溪水库),文化转换的条件非常优越。一是东溪水库所在地武夷山是福建三大旅游景区之一,已经具有成熟的旅游

图 1-3-27　武夷山东溪水库

线路和稳定的客流量资源。二是水库所在地吴屯镇有"福建美丽梯田"之称的后源梯田观光文化景区。后源梯田有稻田 1785 亩和竹林山地 10860 亩,是课题组在福建考察梯田时,集中面积最大的梯田景区,与东溪水库相距七八公里,可以远眺梯田。三是这座水库是福建省第一座混凝土双支墩大头坝,电站气势恢宏、雄伟壮观,本身就是水利观光最佳景点和科普基地。

课题组在水库现场考察时,看到水库水面上很脏,浮着一层垃圾物和塑料泡沫等物。湖面上拉着大网,在经营网箱养鱼等养殖业。如果水库水质没有处理好,将全成为水库进行文化转换的阻碍。

福建水利灌溉文化转换的远景计划是,2013—2020 年,福建水利风景区将处于高速发展期,至 2020 年,力争全省国家、省级水利风景区家数达到全国前列,基本形成特色突出、布局合理、类型齐全、管理科学的水利风景区网络和水清、岸绿、景美、人水和谐发展的局面,成为福建省旅游发展战略格局的重要组成部分。

2.台湾传统农业水利灌溉文化转换开发现状

在台湾,近五百年来,农业持续发展,得益于水利灌溉和农业技术的进步。早在元代时,台湾就出现原始的引水灌溉工程,荷兰人入台后,对农业水利建设有所投入。郑氏统治台湾时,是台湾农业快速发展的时期,郑成功带去的闽南将士,落地为民,使台湾的农田水利建设得到长足的开发和发展。清代是台湾农田水利灌溉技术和经验飞速传播与发展的时期,从台湾许多历史画册上可以看出。

课题组在宜兰、新竹和桃园、基隆等地考察农业文化时,说起传统水利灌溉,人们简单的语言概括是:用沟将多余的水排走,用井将多余的水蓄备灌溉,就是水利。

台湾水利灌溉历史久远,课题组考察过台湾十多个县、乡博物馆。从展览的资料看,早在汉族人入台之前,台湾少数民族就有挖沟架竹管筑陂引水技术,之前少数民族地区农业灌溉,一是靠自然水灌溉;二是靠简单的竹管引山泉水灌溉;三是挖池塘蓄水、背水灌溉。从现有的资料看,台湾传统的水利灌溉建设,可能是闽人引进的水利技术。

从台湾多所博物馆展览的工具和许多资料考证,清代以前的台湾水利灌溉,多是直接挖沟排水、运水,用脚踏车水,利用水的落差,转动水车车水灌溉等。在新竹县北埔至今还遗存一座清代排水水渠和水车(图1-3-28、图1-3-29)。只是旧时的木板水车已进行几次革新,现在是用铁皮

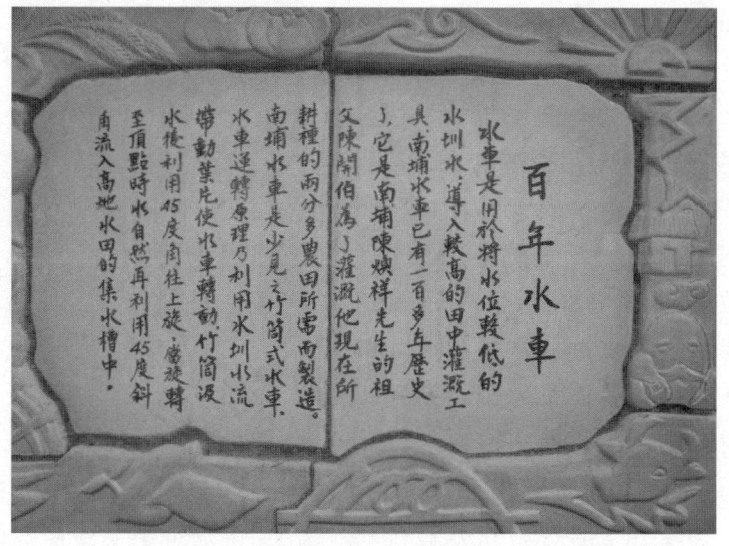

图 1-3-28　台湾新竹县南埔乡百年水车介绍

板作页板进行滔水灌溉。据当地学者廖贤德介绍，日据时期的农田水利建设继续发展，为日后台湾农业水利及其旅游事业的发展带来了有利条件。

在台湾，水利水库工程主要是私人财产，有的地方是几户地方联合修建水库，以确保稻田的水资源供给和排洪需要。政府也在各地修了一些水库和水渠，用来引水灌溉和防洪。1978年台湾实行"加速农村公共投资政策"和"修建台湾西岸海堤工程及全岛重要河堤工程"的决定，对河道防洪工程和海塘防洪工程的治理一直延续至今。近年来已陆续进行流域规划，但台湾水利与其他产业进程相比较，还是有些落后。由于农地移用，农地面积逐年减少，水利复修能力减弱，水路被道路、住宅侵占，生活污水及产业废水进入水路使水质劣化，地下水补充困难等多种原因，台湾传统水利灌溉，正向多元化转换。

图 1-3-29　台湾竹东南埔清代水车灌溉遗存

图 1-3-30　台湾基隆万里乡自然山泉既灌溉农田，又为居民生活用水

如基隆万里区马束路30巷街道利用古时泉水引灌的水渠，当作便民洗水沟，居民可在此洗菜和衣服（图1-3-30）。新竹北埔区南埔社区黄金水乡保存着清代水渠（图1-3-31），旧时是周边五十平方公里水田的主要灌溉水资源，现在只是一部分灌溉的水资源，每天流淌的灌水成为人们水

图 1-3-31　新竹县南埔乡百年水圳

利观光景点。新竹县北埔乡南埔社区南埔黄金水乡开发旅游文化产业，利用百年水圳、水车、田园风光、当地民俗"石头公祭坛"等开发水乡农业观光。北埔乡南埔郭家还有日据时期自发水电修水渠的历史和田间发电站（图 1-3-32），如今也作为农田水利观光点进行宣传推介。台湾北部新

图 1-3-32　新竹县北埔乡南埔郭家自制的水力发电房

竹、桃园、基隆等几个乡村的几条清代水渠在进行文化转换,作为休闲观光农业的一个景点进行包装和开发,将水渠、私人发电、传统稻作等历史用指示牌标示出来,供自驾游客拍摄和观光,发挥剩余价值,水库和水塘尚未进行文化资源转换和开发。

随着时代的变迁,台湾传统水利灌溉的文化转换,更多地向观光农业和观光水利旅游文化产业转换,许多传统水利灌溉水渠和设施也成了观光水利风景点,已形成台湾传统和现代水利观光带。

四、闽台农村生活习俗非物质文化遗产资源的开发现状调查

闽台农村民俗是非物质文化遗产的主要内容。比如,为保佑一年风调雨顺、稻谷丰收而产生的土地公崇拜、五谷神崇拜、牛崇拜等;农业生产需要劳动力,为求多子多孙、子孙免灾而产生的祖先崇拜、石头公崇拜、小孩生日礼等;稻作地区气候潮湿、多雨,为适应气候、减少风湿病害而产生的干栏式建筑、红砖古厝、吞口式建筑和保生大帝崇拜等;稻作地区因气候温差大,潮湿与海边渔民饮食习惯有很大的差别,渔民食味清淡、微甜;山区食味重,偏辣和酸等等。

在节日习俗上稻作民的节庆相比闽东、闽南沿海渔村显得数量少,但他们的歇后语、谚语、对联非常丰富。在居住上习惯聚居,以血缘为界,少迁徙。在稻作地区,大凡一个上百户人家的村庄,多是有着三五百年历史以上的古村。本小节主要关于闽台稻民生活习俗中的非物质文化遗产资源开发现状调查。

(一)闽台稻作民族民间信仰习俗的传承现状与开发现象

福建的稻作民族主要分布在闽北、闽西和闽中地区,闽南和闽东为渔耕民族区域。闽台地区的农业信仰主要表现在与劳动生产息息相关的神祇精神寄托之上。

闽台稻作民族民间信仰传承至今的主要神祇崇拜有:土地神信仰、五谷神信仰、牛崇拜、鸟崇拜、蛙崇拜和蛇崇拜等。

土地神信仰是中华民族农业地区的普遍信仰。在闽北、闽西、闽中传统稻作地区，农民信仰传统的土地公；而闽南、闽东渔耕地区，因祖源多是从中原过来，信仰福德正神。

闽台一带在唐宋时期，土地神在专门的土地庙供奉。如《厦岛后崎尾岐西保岐山古地土地公祖庙碑记》载："维公之像，厦岛伊始。维公之神，灵莫与比。悬匾旌扬，尊兼德齿。称之曰祖，自宋有祀。求焉辄应，遐迩一视。梯山航海，咸受多祉。护国助战，靖侯称旨。捐俸重建，一百余纪。"①这段土地公庙重修碑记，说的是土地庙宋代之前在厦门岛上就有了，而且香火旺盛。现存的"土地庙"大多是"福德正神"庙。因为闽台从唐宋以后，陆续地演变成中原入闽开漳为主体民族的格局，土地庙也逐步由土地主公祖庙演变成福德正神庙。二十多年前，闽台地区重修族谱、兴修祖庙之风盛行，各地依族谱中原习俗，将重修的土地庙更名为福德正神庙。②

图 1-4-1　台湾新竹县新丰乡福德宫

---

① 何丙仲编：《厦门碑志汇编》，中国广播电视出版社 2004 年版，第 345 页。
② 刘芝凤等：《闽台农林渔业传统生产习俗文化遗产资源调查》，厦门大学出版社 2014 年版，第 221 页。

闽南、闽东和台湾南部的"土地神"信仰与中原"福德正神"已整合在一起,福德正神代表了土地公,形成现今的"福德正神土地公"信仰崇拜。闽台地区旧时的土地神主要职责是保佑风调雨顺、万物茁壮成长。而后来的"福德正神"却被后人赋予了更多的职责,有保护土地上一切平安顺利之意;有出入保平安之责;有保稻谷风调雨顺的义务;有保媒和保婚姻幸福的功能;还有出门发财的保佑等。

课题组在台湾新竹的竹北、竹东、湖口以及桃园县、宜兰县、基隆市、新北市、台东、台南、花莲、台中、彰化等地考察,闽人居住的村庄都有福德正神庙、土地公庙,庙的数量不亚于闽南地区。闽南各地农村如云霄县各乡镇、厦门同安花莲乡等地在荔枝林、龙眼林里建福德正神庙;为村镇、出门保平安,闽南地区和台南、台中地区许多农村在村口公路旁建福德正神庙;为保人丁兴旺,土地庙中的土地婆又赋予生育和求子保佑的职责;为保佑祖坟不受侵袭,在进山的路口上要修一小个土地庙;闽台沿海村庄,如湄洲岛、平潭东美村、台湾苗栗后龙镇外埔村、台东南八里等地,海边上也建有土地庙,土地公还被赋予保佑渔民出海如陆地平安、生意人出海经商顺利等多重职责。

如今土地公信仰的文化转换主要体现在有些地方利用土地公生日和土地庙的历史、香火,为古村落旅游开发提供观光景点。农历二月二,是土地公生日,台湾新竹竹东各地香火旺盛。当地人家家户户都前去福德正神土地公庙朝拜(图1-4-2),吸引了许多游客前去观光。客家人在庙中案桌上做好了一盘盘用糯米打粑挤成的小圆球式的麻糍果,粘上盘中炒熟的芝麻粉或花生粉,满庙堂都透溢着香甜味。2014年的农历二月二,课题组连续走了三个乡的五座土地庙,情景大同小异,各庙宇都安排好唱戏、放电影等娱神娱人的节目。

五谷神信仰也是闽台农村传承至今的民间信仰。将五谷神与其他众神祇一起供奉,如今成为地方旅游一处景观。如台湾桃园、彰化鹿港、台南安平等地的妈祖庙内,除了主祀妈祖,两旁的众神祇中都有五谷神的一席神位。在福建也同样如此,漳州云霄县任家村、油车村,泉州惠安县、莆田仙游县等地,庙中众多的神祇有五谷神。如果该地开发了旅游,五谷神与古庙一起整体作为旅游观光的一处原始宗教景点,人们旅游到此处,就会自然而然进去参观与朝拜。

图 1-4-2　新竹客家人二月初二举家进庙祭祀福德正神情景

　　闽台也有单独的五谷神庙。如台湾嘉义县民雄乡丰收村有一座五谷王庙,原名谷丰宫,创建于清康熙三十二年(1693年),迄今已有300多年的历史。五谷王庙的庙产很大,1987年曾义捐60公顷土地,协助中正大学在民雄建校,曾在台湾成为美谈。① 谷丰宫承传着古老的祈子仪式,被称为"提甘",在台湾嘉义一带十分灵验。嘉义县民雄人为什么到五谷神庙来祈子,目前尚无调查到原委,可能稻谷、粟谷发根多籽粒,民雄人是否把多福愿望与谷穗硕果联想在一起产生信仰,这仅是一种可能的民俗分析。

　　闽南云霄县人称五谷神为"五谷王生",视为炎帝神诞。每年农历的四月二十六是"五谷王生"祭典日,又称之为炎帝诞辰日。南平地区旧时农历四月十九过"禾生日",这一天要做豆腐,在家神龛上排供素食,焚香烧纸,祈求禾仙赐丰年,使稻谷"粒粒饱满,穗穗弯腰"。十天后即农历四月二十八,称"神农诞",村民家家户户到"五谷仙庙"上香摆供,祈求五谷丰登。在福建地区,也有地方把正月二十当为谷神的诞辰日,村民这天以天气阴晴来预测这一年收成和行情的好坏。

---

①　陈益源:《台湾民间文学采录》,里仁书局1999年版,第104~105页。

目前，闽台地区没有专门将五谷神的传说和信仰作为文化产业开发，但现有的五谷神村庙是一处观光景点，是产业化的开始。

牛崇拜是闽台先人用驯化了的牛犁田，出于牛对农业贡献之大，加以崇拜和感谢，形成了牛崇拜的民间信仰习俗。

牛崇拜的传承在台湾基本消失。福建山区至今仍然实行牛犁田，多是黄牛犁田，耕牛体积大，重量重，容易踩垮田埂，而黄牛体积相对耕牛小，体轻，是山地稻作农民的首选。

闽西、闽北、闽中地区多数乡村还保存着牛崇拜，过牛王节。闽南、闽东地区大多不过牛王节。在东南沿海地区，因经济较内地发达，人们文化生活非常多元化，可选择性的娱乐太多，故闽南和闽东沿海渔耕地区牛崇拜习俗已不多见。在闽北、闽西、闽中地区，四月八大型民间节日性娱乐也已基本消失，只是一些山区农村仍然有给牛放一天假，保留赶牛进山"抢馒头"（金元宝）的习俗。牛崇拜至今没有文化转换的成功个案。

鸟崇拜的历史渊源很早，大约产生于公元前1万年前后的新石器时期，但今天基本没有以节庆日进行崇拜仪式的文化现象。为防止鸟吃谷，在田间扎稻草人（图1-4-3），是稻田特别的景观。课题组在武夷山市吴屯乡和兴田镇考察时，稻田中到处插着稻草人，吓唬偷吃稻谷的鸟禽。

闽台地区的丧习俗中，某些鸟被视为能呼风唤雨和能给人带来福喜与安宁的报信使者。如鹤，在民间神话故事中是可以把人的灵魂引入云霄上天堂的吉祥鸟。闽台丧俗中，老人去世时，多有用纸扎的仙鹤为其送葬引路。2012年课题组在厦门集美区后溪镇英村考察一家吴姓丧礼全过程，老年妇人去世用白纸仙鹤扎在棺材盖上，表示引路。

闽台地区先民在长期的稻作生产实践中，发现青蛙的某种声音预示着雷雨的即将来临，以为青蛙是受上天的旨意，有呼风唤雨的本事，可以兆示稻作收成的丰歉。加上蛙能吃害虫护稻，所以对青蛙倍加崇拜。

蛙、蛇崇拜是古越稻作民的一种文化特征。如今在台湾已很少见。但在闽北地区，蛙蛇崇拜还保持得非常原始。南平市樟湖区利用每年七月初七蛇崇拜和七月二十二蛙崇拜举行民间蛙神和蛇神巡境习俗，打造旅游文化品牌，初见效果。网上常见宣传报道，每年也有数千人赶去观光蛙蛇巡境民俗节庆习俗。只是因为蛙蛇崇拜的时令性强，一年一度，很难成规模地进行文化转换。

图 1-4-3　田间稻草人

闽台农耕地区,狗对人类不仅有禁蛇、预警、守护家园的作用,而且在民间传说中狗还有稻种传播的贡献,所以自古以来这一带有狗崇拜意识。龙岩、长汀县等地仍有传承。长汀有民谚:"猪来劳,狗来富,猫来著麻布"。说的是别人家的狗跑到自家来,象征财运到来,是好兆头。

福建畲族崇拜犬。自古以来,畲族与苗族、瑶族一样,视神犬盘瓠为祖先图腾。在畲族神话故事中,盘瓠是先祖的化身,带来了谷种。宁德畲族古村落目前还没有就此形成产业项目。

福建地区民间信仰非常普遍,几乎每个村都有 3 到 5 座大小庙宇。这些庙宇成为人们进行农业观光与周末自驾游的主要观赏之地。以漳州市云霄县为例:

表 1-4-1　云霄县 2 镇 6 村人口状况与民间所奉各类神祇宫庙统计表

类别	宫庙名称	祀奉对象	村落名称	数量（座）	人口总数	主要姓氏所占比例	开发观光现状
列屿镇辖区							
福德正神	土地庙	土地爷	油车村	4	27000多人（670户）	蔡姓占100%	开放式庙宇，圣王庙在公园内，每天有观光游客观光
玄天上帝、镇武大帝	玄天上帝宫	关帝爷公		1			
开漳诸先贤	圣王庙	祀陈元光暨夫人、观音菩萨五谷王		1			
	朝阳书院	祀林太师公		1			
家庙	蔡氏家庙崇本堂	祀蔡氏第一世祖蔡思泽		1			
福德正神	土地爷庙	祀土地公婆	南山村	5	1284人（273户）	汤姓占80%吴姓占20%	本地村民每天前拜
道教宫观	仙公庙	祀原始天尊		1			
保生大帝	大道宫庙	祀白礁吴真人		1			
祠堂	祠堂	祀吴姓、汤姓祖先		2			
福德正神	土地宫	土地爷	人家村	5	约130人（300户）	林姓最多；其次汤姓；第三陈姓	
妈祖	圣妈庙	祀林默娘		1			
佛祖	观音庙	祀观音菩萨蔡妈		1			
宗祠	林氏祠堂	祀林氏世祖		1			
福德正神	土地爷宫	祀土地公	后安村	4	约287人	郑姓占60%蔡姓占30%	本地村民活动场所
开漳诸先贤	夫人妈庙	祀陈元光之女陈怀玉五谷神		1			
宗祠	郑氏祠堂	祀本地郑氏世祖		1			本宗人活动场所

续表

类别	宫庙名称	祀奉对象	村落名称	数量(座)	人口总数	主要姓氏所占比例	开发观光现状
东厦镇辖区							
福德正神	土地宫	祀土地公	东坑村	4	约1000人	吴姓占大多数	散客和本地村民
开漳诸先贤	尾份庙梁山尊王庙	祀陈元光及李伯瑶、陈元光及夫人		2			
福德正神	土地庙	祀土地公婆	竹塔村	5	约7850人	吴姓占87%其中为王姓	本地村民初一、十五及七月半敬奉之地
有应公	有应宫	祀无后代灵魂		1			
玄天上帝镇武大帝	协天大帝宫	关帝爷公		1			
开漳诸先贤	后港庙(凤塔庙)将军夫人妈庙	祀陈元光及夫人祀陈怀玉		3			
宗祠	吴氏姓第一房、四房祠堂王氏宗祠永锡堂	吴姓第一房、第四房世祖王氏永锡公		3			

(表格数据根据本课题组成员实地走访调查资料汇总所得,制表:林江珠)

由表 1-4-1 可见,闽南地区的庙宇,大凡在公园或开发旅游景区内的民间信仰,有游客观光、朝拜;在没开发旅游的村庄中,民间信仰只是本村村民进行民间祭祀活动的场所,如顺昌、将乐、南平樟湖等地的猴崇拜,难以转化为有关文化产业。

台湾地方旅游景区的一般民间庙宇和庙会活动都会让旅客观赏,成为有效旅游资源。庙宇不收门票,故不直接产生经济效益。但稻作民的民间信仰没有单独拿出来进行文化转换或开发。

(二)闽台稻作民族传统农事节俗的传承现状与开发现象

闽台地区稻作先民在劳累紧张的生产中有盼头,每个时令性劳动开始前或结束后,都会有一番祈求祭祀或庆祝,于是产生了节日现象。后来

图 1-4-4　民间端午竞龙舟信仰与游客观光

图 1-4-5　休闲观光农业节俗项目：台湾高雄大普农村的宋江阵

中原的节庆习俗也陆续传播过来，便有了程式化的春节、元宵、清明、中秋等标明时令更替、显示生活节奏与韵律的节目。

台湾地区农时节日概念比福建地区产生得晚一些。据《台湾农业史》载，1964年秋，美国耶鲁大学日籍教授塚田松雄氏在台湾日月潭湖底取了深达12.79千米的湖底泥标本，发现了大量的禾本科花粉，据此认为台湾中部在4200年左右就有谷类农业。台北士林芝山岩也发掘出距今

图 1-4-6　休闲农业节俗观光项目：高雄打醮进香民俗

3500年左右的碳化带穗稻米，这为台湾首次发现的史前稻作遗物。① 上述史料文献只能说明台湾在3500年左右有了稻作生产技术，但台湾农耕民族的节日习俗在什么年代形成，尚无确切文献记载。按农业传统规律，节日是稻作生产进行到一定程度并有了规律性后，形成的间接性、阶段性的休整时集中娱乐的表现。诸如此类推算，台湾最早的节日习俗的形成应该在2000年前左右。闽地可能是在闽越王时期前后。

稻作民族的节日非常丰富。不同的民族由于生态环境、历史背景不同，形成的节日亦有差别。大致可分为庆祝类节日、生产性节日、社交娱乐性节日、祭祀类节日等，主要功能有：祭自然神、祭祖先与图腾神、恶日里驱魔禳灾、神诞祭祀等。当下，闽台各地开发的旅游文化产业中区域性的传统节日开始开发有效资源，这方面台湾做得比较早。

比如台湾地方政府，为推动少数民族的旅游文化产业，利用他们传承下来的"收获祭"，在每年的九月下旬至十月初大陆居民放长假期间，举办"丰年祭"，并把台湾各地少数民族的"丰年祭"时间排在旅游宣传小册上，发给各机场、港口，免费供游客索取、翻阅，以此推动旅游，取得一定的效

---

① 吴田泉：《台湾农业史》，自立晚报社文化出版部1993年版，第45页、第336页。

果。课题组第一次赴台湾时,人生地不熟,就是看了各地的宣传小册,才知道新北市三芝乡办"收获祭"的时间,赶去考察三芝的"收获祭"节日。

在台湾,汉族人地区尤其是闽南人生活区域,一年中最热闹的节日要数元宵节、端午节和七月半鬼节。这三个大节日期间,赴台的游客也最多。再者,闽人地区的庙会很多,每年都有不定期的菩萨巡境活动,也是台湾旅游文化产业的一大亮点。

台湾汉族人地区庙会有定期和不定期二类,一般菩萨(有名有姓的鬼仙或历史上英雄人物人神化后的统称)生日和升天日是必须要办庙会的,不定期的庙会主要是菩萨回大陆朝拜始祖地再回台湾岛,岛上的信民会组织队伍去恭迎。于是热闹的菩萨巡境回礼仪式办得热热闹闹,如鹿港关帝巡境;大甲翡翠妈祖回岛巡境;台中大肚巧圣祖师庙(鲁班庙)祭祀;新竹佛祖巡境;新竹城隍庙七月半庙会;竹北义民庙的客家人祭典大礼;台湾唯一一座少数民族祖庙"七姓庙"祭祖仪式等大型活动等,成为台湾旅游文化产业中最吸引游客的噱头。民俗节庆不收费,但游客为此的吃住行、购物等产生的费用,拉动了台湾旅游业。台湾近来对大陆入境旅游人口进行了数额限制。许多到过台湾的大陆游客都有共同的感觉,到台湾才能看到闽南原真性的传统文化。

图 1-4-7　台湾鹿港菩萨巡境回礼仪式

在福建,各地政府用传统的节庆日和大祭日进行旅游文化产业的推广。比如莆田市湄洲岛是妈祖的诞生地,祖庙在湄洲岛上,莆田市利用闽台崇拜妈祖的历史习俗,每年农历三月初三妈祖诞辰日和九月初九妈祖化羽升天日,举行各种不同的祭祀活动,把妈祖文化做成世界品牌。

尽管各个稻作民族的民俗节日有差异,但还是有共同的节日。一是庆祝性的节日,如除夕过年等;二是生产性的节日,如四月八或三月三过牛节、端午节、尝新(谷)节(云南、四川一些少数民族称为"火把节");三是祭祀性的节日,如七月半鬼节(祭祖先)等。

目前各地传统的农业生产节庆日尚未全面开发,但已经开始尝试。如2014年6月宁德市寿宁县利用寿宁凤阳梯田,举办"开犁节",这提高了寿宁的知名度,有利于该地旅游文化产业的发展。泉州石狮市将蚶江海上端午泼水习俗纳入地方文化产业开发,先后十来年,地方文化名牌效益已初见成效。现今闽台各地基本上每个县都有一两个有特色的节庆日推动当地旅游文化产业,以此提高当地知名度,添加人气。

(三)闽台稻作地区民间文学艺术的传承现状与开发现象

闽台地区在民俗文化产业开发中,民间文学艺术是产业开发最弱的单元。尤其是民间文学,人们普遍认识这种口头文学没法产生经济效益,故也在村庄城市化中,消失得最快。

民间文学艺术包含甚广,它包括民间文学中的神话故事、民间传说、民间故事、民间谚语、歇后语、对联、谜语等。民间艺术包括民间曲艺、民间音乐、民间歌舞和民间戏剧,以及民间手工艺术中的剪纸、工艺品编织等。

1.民间文学的传承现状与开发状况

闽台民间文学是民间艺术中最早进入文字传承,但也是在现实中消失得最快的民间文化。如在台湾,民间传说、民间故事、民间神话等在60岁以下的农村人中,很少有人还能记得完整的故事。

福建的民间文学文化遗产主要是政府组织抢救与保护。早在20世纪80年代初,由中国民间文艺家协会贾芝任总编纂的"民间文学三套集成",普及到全国各县。如今这三套集成成为福建民间文学文化遗产抢救与保护的重要资源。

福建民间文学传承现状主要有以下几种方式:

一是政府职能部门推动,专门机构负责各地民间文学文化遗产的申报与抢救工程。

二是高校科研文化部门自觉地积极参与到非物质文化遗产保护行列之中。如厦门理工学院申报了2011－2013年厦门市有史以来最大的社科调研课题——"闽台历史民俗文化遗产资源调查"系列课题,三年来在《复旦大学学报》、《广西民族大学学报》、《温州大学学报》、《徐州工程学院学报》、《厦门理工学院学报》和《中国社会科学报》等报刊学术杂志上发表了19篇论文,包括民间文学艺术的2篇。搜集了约6 TB的图文资料,2014年在厦门大学出版社出版了13部专著,合465万字。其中民间文学、民间艺术2部,47万字。

三是民间文化人自觉地加入闽台民间文学艺术的保护中来。如龚洁、彭一万、段凌平等一大批文化人,以个人形式或学会形式对闽台民间文学进行抢救与保护。

台湾民间文学艺术开发、利用,主要表现在以下几个方面:

(1)政府出资的保护与展示

政府出资以文化公园和民族文化园的形式将民间文学中的神话故事、民间传说等通过现代数字媒体手段,收集后,用4D幻影技术保护起来,并在旅游景区的展播室进行展播,这样做既丰富和充实了旅游景区的观光点,又保护了非物质文化遗产,相得益彰。但这些措施主要集中在对少数民族文化的保护上。如台湾屏东县的民族文化公园,安置有专门的民族歌舞表演大厅,每天定时表演,还专门有展播厅,安置有二十余座展播机,专门播放台湾各民族的民间故事,并以动漫表演出来(图1-4-8)。

台湾在近十余年的文化保护和产业化开发中,将少数民族民间传说与民间故事进行专门的搜集和整理,在全台湾26个公办的县、乡民族文化馆、博物馆和文化公园中,进行文化产业开发,通过动漫形式创作出来,并在政府管理的民族文化园中用观赏机播放。

(2)民间自发地进行抢救与保护

图 1-4-8　台湾屏东民族文化公园歌舞表演

台湾更多的是民间自发地进行抢救与保护。如台湾客家的民间歌谣已经出版了十余种版本的丛书。又如台湾新竹有一谢氏三兄弟,大哥谢乾桶,老二谢赐龙,三弟谢职全十多年的业余时间几乎都用在台湾客家文化遗产抢救上,编辑了客家方言民歌和儿歌丛书,组织在台民间学者于2014 年 3 月 2 日,注册了"台湾非物质文化遗产保护协会"。再如台湾新竹县竹东廖贤德,大学毕业后,四十余年如一日,以己之力,进行台湾民俗文化资源调查和农业工具搜集,清理出来的民俗实物与照片数量约在 4 万件左右。如今是台湾传统农业生产工具和历史民俗用品收藏最全之人。廖先生花了 40 年精力为台湾抢救和保护了珍贵的文化遗产。盲人徐木珍也是一样,将自己一辈子走唱的歌词和曲艺都自演自录,刻成光盘进行保护。在台湾,诸如谢氏兄弟、廖贤德、徐木珍等文化自觉者有许多。

(3)庙宇传承

台湾人互助、友爱,为了增加邻里关系,多以家居附近的庙宇为组织单位,自觉地参加社会民俗活动。所以,台湾的庙宇在文化传承中起着十分重要的作用。以台中彰化县鹿港镇为例。

鹿港镇 1 万余户居民,基本上都是闽籍后人。小镇从南走到北不超过半个小时,却有 50 多座庙宇,有明末清初的两座妈祖庙、关公庙、王爷庙、水仙庙、土地庙、城隍庙等。几百年来,那里的人们都自觉地参加离家最近的庙会组织,年轻人有抬轿队,青少年有锣鼓队,老年有乐队和旗队等,分工明确。每到菩萨生日、祭日、拜祖回岛、清醮请香等活动,相邻的其他庙都会协助参加。

2.民间曲艺和音乐的传承与开发现状

2011年至2013年,课题组对闽台两地的民间艺术曲艺进行了深入访谈,采访了上百个艺人及相关保护人员。调查内容主要是传承至今的闽台民间曲艺,如答嘴鼓、讲古等;民间音乐,如南音、北管、笼吹、十音八乐、食闹音乐、莲花褒歌等;民间舞蹈,如拍胸舞、车鼓弄、牛犁阵、龙舞、道情(民间二人转)等;民间戏剧,如闽剧、梨园戏、潮剧、高甲戏、歌仔戏等。田野调查的步履匆匆,节奏紧凑,辗转于各个代表性考察点,夜以继日做田野调查,与受访者沟通。从采集内容、服饰、器乐、脚本、唱腔到形体语言等全方位地进行采访收集。

闽台民间艺术主要传承载体是各乡镇多有民间艺术团体,分营利性和非营利性。营利性的主要是民间戏剧团。他们的年收入是通过各地民间庙会邀请戏得来的收入,这类戏班子很多。非营利团体则是许多乡村农民自发地组织娱乐和传承的一种方式。

图 1-4-9　莆田市仙游县盖尾镇前连村阿五亭仔的十音八乐演奏

莆田市仙游县盖尾镇,几乎每个村都有1个或多个的"十音八乐"班子,演员都是本村农民,小到十几岁,老到七十多岁。该镇前连村和隔街对面的盖尾村都有1个"十音八乐"民间班子,他们不收费,自发组织传承。

泉州市石狮市秀峰镇华山村,一直活跃着民间"南音",南音班全部是本村村民,平时务农,晚上或休闲时组织在一起唱南音,邻村还有"什音班"。据镇上宣传委员介绍,全镇各村都有民间艺术班子,收费的是少数,大多数不收费。

台湾民间艺术的传承也主要依靠民间戏班子传承,以收费为主。目前,由于台湾文化多元化,生活现代化,民间艺术在城市音乐中很少见,而在民间庙会上非常活跃。与闽南一样,台湾汉族人地区的庙会,必定邀请民间艺术班子来搭台演出。2014年3月高雄市永安乡维新里的清醮请香庙会,搭了十余个戏台,有歌仔戏、汉戏、掌中戏(布袋戏)等,非常热闹。台湾传承至今的曲艺音乐主要有"北管"和"南音"。

3. 闽台民间手工技艺的艺术开发

石雕、砖雕与泥塑传统技艺:包括惠安石雕技艺;寿山石雕技艺;将乐龙池砚台石雕技艺;台湾漳化螺溪石砚技艺;闽台庙宇、宗祠石雕技艺;闽台民宅屋柱基石石雕技艺;闽台砖雕及制作技艺;泥塑传统手工技艺等。

闽台木雕与木作技艺:木雕技艺;神祇木雕与民宅木雕;龙眼木雕;福州软木画;模雕;木质王船制作技艺;花轿与菩萨轿传统制作技术;棺材制作传统技术等。

竹雕及竹制品技艺:竹雕技艺;竹船制作技艺;生活类竹制品编织技艺等。

玉雕技艺:九龙壁玉雕技艺;台湾花莲软玉;骨雕与角雕技艺等。

陶瓷制作技艺:福建陶瓷工艺技术;德化古瓷;建窑建盏;晋江磁灶窑技艺等。

闽台漆艺技艺:厦门漆线雕技艺;福州脱胎漆技艺;泉州漆线工艺等。

工艺画与纸工技艺:漳州木版年画;永春纸织画;剪纸技艺;泉州刻纸与长汀凿纸龙灯;扎纸与彩扎工艺;传统造纸术与传统印刷术等。

闽台刺绣、印染与神明帽制作技艺:包括台湾刺绣;厦门珠绣;福州十

图 1-4-10　闽台民间手工技艺:安溪县农民编筐

图 1-4-11　闽台民间手工技艺:台湾新竹县彩车扎台技艺

字绣;安溪蓝印花布;神明帽制作技艺等。

闽台传统金属制作技艺与制造业技艺:包括金银饰品技艺;传统铁匠技术与经验;福州纸伞制造与漳州蔗廊制造技艺等。

闽台两地,在文化产业上开发最早的就是上述通过手工技术制作的工艺艺术品,这些民间艺术品也是旅游文化产业购物的主要纪念物件和销售物件。因此市场行情一直被看好。

在台北有一条民俗街和士林夜市,是台湾土特手工技艺品出售的商业街和网点;苗栗县三义艺术乡,是台湾木雕、石雕、陶瓷工艺师集中真人秀和销售之地,同时也是旅游景区。每天到这里看台湾陶瓷博物馆和观光台湾工艺品的游客成千上万,是台湾手工艺术最聚人气的地方。

福建福州三坊七巷中的寿山石雕、脱胎漆艺以及福州软木画是福州三大宝。厦门漆线雕以蔡氏漆线雕为代表,获得国家非物质文化遗产保护,更多的手工艺术遍存于民间。如闽南漳浦县杜浔镇正阳村,一条街上,有专门制作神祇衣饰、头饰的裁缝店,有专门制作庙会上使用金元宝的手工白纸店,有编织竹器的专业户,还有雕刻专业户等。莆田湄洲岛上小贩专门售卖"妈祖鞋",即各种颜色鲜亮的编织鞋,贴名"妈祖鞋",游客买来挂在墙壁上做装饰,很美丽,有"避邪"之意。

上述个案很多,说明闽台手工艺术开发现状是其他艺术走向市场项目最红火的类别。

(四)闽台古村落文化遗产保护的传承现状与开发现象

闽台两地,上百年历史以上的古村占了两地村庄的90%以上,福建比例更高。一个古村落就是一个文化空间,它传承了这一区域和姓氏家族的历史文化渊源、民俗方言、传统饮食习俗、服饰习俗、节日习俗、生养习俗以及生产、生活习俗等,形成一个个具有本区域文化特征的文化空间。

从2003年开始,政府开始对清代以前的历史传统建筑共5000平方米以上村落,进行国家行为保护。至2014年,全国共评审了6批共276个中国历史文化名村,其中福建省文化名村有28个,占全国文化名村的10.14%,说明福建的人文历史之悠久。福建古村保护与文化产业的开发,对全国古村保护工作应具有一定的影响和借鉴作用。

1. 福建古村落的遗存现状

福建农村,除了因国家水库建设需要迁徙新址的数十个新村外,基本上都有数百年上千年的聚落历史。但是,达到国家保护条件要求的古村落不足 50%。从本课题组三年多对全省 300 多个村落的田野调查来看,近三十年来,上述古村落民居在快速消失。

据课题组田野调研,福建遗存至今尚具特色的古村落,按区域和建筑形态综合划分,大体可分为三类:一类是迄今为止,整个村落仍然保存着完整的传统建筑和民俗民风的古村落,或百年以上的聚落,建筑面积达到全村占地面积 50% 以上,此类村落占全省调查过的村落的 15% 左右;第二类是村落中,民国时期以前至明清时期的民居建筑聚落,还占全村的 30% 左右,此类聚落村约占全省调查古村对象的 25% 左右;第三类是村落历史悠久,民俗基本保存,但民居建筑基本现代化,全村民居建筑以钢筋水泥瓷砖外墙房为主,聚落中还保存着传统建筑形式的祖庙、神庵以及为数不多的祖屋。此类聚落村占调查乡村中的 60% 左右。其具体现状调查如下:

(1) 保存比较完好的古村落典型

福建农村整个村落保持古建筑和古民俗的古村很少,课题组在采访的 300 多个古村中,只发现了南平市武夷山市吴屯镇后源村是整个村落都保持着闽北传统村落建筑形态的古村。其他村落包括评上国家历史文化名村的古村落,都有现代建筑参与其中,只是村中清代以前的建筑还保存着成片或几十栋。

闽北武夷山市吴屯镇后源村 8 个村民小组,160 多座民居建筑院落,有 7 个村无一新建筑,1 个村有一栋"文革"时期的青砖瓦房。据村书记祝泳兴介绍,400 年以上的有 5 栋,200 年～300 年左右的有 20 多栋,100 年以上的占全村 60% 左右,年代最近的也是 40 多年前建的土坯围楼。村里还保存着 3 座古老的辗房(图 1-4-12)。8 个村民小组,10 个自然村,有 4 个没通公路,生活在海拔 1080 米的高山上。所有村落都与层峦叠嶂、错落有致的梯田相依在竹山翠绿之中,是目前课题组走过的保存最完善最美的闽北古村落(图 1-4-13)。

武夷山市下梅村是国家级历史文化名村,因开发旅游早,也保持着传

图 1-4-12 废弃的古辗房

图 1-4-13 武夷山吴屯乡后源村特色民居村庄

统建筑形态。下梅村有 500 多户,保存至今的清代商会文化建筑特色的古民居有 30 多幢。这些集砖雕、石雕、木雕艺术于一体的古民居建筑群,集中在沿溪两岸。

南靖土楼群是国家第一批历史文化名村,主要由田螺坑土楼群、河坑土楼群、和贵楼、怀远楼、下版土楼群(裕昌楼)、塔下村(德远堂)、石桥村(顺裕楼)、上田土楼、下山土楼、翠林楼(最小圆土楼)组成,这些土楼群被誉为"中国古建筑的奇葩"、"东方文明的一颗璀璨明珠",正申请列入"世界文化遗产名录"。

平潭区流水镇东美村是闽东考察点中唯一一个全村石头房建筑占70%以上的传统渔村。屏南县漈头村,也是闽东地区少有的古建筑群村,为国家级历史名村。漈头村始建于唐僖宗乾符三年(876年),是屏南历史上的"四大书乡"之一,历代科举人士达200多人,现今保存完好的除了有20栋清代民居,2栋民国时期的豪宅外,其余的民宅也都是土木结构的传统民居,只村行政中心和临街面有几栋青砖瓦房。村民民俗如故,村中溪水鲤鱼戏游,历史典故、古对联与古建筑共存。

闽中三明市洋中镇桂峰村(图1-4-14)以明末清初建的白墙青瓦古民居建筑群而成为国家级古村落保护单位。现存明清时期的历史建筑共有39栋,已被确定的200年以上的历史民居建筑有67座。桂峰村古建筑规模宏大,装饰辉煌,有的古建筑木雕、石雕、彩绘相当精致。300多年的木头镂空雕保存很好,显示着这里曾经有过的繁华。三明市将乐县万全乡良地村有近千年的历史,全村共107户、475人。村内至今完整地保留着大面积古民居建筑群,由庙、祠、宅、仓、桥等各类古建筑组成良地古建筑群,其数量较多,建筑体积较大,既是这一山地古村落景观建筑的核心与精华,也是客家乡土建筑的完美展现,是客家建筑的典型代表。

(2)村中传统建筑与现代建筑比例相当的古村

这类古村在闽南、闽东、闽中、闽北和闽西都有遗存,约占考察点的25%左右。

如漳州云霄县列屿镇的南山村、油车村,东厦乡的东坑村,陈岱乡的礁美村,南靖土楼各村,厦门同安花莲道地村,泉州惠安崇武,安溪红星村,石狮永宁镇梅林村,秀峰镇华山村,莆田仙游县盖尾镇前连村、盖尾村,白莲镇余家坪村,闽东屏南县双溪镇双溪村,厦门翔安区新垵村等。

莆田市仙游县盖尾镇前连村位于莆田仙游县东部,1200多户,在家人口5202人,在外有5000多人,连姓占了90%左右。26个村民小组聚居在5个片区(自然村),每个自然片区都有相当数量的古民居,以土木砖瓦结构为主体,由阿头祖厝、阿头大厝(杨伯)(广伯)、协坤祖厝、旧厝、田

图 1-4-14　三明市尤溪县洋中镇桂峰村一景

厝、元立祖厝、连氏祠堂、尾厝、旧厝头、中厝、旗杆厝、新厝、仙公厝、下张厝、阿六亭、阿五亭、顶过溪大厝、下过溪大厝等19张大厝组成。全长2500米，宽80米，总面积20万平方米，形成现在的19座大厝，以34座连成一体的"丁"字反勾型排序。

岵山镇位于永春县城南部，全镇总人口2.4万人，目前岵山镇保存较为完好的古民居有近200幢，老街、大院、祖屋、祠堂、寺庙、古寨、田园在岵山较多。如塘溪村福兴堂（李家大院）（第三批县级文物保护单位）是二进悬山式土木砖石结构；泰德堂建于1930年，十间张，三落，两护厝，有后楼，现住7户人家；鼎兴楼（顶云类堂）建于清嘉庆年间，占地3亩多，纵深五落，有两护厝，左护厝已被破坏。

湖头镇湖二村位于安溪县湖头镇政府中心，全村22个村民小组3400人，从明万历八年（1580年）至清乾隆二十二年（1757年），湖头街曾有22人中进士，最著名的是清初文渊阁大学士李光地李氏四世出了十进士七翰林。中山街中段有李氏家庙，明初李森建，占地面积2000平方米。李光地家族所建的明清古民居随处可见，新衙、旧衙、问房、贤良祠、世家祖厝、宗城土楼及二衙、三衙、四衙等60多座古建筑，形成"相地府衙群"。其中当然以李光地新、旧衙最为典型。

图 1-4-15　永春县岵山古民居

宁德市屏南县双溪镇还有 150 多处保存比较好的明清至民国时期的古民居建筑。古民居建筑基本都在原双溪古城城墙范围之内,主要分布于城池的西、东、南部。

闽南古村建筑中的晋江梅岭街区有 29 栋传统建筑,据本课题组民居建筑专题组的张力智调查,这些建筑集中分布于晋江市青阳镇的梅山村、梅青街道、桂山村、蔡厝村和竹树下村。小木作的明代大厝装饰朴素,内墙多用编竹夹泥墙,外侧披麻挂灰,这与清末大厝中木板壁隔墙不同。明代大厝中斗栱与官式做法更加相似,开窗兼用直棂窗与方格窗,后者在清末大厝中已很难见到。清末民国的传统大厝占据了很大一部分,共计 13 座。[①]

(3)基本现代化建筑的古村

福建古村现代建筑占全村民居建筑 80%～90%,只有零星几栋传统建筑的祖屋、庙宇等古建筑遗存在高楼墙下夹缝中遗存。

这类古村太多,如泉州蟳埔村,妇女们保持着千年的盘花头饰,传统

---

① 张力智:《晋江梅岭组团传统建筑调查报告》,李秋香等:《闽台传统居住建筑及习俗文化遗产资源调查》,厦门大学出版社 2014 年版,第 304 页。

的海蛎房却只剩下几栋遗存在现代钢筋水泥丛中。前年还观光过的一座几百年历史的古庙,最近也拆除重建。

三明市尤溪县联合乡梯田的文化名片效益已初见成效,每年前去观光梯田文化的人不少于五六千人,有着500年左右开垦历史的联合梯田与现代钢筋水泥瓷砖外墙的建筑在一起,明显不协调。据云山村书记介绍,他们已有计划,景区内不许再修现代建筑,还将新修50栋传统建筑风格的仿古民居。

永定县坎市镇古民居存有土楼和五凤楼二类古风的地方,但很遗憾,现代建筑也将许多特色的民俗淹没,传统的五凤楼和土楼也被分划在现代建筑群中一个个角落里。

连城罗坊村的走古事、长汀彭坊村的凿纸龙灯、屏南双溪村的花灯、古田的板凳龙灯等,都是福建元宵节中最有代表性的传统灯俗,但因古村的现代建筑改造,失去了区域文化的寻根感觉。

福建的古村,因族源不同,历史背景不同,古村的民居建筑习俗、生产习俗、饮食习俗、服饰习俗、节庆习俗、人生礼仪等民俗差异很大。每个村落形成的文化空间,演示着这个村落的历史沿革、族源清史、文化背景和人文现象。如闽北地区地理上与江西、浙江交界,其祖先多是从浙江和江西迁入。因此,浦城、顺昌、南平民居建筑以古楚吞口式的建筑为主,不论是围楼还是土楼,大门多讲究凹型吞口式,保留了古楚式遗风还有古越干栏式建筑遗风。闽南地区则以红砖古厝为建筑特点。

2. 台湾古村落遗存现状

在台湾,除了1949年迁徙到台湾的大陆人形成的眷村外,闽人居住形成的村落都有上百年的历史。

台湾闽籍人,唐宋时期入台的除了渔民、商人之外,还有被朝政官兵打败逃到台湾岛的闽地将士。南宋末年,有部分闽南至潮汕、广东阳江一带汉民入台。明代前,大陆赴台的多是闽粤渔民和经商的闽人,大规模入台则是明末清初郑成功率部入台赶走荷兰人后落地为民的闽南子弟。

清朝施琅收复台湾后,只有部分将士回大陆,更多的闽南人留在台湾定居下来,如今在台中鹿港、新竹、竹北等地,各乡镇始祖庙中都供有施琅的神祇,在彰化县鹿港镇还有施姓祖庙。施姓是当地大宗族,发展到当代,也形成一个个有着二三百年历史的古村落。

课题组所到台湾有闽人生活的地区,其生活习惯,基本上与闽南地区无大的差异,传统建筑主体以红砖古厝为主,有的古村整体保护得相当完整。果茶文化主要体现在民间信仰和婚庆丧俗之中;民间祭祀和节庆以菩萨巡境为表现形式,人们以庙为单位,自发地组合成群体,以达到互助友爱。

以金门古村落遗存及开发现状为例:

金门自古隶属于泉州市,现属台湾管理。金门共辖3镇3乡,37个村里(行政村),765邻(自然村),其方言为闽南语。金门民居的社会形态仍然是传统的聚落式,且多是从泉州、晋江、厦门等闽南地区举族迁徙垦拓的单一姓氏聚落,家族观念十分浓厚。

金门古村落的保护是台湾古建筑保护最好的地区之一。1987年台湾地区对金门解除戒严后,该地的军事对垒阵地地位开始变化。据课题组吴应其调研,1989年3月1日台湾行政部门通过金门地区综合建设方案规划,决定在不影响军事安全原则下,采取部分开放措施,发展观光事业。1992年解除了金马地区战地政务,次年2月《金门马祖地区开放观光办法》公布,金门正式开放旅游主要是古厝群观光和战地遗址观光。据课题组在厦门五通码头和东渡码头调查,2013年仅通过厦门与金门直接往来的客流量多达130万,加上因公进出金门的人流量14万,客流量总数多达144万人次。① 可见金门古村的文化品牌效益之高。

在金门,红砖古厝建筑群和闽南中西结合的洋楼、骑楼很多,目前金门旅游部门只开放了距海港口岸到机场之间最近的几个古村和古镇。这些古村镇的建筑技巧和方式方法与闽南红砖瓦古厝的文化内涵与文化特征一致,有院落式、军营式,每个院落具有独立的进出口,又与其他院落有连接的通道,一排排很整齐,这些建于明清年间的古村和华侨回村建的洋楼形成闽南传统建筑与欧式建筑共存一个文化空间的文化现象。如金门县金城镇前水头村和山后民俗文化村是金门最早开发旅游的古村聚落之一,建于清光绪二十六年(公元1900年),有18栋传统闽南二进式双落建筑,格局壮阔整齐,有"有山后富,无山后厝"之誉。课题组曾二次考察该

---

① 徐辉:2014年8月24日采访五通国际客运码头信息数据。

图 1-4-16　金门古民居

村,该村为闽南红砖古厝建筑,如军营式排列整齐,院院相通,户户独立。其聚落建筑之完善,整体性之完美,在现今闽南地区已很难找到。

金门县金湖镇中心的琼林村是金门古村落的一个缩影。据课题组范积军调查,琼林村原名平林,明代天启五年(1625年),就被皇帝赐里名"琼林",到乾隆三十五年(1770年),蔡氏家族在村里扩建了十七郎所住的层厝为家庙,树碑立传保存至今。琼林村无论是祠堂庙宇,还是平民建筑,都具有典型的闽南红砖古厝的文化特征,屋脊呈弧形凹线,不少屋脊两端斜入高天的长燕尾形,风格艳丽而张扬。[①]

金门的古村建筑文化特色,源于闽南籍人和外出劳工落户金门的闽南华侨。据清代《金门志》载,晋代共有苏、陈、吴、蔡、吕、颜六姓家族因躲避战祸移居金门,这是金门历史文献上记载最早的移民史。21世纪开始,金门陆续开发旅游文化产业,闽南聚落建筑群和侨乡风貌以及战地遗迹成为发展旅游业的龙头项目,尤其是近几年开放台湾自由行之后,旅游

---

① 李秋香等:《闽台传统居住建筑及习俗文化遗产资源调查》,厦门大学出版社2014年版,第277页。

业蓬勃兴起,金门作为厦门与金门、马祖等地直接往来的必经之地,每天客流量都在数千人之上。

在台湾岛内,几乎在各个县市城乡都有闽南大厝的遗存,这是很宝贵的文化旅游资源。

3. 闽台古村落保护与开发现状

闽台地区保护一座古村,该地的建筑文化、民间信仰、民间节庆、民间文学艺术、传统饮食、传统服饰、传统手工技艺和礼仪都会在文化空间中得到整体保护。但开发中的民俗资源资本产权问题也是一个非常难以解决的问题。

福建漳州市长泰县三重村早在五六年前就与某旅行社集团有观光协作开发项目,旅行社在三重办了一个观光农庄,维持了几年,效果不是很满意,原因很多。2011年开始,厦门市集美区后溪镇城内村由台商包装闽台民俗观光古村,当地政府投资上亿资金,打通该村的"三通一平"(通水、通电、通路和平整土地),环境整理,交通方便,台商也投资上千万维修旧村的传统建筑,布展设施。从2012年底开始试行营业,每天有几十上百游客观光,散客较少,有成效,但没有达到预期效果。台商为解决与当地村民的利益矛盾问题,第一年拿出50万作为村民文化资源产权报酬,因才刚开始,也出现一些问题,还在逐步寻找解决协调办法。

福建古村落开发成功的个案很多,如南靖田螺坑土楼群、云水谣土楼群、华安二宜楼、永定土楼群等。仙游县盖尾镇前连古村、闽东屏南的双溪古镇和漈头古村也是开发成功的例子。

田螺坑村是中国首批历史文化名村和首批中国景观村落。早已成为福建土楼文化的品牌和名片,同时还是国家重点文物保护单位,是入闽观土楼的首选之地。

田螺坑村土楼群是由五座土楼形成"四菜一汤"的人文景观而得名,土楼群依山而建,错落、疏密有致。站在山上往下看,土楼群与梯田融会在一起,黄土墙,青山翠,绿草依依,奇异秀丽,是为田螺坑古村旅游开发的绝景观点。因此,与书洋镇其他几处土楼一块,被南靖市政府开发为旅游AB线,目前已成为南靖文化产业的经济支柱。

屏南的双溪古镇双溪古村和甘棠镇漈头古村则是以清代建筑群和民

图 1-4-17　华安土楼

图 1-4-18　田螺坑土楼群

俗民风为文化空间,以整体特色为主,开发旅游。漈头村中,原屏南县旅游局副局长张书岩退休后在村中办了一座民俗博物馆,成为古村落文化的一大亮点。博物馆中收藏的民间刺绣、民间秤砣、民间农业工具和婚丧

图 1-4-19　屏南双溪古街道

图 1-4-20　屏南漈头村古巷

俗用具也是福建省内私人博物馆中最齐全的一个。相对双溪古镇已开发的现代民宿和建筑掺杂其中,漈头古村更让人向往。一条有无数鲤鱼的小溪穿村而过,50多家标志着清代牌坊和历史遗迹的建筑让人流连忘返。加上张书岩的民俗博物馆丰富的展览内容,目前是屏南旅游开发能持续发展成功的好例子。

三明市尤溪县洋中镇桂峰村是国家级文化名村、国家级古村保护单位。位于福建省三明市尤溪县洋中镇东北部,又名桂岭。2007年6月桂峰村向国家建设部文物局申请成功,列入国家第三批"中国历史文化名村",2012年被评为"中国最有魅力休闲乡村"。现村庄用地10.55公顷,其中山场面积18000多亩,农田面积3400多亩。从地形上看,为半山谷地,海拔550米。全村10个村民小组,318户,1209人全部姓蔡,劳动力641人,其中劳动力转移345人,常住人口310人。村落除了居住用地和耕地、林地以外,还有老人活动中心、行政文化办公室、村政等设施用地。

现存明清时期的历史建筑共有39栋,已被确定的200年以上历史的民居建筑有67座。桂峰村每栋古建筑规模宏大、装饰辉煌,显示着这里曾经有过的繁华。村里的古建筑木雕、石雕、彩绘相当精致。在桂峰村俗称的"石狮厝"25号,里面的斗拱装饰精美,有桃园三结义(寓意智慧)、空城计(寓意忧患意识共渡难关)、琴棋书画、福禄寿、梅花鹿(禄竹双庆)、倒过来的福寿二字(寓意福到寿到)、鲤鱼跃龙门、猴子骑马(寓意马上封侯,成龙成凤)等等的雕刻。300多年镂空木雕保存很好,除了寿、喜字窗雕在"文革"时期被毁坏。"福"字由松树、仙鹤的形态雕画而成(寓意松鹤延年);"禄"字有凤凰(鸟中之王)、龙头(兽中之王)、牡丹花(花中之王)的元素,因此三王成"禄"。

2003年前后,桂峰村在申请国家历史文化名村之前就开始意识到祖居遗产的珍贵性,并寻求政府的支持。2007年成功申请为国家级历史文化名村,2009年桂峰村开始开展旅游项目,门票20元/人。2009年游客接待量估计在1万~2万人,主要来自文化部门、机关团体、学校等单位与自驾游旅游者等;2012年全年游客量2万~3万人;由于2013年正式开始修路造成的交通不便,今年上半年只接待了3000~5000人,游客量减少很多。2013年由村委成立旅游公司,书记和主任担任公司经理,营业收入开始与村经济绑在一起,但游客基本不落宿,吃一顿饭的也不多。所以村委会并没有得到多少利润,村民没得到好处。

由于桂峰村已被纳入国家古村落和文化名村的保护单位,从2013年开始,政府支持的资金主要有:(1)国家将桂峰村作为中国古民居保护专项,一年投入300万,连续三年共900万;(2)福建省住建厅一年投入桂峰

图 1-4-21　三明市尤溪县洋中镇桂峰村古民居群

村 500 万,连续三年共 1500 万;(3)国家科技部十二五课题资金 180 万,对桂峰村开展修复项目。

蔡志林书记向课题组介绍,桂峰村现有的保护措施有以下几项:(1)消防、安全措施、防盗、防火等形成制度;(2)2014 年修复了两栋名宿,还在拟修复一栋古民居形态的玉泉书斋;(3)通过打造美丽乡村项目获得 700 万~800 万元的景观建设与修缮的财政拨款。村集体方面的措施:(1)山场林木租赁;(2)建设接待中心;(3)把荒芜的农田收回,租赁出去种植食用菌。

关于如何保护古村落,开发古村文化资源,采访中村干部的主要意见如下。

据桂峰村主任的蔡志林说,2015 年先以试点的形式做给老百姓看,以旅游效益来吸引百姓的兴趣。

桂峰村的村委兼职导游蔡华理认为,首先必须通过外地游客亲自来旅游体验,让本村人向他们宣传桂峰村;其次,通过旅游提升人们保护古民居、蔡氏古民俗的意识;再者,应该把有价值的古厝开发成民宿,可以适当地销售当地的土特产品如蜂蜜、香菇、米酒、笋等。村委想通过改革把旅游公司变成股份制,暂时不缴交股份钱。2014 年 2 月到 3 月,村里已要村民进行了户名和人口的登记,目前尚未有具体措施。

在福建,上百年的古村非常之多,大凡上百户人家的村子都有上百年以上的历史,但整个村完整地保存原样的不多。武夷山吴屯镇后源村是一个非常典型的没有开发的古村落。

后源村位于福建省武夷山市吴屯镇,共有 8 个村民小组,10 个自然村,265 户人家,1128 人口,其中有 100 人左右的留守老人。8 个村民小组中,有 4 个小组在梯田之中,全部是传统的闽北土围建筑。这四个小组共 160 户人家,750 左右的人口。村子的海拔在 780 米到 1080 米之间。全村耕地面积 1785 亩,森林面积 10860 亩(其中竹林面积 6020 亩),是一个多山的小山村,村落以聚落形式散落在半山坳。地势起伏较大,多山,村庄的海拔最高 1080 米,最低 780 米,平均海拔 800 多米。全村均为汉族人,厝坳为祝姓人,大罗为游姓人,赤岭为袁姓人,林中番为柴姓人,上村为袁姓和吴姓人,下村为袁姓和游姓人,当坑为詹姓人,后永岗为吴姓人。

根据祝氏族谱记载,后源村的祖先在此开基至今已有 486 年的历史,祝姓现为后源村的第一大姓氏。历史上,后源村曾出过一个武魁和几位贡生。后源村还是革命老区。

后源村的 10 个自然村都是清一色的古老土坯房民居建筑,以泥土为墙,山上温度低,土坯房有良好的保温效果,土窨墙(风火墙)除了可以防火,还可以防御外来侵略。全村现存民居有 160 栋左右,超过两百年的有 60 多栋,三百年以上的古建筑有 20 栋,四百年历史以上的有 5 栋,其余的都在百年以内。村内还保存一条人称千年古道的千级石梯,将居住在海拔 1080 米高处的 4 个自然村与梯田中海拔 780 米的 4 个自然村相连接,垂直的落差高度有 300 米左右。此外,后源村村民保留着在山上挖洞收藏地瓜的传统方式。后源梯田现有毛桃坑、上坪岗、化钱坑、崩后垅、岭头(土退)、外边山、溪龙头、西边山、鲤鱼丘、庵下垅等十处自然景观,还有大片毛竹林,风光秀丽,平均气温在 20 多度左右。后源村没有开发修新楼房的主要原因:一是因村里十多年前就没了小学,为了孩子读书和赚钱,村里 50 岁以下的青壮年几乎都出外打工,有钱的把风钱投在城里修新房,在武夷山市买房子,没钱的就租房子,村里只剩下守着祖屋的老人和照顾老人的少数中年人;二是村委虽然没有经费,但知道古村保护难,破坏容易,所以一直坚持不许在古村中建新洋楼,使得古村得以保护。

图 1-4-22　武夷山后源村文化产业可开发资源：上百年的古民居

图 1-4-23　武夷山后源村文化产业可开发资源：千亩风光独秀的梯田

后源村至今没有正式开发，也没有申报成为任何古村保护单位，全省诸如此村的古建筑，已不多见。即使那些申报成功的古村建筑也没有后源村这样完整齐全的。

后源村文化产业开发的可行性非常直观。一是该村就在福建省旅游景区武夷山市,且距市区只有40来公里,交通还算便利,武夷山旅游规划可直接开发梯田文化景区;二是该村有闽北传统古建筑群,与梯田形成一道非常自然美丽的风景线;三是该村还是革命老区,可以成为福建革命传统教育基地;四是该村坐落在海拔800米至1080米之间,上万亩的毛竹林形成一片竹海风涛,气温也比山下低3~5度,很适合暑假避暑。

　　在台湾,除了金门、澎湖等岛屿之外,台湾本岛完整的古村落已鲜见。许多闽南红砖古厝只保存在庙宇建筑和一些古镇的街道上,如台南的赤崁、安平古镇上有几条街道还保存着几栋红砖古厝式建筑和欧式建筑;新竹县湖里区和桃园县都有古街道,沿街两旁是骑楼式中西结合的建筑;日据时期的T型平房也散落在各镇的院落之中;在台东的少数民族部落里,日据时期的建筑保存得比较多。

五、闽台农业文化遗产开发中的知识产权问题分析与对策建议

针对闽台农业文化遗产的保护与开发中出现的问题,课题组从 2011 年 5 月至 2014 年 8 月,在福建 84 个县市区的 58 个县 300 多个乡村,台湾 319 个乡镇中的 30 多个乡村进行历史民俗文化遗产资源调查和古村落保护调研中概括与归纳,问题主要出在:

一是正确理解什么是农业非物质文化遗产,厘清农业文化遗产的分类与传承现状;

二是农业非物质文化遗产资源即是资本,农民有知识产权和维护产权的权力与责任;

三是地方政府如何处理农业文化遗产知识产权与政府的行政行为关系。

(一)主要问题

1. 农村空巢现象严重,加速了农业文化遗产资源的濒危湮灭

据课题组三年田野调研,福建省农村落空巢现象极为普遍,几乎村村都有一半以上人家空巢。古村人数最少的不到全村总人口五分之一,留在村中守旧屋的多是 60 岁以上的老人。例如,武夷山市吴屯镇后源村,全村 1128 人,但留守村中仅约 200 人。三明市尤溪县桂峰村,是国家级历史文化名村,全村 1300 多人,而留守在村里的不足 300 人。龙岩市永

定福裕楼原居民 200 多人,现居 10 多人等。空巢现象使得某村等一些国家级、省级历史文化古村落濒临湮灭。空巢现象的原因,主要是中青年基本都外出经商打工,也有的是为了保护历史文化遗产而由开发公司迁出住户。空巢现象使古村人气不旺,空屋易朽,老建筑逐渐颓塌,历史文化正悄然消失。

2. 开发景区资源资本产权主体不明,收入分配不公,引起诸多社会矛盾

村民的古居建筑、生产习俗、民间信仰与庙会、节庆与特殊饮食、婚丧生养等群体性民俗,都是古村开发的资源,资源即是资本之一,作为非遗保护项目以及旅游文化景点的古村,其法律主体认定,以及经济收入的合理分成,也是一个十分敏感的重要问题。平潭流水镇东美村、屏南县棠口乡漈头村、武夷山梅下村、三明市尤溪县桂峰村等已开发的古村落,都发生过村民与村委会、开发业主、地方政府部门的矛盾,村民甚至直接和游客发生各种矛盾、摩擦乃至冲突。

这些问题产生的主要原因是旅游开发资源主体不明确,地方政府(包括村委行政组织)往往运用权力强势、开发商利用资本优势,无视弱势的村委会和村民。开发时占用农民土地和拆迁新楼没有给予合理补偿或补偿不公平,尤其是当地村民的古宅建筑以及民间文艺、习俗等传统文化资源等没有作为文化资源列入资本产权折算成股份等等,从而造成旅游收入分配不公。比较典型的事例有武夷山下梅村村民股份分成 15 元/股,气愤之下,有村民要求退股,甚至出现村民把游客赶出古厝的偏激现象;平潭东美海景风景旅游区,因开发单位无视村民资源资本产权主体等问题,就在课题组在东美村考察时,发生过村民堵路扔石等矛盾冲突;尤溪县桂峰村 2009 年开始由村委开发旅游,村民无受益,矛盾较多。2014 年 8 月课题组考察的 5 个旅游开发项目的古村,只有尤溪县联合乡云山村村民意见少。

3. 国家及开发商投资古村后的资源产权主体认证问题

2014 年开始,福建省国家级历史文化名村的保护修缮工作全面展开,福建省国家级历史文化名村有 28 个,占全国文化名村的 10.14%,三

年内福建省内国家级历史文化名村保护修缮资金约有67200万到位,加上开发商投入古村的开发资金,数目巨大。课题组考察时发现村民并不高兴,最忧心的是国家和开发商投资后的古民居及一些原本为村民财产的项目,姓"国"(开发商)还是姓"民"。

4. 古村保护项目缺乏综合监理问题

2014年开始,福建省国家级历史文化名村保护修缮资金分三年到位。每个历史文化古村到位资金应不低于2400万(中央财政每年300万,省住建厅每年500万),有的村还有科技部国家十二五规划科研项目资金200万左右(尤溪县桂峰村十二五项目资金180万)。

古村保护修缮资金是否按申报项目到位使用,据考察,目前尚无具体单位负责项目执行监理和学科监理。尤其是国家以科研项目形式划拨的项目是否有"虚张"现象,更是缺乏学科监理。如某县一国家级历史文化名村已被确定200年以上历史的民居建筑67座,全村古建筑损坏栋数约70%以上,有的古建筑只剩下外墙壁,内置破烂不堪。该村保护修缮总资金为2580万,分三年到位。2014年约有980万古村保护修缮资金投入,至课题组进村考察,只有一所省高校的国家科技十二五规划科研资金在此运作,修缮扶正了一座溪水桥边的小木屋和改造了一栋不协调(降低半层)的砖瓦楼。无古民居在修缮。村委用近百万(村领导不愿透实价,课题组根据现场工人介绍的开支计算结果)资金在村口修现代花园、半月桥亭和绿化花圃。在某古村,有国家挂牌项目,却发现无落实基础,出现"虚张"现象。如某项目标的是国家古村保护的"古民居现代生活设施改造试验"项目,然而该项目除了围墙和一座古宅门外,古宅内却是因早年火灾烧成废墟而改为菜地多年(图1-5-1、图1-5-2)。此类有名无实的学术项目,是无意发现的,却道出学科项目也需要项目监理、工程监理和学术监理等性质问题。

图 1-5-1　桂峰村"古民居现代生活设施改造试验"项目(古宅外观)　　图 1-5-2　桂峰村"古民居现代生活设施改造试验"项目(古宅内宅)

5.畲族古村文化元素归原问题

福建世居少数民族不多,以畲族为主。但不论是宁德畲族古村还是散居在其他地区的畲族上百年以上的古村,在视觉文化上,基本上没有畲族的文化符号和文化标志。其民族的文化内涵主要体现在生养习俗和饮食文化中。若想保护福建省畲族民族文化特色,非常需要文化元素归原的修复工程。

(二)对策建议

就学术政治而言,民俗的重要性体现在其通过"俗"的研究来理解"民",理解作为民主政体权力根基的普通人;通过"民"的研究来理解"俗"的传承,理解"俗"的传承如何构成国家共同体的文化根基,让社会能够以最经济的方式(也就是依托文化传统发挥作用的方式)得到再生产发展(高丙中语)。

北大教授高丙中一语道破广大农村土壤的民俗文化与国家的利害关系。闽台因历史形成的特殊地理环境,在中国乃至全世界,形成一种生态环境与民俗地理性的文化标志。因而,研究闽台农业非物质文化遗产与产权问题,不仅具有代表性,而且能有效地保护好农业非物质文化遗产,并能通过文化产业化,健康有效地可持续发展当地经济。为已经开发农业旅游文化产业出现尖锐矛盾的地区和正在开发或尚未开发正在规划农业旅游文化产业的闽台各地政府,提供科学的理论指导与解决问题的具体方案、建议。

1. 农村"空巢"对策

农业非物质文化遗产的传承载体是农村的村落及村民,然而,近二十多年来,农村空巢现象非常普遍,极其严重。几乎每个村中青年人都流入

图 1-5-3　云霄县列屿镇油车村老人在扎彩纸

城市经商或打工,留守村中的多是六十岁以上的老人(图 1-5-3)。闽台农业非物质文化遗产的保护需要传承体,应设法保证农村住有适当的人口。主要办法:一是通过古村开发,村民文化资源入股,提高村民文化自觉性和经济收入,吸引外出打工者回流;二是开发休闲旅馆、养老公寓等季节性、度假性居住与休闲项目,在不破坏统一规划的前提下保留原来的风格建成民宿别墅,一来增加村民收入,二来为古村增添人气;三是恢复和加强村小学建设及管理,提高教学质量,留住孩子就能留住一半以上的中青年,同时可以为青少年儿童提供传承优秀传统文化的环境与本土教材;四是鼓励开发农业观光旅游文化产业,如开发梯田文化、稻田养鱼、鸭、虾、螺等,将鼓励资金纳入奖励机制。

2. 建立健全综合监理机制体系

(1) 建立专家联合监理组

要建立以财务管理、专业技术管理、民俗文化管理和项目评审专家相结合的监理班子,负责从上到下监理国家、各部委及地方政府对古村、文化遗产保护的文化传承、资金的投入和运作,监理投资方及村民之间的资产股份分配及运作等民众特别关注的问题。

(2) 健全监理组的奖罚责任制

减少和杜绝国家资金不合理流失现象,防止虚假工程和面子工程,重奖重罚,以防腐败。

(3) 采用无记名方式对村民和游客的满意度进行测评

监管部门应该定期或不定期地对村民和游客进行满意度测评或问卷调查。村民和游客的满意度是古村保护开发效果的综合反映,是发现和改进存在问题、尽早消弭矛盾的重要途径。有助于监理工作,民心回归,达到村民文化自觉。

从考察结果看,闽台农业非物质文化遗产保护及农业文化产业开发,不论是资金投入运作管理还是开发项目的可行性论证及运作手段和程式,尚未有一个健全的监理机制。

如各级政府古村落保护的资金投入、开发商的资本运作、村民的文化资源是否折成资本参与股份?股份分配和股份比例是否合理?一些部委以课题科研项目形式,对古村落进行保护和维修的资金是否真正落实到项目上?古村落旅游开发收入的开支是否符合村(股民)认同的章理?这是课题组所到之处,问题最凸显的部分。

又如国家每年 800 万国家级历史文化名村保护资金是否真正落到古村保护之中?科技部古村改造项目,是否真正全部用在项目之中?为了古村保护,在拆迁过程中,资金补偿是否做到公平合理?是否存在面子工程、虚假项目等?再如股份融资渠道是否公平?股份比例是否合理?村民的建筑和民俗中的知识产权是否给了正比例的评估?古村旅游开发收入的开支和分红是否公平合理?

正是这种无监理的状态,使一些农业文化遗产保护单位在开发产业的地方,或多或少都存在矛盾和冲突,有的地方矛盾很大,冲突很多。在地方政府部门的管制下，村民敢怒不敢言，却会将一切不满转向政府，对其感到失望。

3. 政府和村民都要形成文化遗产是资源资本，可以作为开发投资股份的意识

古村居民是古村落房产、地产和文化的持有者，他们有责任和义务参与古村的保护，更有权力得到古村落文化产业开发的利益。古村传统文化的群体性使得资源资本的主体性模糊，却是古村开发文化产业的资源资本。因此，古村资源应该作为股份，参与到古村落保护和开发的经营成本核算之中。地方部门和乡村行政应运用民资、官资设立古村落保护与开发基金，纠正只有资金才算股份分配的错误理念。

课题组在闽台 300 多个乡村采访，村民对"民俗以及祖传的建筑是文化资源，资源还是资本并能投入产业开发"的法律知识了解不多。台湾农村，因土地是私有制，自己开发什么没有产权矛盾，外人来开发有租赁或买卖合同，也很少出现产权归属的矛盾。一些文化商人利用原住民部落的奇特民俗及周边自然景观开民宿，旅行社带客人来旅游、参观，村民也见怪不怪。聪明的村民便会在自家开个饮食店或小超市，增加自己的收入（图 1-5-4）。

图 1-5-4　台南景区外居民开发特色餐饮，搭旅游的顺风车

在福建,对于尚未开发的古村落,村民的法律意识很薄弱,对"民俗即资源,资源即资本,资本可运作,可算成本和可比资金投入"基本不知。在已开发的古村和旅游景区中,村民知道民俗和古民居建筑是国家保护的对象,有条文管理,但对全村开发后家里只见游客来,不见有收入显得很茫然和烦躁不安,觉得自己吃亏了,又不知吃亏在什么地方,于是出现跟开发商和开发单位对着干的矛盾冲突。

如某地旅游部门在渔村开发海景风景旅游区,因与本村村委及村民没有任何资源资本的产权利益关系,村民不乐意,出现过挖路堵石的矛盾冲突;闽东一国家级历史文化名村,是古村旅游文化产业开发较好的村,但也因村民祖宅建构成的古村虽然成为国家级文化名村,而村民的文化资源却没有纳入资本利益,有意见找不到发泄的对象,出现与租房开民间民俗博物馆的当事人明里暗里的摩擦冲突。

闽北某古村是武夷山旅游集团投资开发最好的古村旅游产业,在所有村级开发中最早使用股份制。据村干部介绍,古村旅游文化产业开发是按资金投入算股份的。资金入股共200多万,控股公司持51%的股份,为最大股东;街道办事处占29%;村部(村民)20%(其中村委会70%,村民30%)。2012年客流量7万人,5万人门票(也有说包括接待有10万人),300万元人民币收入。旅行社和导游分成后,村里只拿到20%。支付租赁私宅费7万元(包括村委1万多元),卫生费十几万,总工资50万(拿工资76人,包括讲解员40人,保洁员7人)。2012年股份是15元/股,真正到村民手中只有十几元。于是出现有些村民在游客来了不开门,把游客赶出大院的现象,有的要求退股等。课题组曾专程调研原因,一是旅行社提成太高;二是没把村民的民俗资源当同等价值的资本产权来分配;三是村级行政接待费太高,故落到村民手里只有很少的钱了。

闽中某国家级历史文化名村,2007年成为国家级文化名村,2009年开始开发旅游,因村委一手包干,旅游收入为村级收入,与村民无关,村民资源资本转化的知识产权没有得到法律保护,故开发五年多来,前来观光的人虽然一年也有1万~3万,但很少有留宿和吃饭的。村民对古村开发非常漠视,很有意见。当课题组进村做调研时,谈到民俗与资本的关系时,村民说讲得再好,没有谁来认可他们的祖居建筑及生产方式与生活民俗是资本、是知识产权,村民还是什么也得不到。

尤溪县联合乡云山村梯田文化开发才1年多,村书记包世生是本村人,他出过国打工,回国后经营成功,有法律意识,为了开发梯田农业观光旅游产业,他自己出资,组织12户村民办合作社,在苦心经营的一年多中,感觉到以每亩300斤稻谷租赁村民梯田进行观光农业的开发,也不是件完美的事,容易培养村民的懒惰性。村民拿到几百斤稻谷,虽然折不了几个钱,却总有收入,于是产生依赖和旁观的心态,真正的观光农业很难开发起来。故2014年8月课题组在该村采访时,交谈中,包书记已有了将租赁改稻田入股份制,入股后的村民人人有责,一荣俱荣,一损俱损,就有了责任心。开发文化产业成功后,家家有分红。这也是课题组在已开发观光农业的乡村中唯一没有听到村民抱怨的行政村。

台湾地区因所有制的不同,土地私有化,社会法制化,村民从小接受法制教育,很多问题都解决在文化产业开发之前的土地使用上,故矛盾相对少一些。即使在边远的少数民族地区,村民发现政府或开发商的意图不纯,就会去抗议和示威。如台东县知本卑南部落的卑南人,得知政府同意开发商要开发他们部落后山的一片荒芜山地,后山上有他们的祖灵屋,他们不同意,便组织起来,用行动去示威和抗议。即使有一些商人利用信息便利,山村村民信息相对闭塞,钻了时间和政策的空子,以法律形式获得土地使用权,虽然很不公平,却得到法律的保护。吃亏的一方因签了合同,出让了土地,也只能认了,很少有事后再冲突的地方。如台东南八里的开发和花莲石梯坪的开发等。

由此可见,将民俗文化是资源资本产权的法律意识,普及到家家户户是非常紧迫之事,不仅可以提高村民的自律意识,还可以知法守法,维护自己合法权益,村民文化自觉了,农业文化产业可持续开发就可得到实质性的保障。

4. 建立农业非物质文化遗产资源资本的主体定性体系

从课题组在闽台农村三年多的田野调查情况看,闽台农业非遗最核心的问题是非遗资源资本产权的主体明晰问题。具体表现在:

(1)已经受到国家历史名村保护且有资金投入保护的古村、古民居、民间文学艺术及历史民俗项目的主体归属问题,至今没有法律明文保障;

(2)国家投入的非遗保护资金的滞留、截转、延时,助长行政贪污腐败

之风问题;

（3）农村历史民俗与民间节庆习俗开发的主体认定问题。

例如，被列入国家重点保护的三明市某古村，在法律上也是"法盲"，认为国家下拨的古村保护资金是政府的事，从古村规划到实施，没有召开村民大会讲解和动员，只是把规划部门划的版图置放在祖庙中供人参观，问过村民，没有几人能懂。把古村旅游产业开发当作村干部和村集体的事，似乎与村民无关。自2007年挂牌以来，由村行政组织旅游开发，成立旅游公司，门票20元。各级下拨的款项也由村委统一开支。课题组在其村中考察时，采访的十几户村民中，没有一户村民把本村的旅游开发当作自己的事来看，都说与自己的生活没有关系，村民也没得到什么好处，态度非常淡漠。

课题组所到古民居院内考察，几乎没有一户古民居建筑是完好无损的，有的墙壁都歪斜裂口，只剩木架，有的住人的几间自己维修，没住人的部分让它烂掉。全村1300多人，现留守村中的多是老人和妇女，不足300人。

据村干部介绍，2007年就列入国家文化名村，但维修的资金和保护资金直到6年后才陆续下拨。这两年开始好转，省住建厅一年拨500万元。从今年起连续拨三年；中央财政一年300万元，连续拨三年，加上一些建筑研究部门把该村当研究基地，投入近200万元。大约一年有800万~900万元左右的保护古村落款项进村，第一批款到了500万元，改造了污水排放（村里拉管，进户管道由村民自费自付）和电线下地。再用一些钱，按省美丽乡村建设的六个一要求，在村口修建一座新凉亭、一个公园。从浙江买回十余万株花树果树，少则7.8元一株，多则几十元一棵。课题组在村中调研时，正遇第二车花苗进村，一车苗圃有数万株，还在陆续运来，粗估约有近百万元。但古民居的维修，临时还是一个计划，想明年以后先办几个点，让村民自己出钱主修，村里再资助一点。让村民看到好处后，再决定。村干部和村民针对国家投资古民居修缮资金和投资商投入古村公共建设和设施后的产权主体归属都非常茫然，不知所措。

古村出现的问题，归纳起来主要反映出以下几个方面：

（1）国家、省拨的古村保护资金运作，为什么六年后才开始投入到古村保护之中？其中有无资金滞留和挪用、截转？是否缺乏监理机制？

(2)因政府和村行政都没有把村民的民俗文化资源及古民居当作资源资本投入,损害了村民的知识产权利益,把组织者当作知识产权主体进行运作,把古村开发旅游,变成村行政的"事",主客体倒置。

(3)古村从2014年开始,三年时间内将得到国家投入的古村保护资金2580多万元,国家及省政府的资金投入后会产生资金投入主体的归属认定问题,而此问题与平常国家文物保护对象的主体认定不同,涉及国家、投资商与原住民的产权重新分配问题,目前从省到村,课题组还没有问到有什么明确的态度。这就给日后主体认定和归属以及产生利益后的分配问题留下许多问题隐患。政府的态度不明朗,村民也不敢投入太多的资金,会造成古村建筑的加速损坏。

类似闽中个案古村的情况在福建及至全国都很普遍。就福建来说,课题组所到58个县市区的300多个乡村,大凡已经开发的古村和民俗文化村,因开发区内传统古民居、民居传统生活习俗的群体性,出现"群龙无首"现象。加上村民对文化资源也是资本的理念认识不到位,当地相关部门和开发商利用当地村庙、民间节日和传统建筑形态做文化旅游生意,遇到法律意识强一些的商人,当地村民还能一年有一点分红,遇到唯利是图的商人或开发公司,甚至一些村干部都认为,资金投入才是资本股份,开发区的景观与人文只是资源,不是股份。所以只管自己赚钱,村委签的合同也似乎与村民无关。村民受干扰还要饱受垃圾之苦,有的搬出古村另寻居住,有的则故意破坏开发景区的公共设施,挖路断水来泄愤。

尚未开发旅游文化产业的古村,有的地方政府为拉动地方旅游文化产业,出资办节庆民俗活动,久而久之,原本民间自发的民俗活动演变成政府行为,政府不出资,活动就难以办起来或形成规模。如连城县罗坊乡政府每年元宵节期间,一抬"古事"至少要出资一万元,才办得起来;泉州石狮蚶江端午海上泼水节,政府每年都要投入数百万元。

有的地方因是政府或部门、投资商投资开发,无视当地村民的产权利益,将开发景区纳入自己的资源资本产权,独吞利益,使得民怨载道。如平潭东美渔村因位于海边有一片天然海蚀景观,旅游是开发起来了,每天都有成百上千人来旅游,但对村民而言,每天除了增加人为垃圾和加强防盗防偷之外,基本没有改变任何现状。村委和村民无任何利益可言。

漳州某村,整个红砖古厝的古村落居民被开发公司迁走,留下一座没有人文生活气息的死城,开发商运作几年,也没红火起来,如今仍然空置在那里。福建的土楼闻名遐迩,但普遍出现空楼现象。只有南靖、华安、永定几座开发成规模的定点参观土楼,有村民返回来做游客生意,但更多的土楼空置下来,损坏很严重。

厦门市集美区后溪镇城内村的古村落民俗村算是开发中开发商与当地居民矛盾少的一个较好的典型。开发商是台湾商人,法律意识较强,开发城内村之前就与村人签订合同达成协议,村民每年能在民俗村旅游经济收入中获得几十上百元不等的收入。但如果按照文化资源资本理论计算,村民的古庙、自然景观、古城墙、红砖古厝及村俗等知识产权都按投资成本来计算的话,结果完全不同。

在中国大陆,从法律上对文化遗产及非遗的保护,早在 30 多年前就开始。比如《中华人民共和国文物保护法》,早在 1982 年 11 月 19 日第五届全国人民代表大会常务委员会第二十五次会议通过,1991 年、2002 年两次修订,2007 年 12 月 29 日在第十届全国人民代表大会常务委员会第三十一次会议第二次修正出台;《中华人民共和国商标法》于 1982 年 8 月 23 日第五届全国人民代表大会常务委员会第二十四次会议通过,1993 年、2001 年、2013 年第三次修正;《中华人民共和国专利法》于 2008 年 12 月 27 日通过;《中华人民共和国著作权法》于 2010 年 2 月 26 日通过;《中华人民共和国非物质文化遗产法》2011 年 2 月 25 日第十一届全国人民代表大会常务委员会第十九次会议通过。这些文化法律条文形成了中国大陆的知识产权体系,极大程度上保护和明晰了个体创作和发明的文化知识及创作主体的产权利益,明晰了个体权力的主体、客体、内容、限制和法律制度。但尚未有相关文化资源资本产权的主体认定和保护、奖罚的条文。

即使是《中华人民共和国非物质文化遗产法》的五个章节中,从总则、非物质文化遗产的调查、非物质文化遗产代表性项目名录、非物质文化遗产的传承与传播、法律责任到附则,也没有关于非遗资源资本主体认定及非遗客体方资金投入后的法律责任,只是规范了非遗保护中的责任和义务,其法律责任范围只在"第三十八条:文化主管部门和其他有关部门的工作人员在非物质文化遗产保护、保存工作中玩忽职守、滥用职权、徇私舞弊的,依法给予处分;第三十九条:文化主管部门和其他有关部门的工作人员进行非物质文化遗产调查时侵犯调查对象风俗习惯,造成严重后果的,依法给予处分;第四十条违反本法规定,破坏属于非物质文化遗产组成部分的实物和场所的,依法承担民事责任;构成违反治安管理行为的,依法给予治安管理处罚;第四十一条境外组织违反本法第十五条规定的,由文化主管部门责令改正,给予警告,没收违法所得及调查中取得的实物、资料;情节严重的,并处十万元以上五十万元以下的罚款;境外个人违反本法第十五条第一款规定的,由文化主管部门责令改正,给予警告,没收违法所得及调查中取得的实物、资料;情节严重的,并处一万元以上五万元以下的罚款。第四十二条违反本法规定,构成犯罪的,依法追究刑事责任"之内,没有非遗拥有主体的界限和法律责任。

造成现在这种局面的主要原因:

一是社会发展太快,许多法律制度尚未跟上,理论滞后。

二是十五年前,不论是国家政府、行政部门还是民间,人们把对文化遗产以及非物质文化遗产保护的精力和重点都投入到抢救、保护与传承的法律上,针对文化遗产与非物质文化遗产的保护,不论是国家资金,还是省、市政府资金都无偿地投入非遗保护之中,还没有考虑到保护资金投入后的产权主体认定以及资金在下拨过程中的滞留、截转、挪用和项目使用及利益最大化与受益群体认定等问题。

国家资金下拨,一个村就高达2500多万元,福建省有28个国家级历史文化名村,三年内就将有7个亿到账;及至全国又将有多少?这些资金的投入是否有文化产权主体认定以及有系统的项目与学术监理体系?

由此可见,随着社会飞速发展,国家现有的文化知识产权法律条义中明显出现一些具体细则的不完整。虽然国家对个体创作的文学艺术、发明专利、商标都有着成熟规范的条文保护依据,然而对更多的非物质文化遗产进行生产性保护开发,群体知识产权和经过国家、省、市政府及投资商投资后的民间非遗主体的认定以及利益分配矛盾却缺少有法律明晰条文。在田野调查民间发生的冲突和矛盾中,厘清根源,基本上都体现在主体产权归属不明,文化资源资本概念不清,老百姓说找不到法律依据,又不甘心自己利益受损害,与政府和投资商的矛盾日剧凸显,已产生社会治安冲突和矛盾,影响社会发展及社会稳定隐患因素,成为不可不重视的主要问题。

在台湾,"当局"从1966年11月12日发起"中华文化复兴运动",不仅闽籍历史民俗文化遗产得到一定的重视,从大陆移至台湾的传统民族艺术也获得了一定程度的推广和发展。也可能是大陆文化与台湾本土闽南文化的主客体认定等因素,当时的国民政府对台湾本土艺术有一定的压制。如相关部门曾以"妨碍农工的正常作息"为由,对通过电视而重获新生的台湾本土布袋戏实行禁演政策。

20世纪70年代后期的台湾,随着台湾本土势力的扩展,台湾本土文化也开始受到越来越多的关注。迫于社会的压力,在台湾由原来的对本土文化的"堵截",开始向"疏通"的方向转化,并将台湾本土文化纳入"中华文化"的正史之中。"文化建设委员会"于90年代初颁布《加强民族艺术之传习与发扬五年计划》,选拔有关人员赴大陆学习"民族艺术",聘请大陆学者赴台讲学等,这些活动确实有效地促进了两岸人民的相互了解。

台湾地区文化遗产保护事业开始于20世纪80年代。当时的台湾"当局"在日韩等国《文化财保护法》和联合国教科文组织有关精神的影响下,开始意识到民族艺术保护问题,并组织专家开展调研,正式起草《文化资产保存法》。

1991年,台湾"教育部"委托台湾艺术专科学校完成了《台湾区民族艺术音乐类调查研究报告》。通过这两次普查,初步摸清了台湾地区民间艺术的蕴藏情况。1992—1996年的五年中,由"内政部"牵头,台湾"当局"又实施了一系列有关"台湾'原住民'物质文化研究"委托项目。陆续完成雅美、布农、排湾、鲁凯、卑南、赛夏等六族的传统手工艺与技艺的调查。[1]

台湾当局在台湾农村非物质文化遗产保护过程中,主要资金投入在全台湾乡镇建立的20多个文化馆和博物馆基本建设,以及对非物质文化遗产传承人开办讲习所、手工坊的奖励机制上,古村保护的资金投入不多,农业文化遗产开发商在开发前,因土地和房屋的私有制,必须做好产权的法律转让和租赁手续,故此类问题较少。

---

[1] 苑利、顾军:《中国非物质文化遗产教程》,高等教育出版社2009年版,第30页。

5. 转换国家对非物质文化遗产传承人的资金投入方式

为使福建省非物质文化遗产得到真正意义上的发扬和传承,有关部门应考虑改变对非物质文化遗产传承人的资金投入方式,改标准发放为培养传承人目标责任制奖励机制,办班带学徒的传承人,可发放讲师教学劳务薪资;定期资助学徒生活费和投资材料成本,传承效果验收后再按传承人头发放奖励资金,这是保护与传承非物质文化遗产资源的重要手段。

福建省政府对文化遗产保护和利用方面非常重视。2011年7月29日,福建省人民政府关于印发福建省"十二五"文化改革发展专项规划的通知中,对福建省"十一五"期间的文化遗产保护工作进行了总结。"十一五"期间,福建土楼成功列入世界文化遗产名录,新增全国重点文物保护单位40处、中国历史文化名镇5个、中国历史文化名村13个,三坊七巷等3条历史文化街区入选中国历史文化名街。新发现不可移动文物23312处,总量比"十五"期间增加69.5%。新增公共博物馆(纪念馆)10座,5座博物馆达到国家一级馆标准。南音等6项非物质文化遗产列入世界非物质文化遗产名录;设立了国家级"闽南文化生态保护实验区"和省级"湄洲妈祖文化生态保护实验区";全省共有省级非物质文化遗产项目288项,其中84项列入国家级非物质文化遗产项目,省级非物质文化遗产项目代表性传承人411名,其中88名为国家级非物质文化遗产项目代表性传承人。

但是,政策是好,措施也得当,却还会因为细节的执行等多方面的因素,出现不协调的现象。

在大陆,现有的模式中,国家对非物质文化遗产传承人的扶植上主要是以项目的形式,对传承人发放奖励性工资和补贴。台湾则是以资助传承人传授效果的方式进行讲师时间内的工资发放和用材开支,效果不一样。

在福建,大多数国家级非遗传统人和省级非遗传承人都名副其实,但也出现传承人不是行业非遗传承最具代表的代表。因此,引起行业中的种种看法和社会议论。也出现一旦申请成功国家或省市传承人,便高枕无忧,换着金字招牌过一辈子,传承人形成"终身制"现象。这种现象普遍存在,不是个案。如今产生一种趋势,就是地方政府热情极高,以本地评上多少个国家级、省级非遗传承人为绩效;却很少有地方把考评传承人,让传承人真正做到技术传承为绩效考评标准。由此产生的连带反响,就是有无传承技术,或有并非真正是当地传承最具代表的人运用各种手段和人脉关系申报传承人,让一部分民间真正拥有传承技术和传承年代久的世家被阻挡在国家、省划的传承人保护名录之外。

如福建省建阳市水吉镇芦花坪的"建盏"(图 1-5-5),早在宋代以黑釉著称。其黑釉自六朝时就有传承技术,唐五代的饮茶风尚盛行。晚唐时,

图 1-5-5　福建省南平市建阳水吉镇南宋"兔毫建盏"古窑址

包括古闽越在内的越之地茶与瓷器就名盛天下。但是,建阳的"兔毫纹黑釉"至南宋以后淡出文坛和陶瓷制造行业,制作技术也逐步消失在民间。直到 20 世纪 80 年代,中国工艺美术学院的专家来到水吉古窑址进行复古研制,这门技艺才在断代 900 多年后得以恢复。①直接参与中国工艺美术学院研制复古的建阳瓷厂技术工人是炉工师傅孙福昆,他家是建阳陶瓷行业祖传世家。这也是课题组在建阳考察时发现的民间艺术传承人,传承年代最久、技术最好的一家。然而,种种原因,孙师傅没有评上国

---

① 2012 年 8 月 7 日,课题组织现场采访为中国工艺美术学院专家组当炉工的孙福昆师傅。据他介绍,他爷爷在新中国成立初期公私合营时,是带着 4 座龙窑进了建阳瓷厂,父亲和他都是瓷厂职工,家传技术在 4 代以上。

家级、省级、甚至市级传承人也不是。2012年8月,课题组在建阳考察时,就此事问过市文化部门,相关领导解释,今年正准备将他的技术申报市级保护传承人。

诸如此类的其他专业也有出现,另外,还有传承人不懂传承专业技术的现象也有。课题组遇到一位国家级古典家具传承人,而这位传承人既不会木匠,更不会木雕,但开有一家仿古家具店,对当地的仿古家具有研究成果,人缘好。

图 1-5-6　收藏于建阳市博物馆的宋代文物"宋金兔毫"

在福建,通过树立传承人,达到弘扬地方文化特色的目的,如厦门蔡氏漆线雕,就是成功的个案。

厦门漆线雕技艺作为厦门市 2006 年 6 月首批进入国家级非物质文化遗产保护名录中唯一的传统手工技艺,也是厦门市目前十一项国家级非物质文化遗产保护名录中唯一的传统手工技艺。蔡水况是蔡氏家族第 11 代传承人,他将家传技术贡献给国有企业,自己一家人参与传承。目前,漆线雕在厦门已形成了年销售额 1 亿多元、从业人员近千人的文化产业。蔡氏漆线雕作为这项国家级非物质文化遗产唯一申报和责任保护单位,在各级政府部门和专家、学者的支持和帮助下,积极投入了人力、物力和财力,做了大量的传承和保护的基础工作。在获得国家非遗的 5 年多时间里,共参加各类国家级工艺美术评比,荣获各种奖项 60 个,其中金奖 15 个、银奖 11 个;有 12 件作品被国家和省级博物馆、艺术馆收藏;有 48 件作品获福建省版权登记保护。这 5 年企业的销售收入累计近 5000 万元,实现利润累计近 800 万元,解决了近 200 人的就业问题,使之成为目前在福建省乃至全国"生产性保护"方面做得比较成功的案例之一,因而在 2011 年 6 月获得了"福建省第一批非物质文化遗产生产性保护示范基地"的光荣称号。

在台湾,农业民俗文化遗产技能保护措施上,对原居民的工作做得比较细致和到位。比如为保护和利用民俗文化遗产资源,台湾"当局"鼓励有技术的手工艺人办工作坊,鼓励第二次创业的少数民族去学民间手工技艺。凡是学习者,不论年龄,有三个月资助学习期,学习期间每月有17000(2012年数据)台币的生活补助,传习技师发放讲师工资补贴,学员学习技能耗材由有关部门支出,制作出的作品所卖资金由老板回收买卖,收入归技师。学员如果三个月学习期满还没有学会技能,继续学习的资金由个人支付。新竹县尖石乡的泰雅部落、台东县下槟榔的卑南部落、延平乡的布农部落等都有一家或多家民族编织工作坊。下槟榔的卑南部落有一位60多岁的技师,十多年来,教过的学生有600多人。

图1-5-7　徐辉、刘芝凤教授采访台东下槟榔卑南部落传承600多人的师傅

由此可见,大陆固定的奖励性工资制和项目补助制还有缺陷,如果借鉴台湾经验,将现有的奖励工资性和项目补贴,转换为以传承人培养绩效补贴,或许更有成效。

6. 组织完善农村民间协会

组织农村民间协会是协调市场、推动产业开发的关键措施之一,这个观点是课题组在闽台二地多次考察后,总结出来的切实可行、行之有效的措施。

在台湾,自从20世纪40年代末国民党退守台湾后,蒋介石组织全党学习共产党的方针政策,总结本党成功与失败的教训。在土地改革上,国民党借鉴了共产党的部分经验,让老百姓都有田种,于是将台湾土地多的大地主的土地实行政府收购一部分,再以租赁或贷田的形式转给贫民和佃农,与佃农们签订多少年的交国粮合同,完成后,田地归个人。对于农村农业生产、经济和开发的管理,其主要措施之一,是在农村建立农会组织。台湾农会制度的革新在于"当局"赋予农会更多的经营权。如给予放贷、收贷,推销先进的谷种、化肥、农药,收购农产品,卖向市场,"当局"规定农会每年的收入中要划出一定比例的资金回馈农民,比如请农业技术员下乡为农民传授科技知识技术,举办农产品推销展览会等。农会成了半政府半民间的社会组织。在考察中,台湾的农民对农会的依赖性很强。

台湾新竹县峨眉乡湖光村刘盛展家就是当年向政府贷田耕种的佃农之一。刘家现有 45 亩水田(图 1-5-8),是政府当年从大地主家购买再贷

图 1-5-8　台湾新竹刘先生家的稻田养鸭

给他爷爷的。刘家向政府交了 40 年的国粮,现在稻田都是自己的私有财产。刘家种水稻的谷种、化肥、销售都不用他亲自找市场,有农会在做,他就安心地种田产粮。

在福建,农会的工作曾经是农业合作社的工作范围,如今农业合作社基本成了信贷为主的银行性部门,销售粮食是粮食部门的工作范围,化肥、农药和谷种都各自有部门管理与销售。

在农业文化遗产资源开发上,三明市尤溪县联合乡云山村给全省农村开了一个好头。2012年云山村书记包世生,以农业合作社的形式,组织了云山农业合作社,将本村集中一块300多亩梯田,包括荒芜的梯田进行了整体营造,村民的梯田以每亩300斤干谷的形式出租给合作社统一经营,合作社将租赁来的梯田进行旅游文化产业开发,开展多种经营,有稻作梯田、莲田养鱼、稻田养螺、稻田养泥鳅等,开展观光农业。目前云山村合作社由13户增加到49户,年底前会超过100户以上,村还有一半梯田没有纳入合作社统一开发,村民都想积极入社。

据包世生介绍,在一年多的经营实践中,他发现,以村集体为主组织部分村民参加的合作社,并不能真正解决问题,一是会培养村民一碗红薯饿不死就行的懒惰性;二是会造成财富不均,引起民愤;三是作为最大的股东,他身上的压力太大,风险都压在他一人的身上。创造出财富,合作社的人都有份,没有收入或入不敷出,所有损失也都落在他一人身上。为村民赞助一两年可以,长期谁也受不了。因此他改变战略,将村民的梯田作为股份入股,有利共利,风险共担。他认为这才是发展之道。合作社才起到真正的作用。2014年,云山村合作社的社员都赞成包世生的设想方案,下一步,云山村将组织全村愿意入社的村民,将租赁稻田改为入股制度,进一步开发梯田文化产业。

合作社还将建立网上联合梯田土特产商务网,开展网上点购;组织专门的物流机构,向全国各以输出农业生态物品,保障及时到户;开发梯田观光,以及与农家乐和民宿。全村通过合作社协调市场资源,应该会有一个光明的前景。

7. 加强教育,编纂乡土教材

将本土文化特色和历史文化遗产资源资本产权的法律理念纳入乡土教材,通过年轻人的知识去影响一个个家庭,形成全民懂法、护法和尊法的现代意识。要让村民知道自家宝贝的价值,自觉地进行保护和传承。还可将本土知识纳入升学加分体系,确保优秀的传统文化资源不流失。

课题组在三年多的田野调查中发现,农村村民之所以知识产权维权意识薄弱,主要是基本没有接受过应有的法制教育培训和宣传。加强教育,编纂乡土教材,宣传本土文化特色和文化遗产保护的价值与作用以及文化资源资本产权理念,显得尤为重要。

从小学开始传授,直到中学和本地大学教材中都要有必要的知识产权基本常识;通过年轻人的知识去影响一个个家庭,形成全民懂法、护法和遵法的高素质终身教育体系。要适时进行村民教育,让村民知道自家宝贝的价值,文化自觉地进行保护和传承。同时向台湾学习,将本土文化和法律知识产权教育纳入升学加分体制。

在台湾,219所中小学,基本都有通识课,即公共知识教育。其中法制教育是一项必学课。学生从小学到中学都有内容深度不同的社会品德与法制教育内容。在少数民族地区,为保护民族母语,台湾教育管理部门颁布了升学加分制度。即凡是升学的学生,考试通过本民族母语和民族文化知识的,加分不封顶。比如一个考生升学考试得了500分,加上他母语通过加分30%,得150分,他可以以650分参加全台湾好学校的选择。这种机制相比大陆少数民族学生不论是否懂母语,熟悉民族文化都可加分的机制先进多了。前者真正激发了青少年学习母语,热爱本土文化的积极性,后者无论城乡,考生只要有"民族身份"就能加分,对本民族文化有无了解都无关紧要,显然很不利于文化遗产资源的保护与传承。

8. 弱经济价值的农业非物质文化遗产资源及其保护

弱经济价值的农业非物质文化遗产资源主要是指与手工技艺不同的口传心授的口传文学艺术,如方言、民间文学、民间故事、神话故事、民间谚语、民间谜语以及民间信仰、人生礼仪等在社会上影响甚广,但却无固定传承模式或以物质形式进行商品交易的农业民俗文化遗产资源。

我国民俗纳入了非物质文化遗产保护范围,但因上述原因产生不了经济效益,因此是现代化城市建设和时代变迁中,冲击最大、消失最快的文化遗产资源。

近年,闽台现场采录的民间故事、民间传说、民间谚语等非常少,福建各地乡镇都是拿出之前做民间文学三套集成时搜集的民间文学艺术内容给课题组引用,60岁以下的人很难完整地随口讲古。对联是民间文学艺术中保存最多的,而课题组采取的传统对联,很少是从老人口中采取,而是从古村古宅梁柱上遗存下来的对联摘录的。随着古宅的破烂倒塌,这类古对联会越来越少。闽台民间传承最多的谜语。这种现象是因为闽台地区自古以来注重元宵节的庆祝活动,所以元宵灯谜一直传承至今。

在艺术方面,因民间音乐可为民间节庆及婚丧服务而得以传承;民间歌舞因春节宗氏家族拜年需要得以传承。民间戏剧也是因闽台庙会的需要而有生存的空间。这类艺术还可以产生微薄的经济效益,所以尽管不

图1-5-9　民间文艺:长汀县童坊镇彭坊村春节彭氏家族拜年的传统歌舞

景气,但一直传承在民间(图1-5-9)。

现代社会更需要人与人之间的善待和尊重,法律只是解决问题、严惩犯罪的重要手段,更多的社会秩序,依赖民俗制约和传承。因此,不可直接开发、弱经济价值的农业非物质文化遗产资源同样拥有资源资本产权,是保护的重中之重。

9. 实行"民间事民间办",以利于农业文化遗产资源可持续开发

在农业文化遗产资源开发中,一个很重要的原则,就是尊重民俗自然规律,坚持民间事民间办、政府引导的指导方针。

以台湾为例:与有关部门利用少数民族历史民俗办节会以进行文化遗产保护效果截然不同的是,在台中或台北、台南,没有相关部门资助、主持,完全由汉族乡民自发组织的"神灵巡境",却数百年长兴不衰。他们一代又一代,按着传统,文化自觉地进行历史民俗文化遗产的传承与保护。

据台湾《安平县杂记》载:"三月,北港进香,市街里保民人沿途往来数万人,日夜络绎不绝,各持一小旗,挂一小灯(灯旗各写"天上圣母、北港进

香"八字)。迨三月十四日,北港妈来郡乞火,乡庄民人随行者数万人。入城,市街民人款留三天。其北港妈驻大妈祖宫,为合郡民进香。至十五、十六日出庙绕境,沿途回港护送者蜂拥,随行者亦同返。此系俗例,一年一次也。三月二十日,安平迎妈祖。是日,妈祖到鹿耳门庙进香,回时庄民多备八管鼓乐诗意故事迎入绕境,喧闹一天。是夜,禳醮踏火演戏闹热,以祈海道平安之意。一年一次。郡民往观者几万。男女老少或乘舟,或坐车,或骑马,或坐轿,或步行,乐游不绝也。"①

从台湾历史文献记载的台南安平妈祖祭时况来看,台湾早在清代至日据时期以前,神灵巡境的习俗就风靡一时,人们自发、虔诚而笃信地信仰地方宗教,把宋代莆田湄洲岛上一位舍己救人牺牲生命的渔家女奉为海上保护神。数百年之后的台湾岛,仍然十分崇拜妈祖神,课题组前后两次到台中的鹿港妈祖庙和大甲镇南宫妈祖庙、大肚区观摩翡翠妈祖回岛时的妈祖巡境,仍然如《安平杂记》中所描述的一样,盛况空前,万人空巷。从钻到妈祖轿下四肢府地虔诚受礼的婴儿那双惊愕的双眼和母亲幸运的表情即可读到答案。

在台湾,婴儿还在母亲的怀里就开始感受拜妈祖的神秘与神圣。用鹿港书屋张先生和大肚区义务为巡境阵队表演进门七星步法术的业余法师杨先生的话说,神灵巡境更多的是带给人们一种吉祥平安、求福祈祷有门的机会。因为人们在漫长的生活中,需要精神支柱,在市场经济和不同社会制度下的台湾人,更需要心灵的归属和精神支柱,他们把这种寻求心里归属地和保护的愿望寄托到了神灵的身上,所以才会家家户户世世代代文化自觉地参与社会举办的这些神灵崇拜活动。

这些活动非常民间化,虽然没有相关部门资助,但人们会以庙为单位,自发自费地参与巡境,(图1-5-10、图1-5-11)目的除了寻求神灵的保佑,就是借此机会联络邻里亲朋好友的感情,寻求互助友爱,达到团结合作。因为人人的心里需要帮助也同样乐意帮助别人,需要亲情和友谊。台湾的学者告诉,神灵巡境与其说是一个民间自发的文化遗产保护行为传承,倒不如说是人们为文化寻根,以历史民俗为线,下意识地将祖先的

---

① 孔昭明主编:《台湾文献史料丛刊·安平县杂记》,台湾大通书局2009年版,第二辑(35),第14~15页。

历史文化代代相传,不忘记根本。

图 1-5-10　台中大甲民众迎妈祖礼仪

图 1-5-11　泉州市安溪县蓬莱镇"清水祖师巡境"民间节俗

在福建,"民间事民间办"最广泛地体现在各地乡村,在福建,"民间事民间办"最广泛地体现在各地乡村没有开发文化产业和旅游景区的地方。如龙岩市长汀县举河、举林村正月十三"菩萨巡境闹春田",彭坊村正月十三至十五的"凿纸龙灯闹元宵",连江县、霞浦县正月十五"游太子"(太子巡境),安溪县蓬莱镇"清水祖师祭",南安"英村拔拔灯"等,都是万民参与、万人空巷的民间信仰节俗。这些地方政府和公安部门在民俗节庆期间负责维持治安、防火防盗等公共秩序及公共关系的协调,效果显著。

但是,有的地方原本一年一度的民间节日,因政府想借势造势,营造地方旅游文化品牌,但由于没有处理好两者关系,于是出现本末倒置现象,演变成政府行为,到后来成了政府不出钱就不举办这样节俗的怪现象。

如果所有的城市市长如那位传说种草坪的市长那样,尊重民间,尊重人的自然性,因势利导,利用民间民俗的自然规律办节会,收获的效果应该是另外一番景象。漳州市某村一年一度的"二月社"(图 1-5-12、图 1-5-13),成为全镇饮食文化技术比武的竞技场。这一天,大首事准备的 10 张八仙桌上的拼花最显眼,二首事和其他首事的拼桌相继减少,村民的拼桌有 2~4 桌不等。课题组采访时得知,该村的"二月社"完全是民间行为,二月社办完之后,各个自然村要选出男丁参加下一届的首事选举,这届首事可以主持这一年的民间祭祀活动包括集资公益活动和资金处理权力。这种家家户户参与,男丁从 18 岁到 60 岁都可参选的"民间事民间办"行

图 1-5-12　漳浦县村浔镇正阳村菩萨巡境

图 1-5-13　漳浦县杜浔镇正阳村二月社饮食

为意识，深得村民的认同。该村的"二月社"可成为日后漳浦的一张县域文化品牌，但有许多细节需要完善和改进。比如，每年大首事要摆 10 桌山珍海味祭拜，二首事以下 4～8 桌（八仙点）不等，一户人家少则 4000～5000 元，多则 8 万～10 万不等，如此攀比，形成铺张浪费，不利于我国提倡"勤俭节约"的国之根本。

民俗文化遗产具有重要的历史认识价值、文化价值、艺术价值、科学价值与社会价值，但应该也要有非物质文化遗产所具有的普遍价值。然而，某些地方政府，为了拉动旅游文化产业，不论其历史民俗是否具有市场价值，盲目发展，以政治价值、当代审美价值、经济价值或规模大小、盈利多少作为文化遗产评估的重要标准是片面的。这方面的经验和教训同样很多。

台湾的妈祖祭、关帝祭、佛祖巡境等民间信仰节俗，并没有直接的经济价值，但当地有关部门要员都提前赶到佛祖巡境的启动仪式场地，认真地参加民俗的巡境启动仪式，以此增加人际关系。

政府的职能是制定方针政策，督察、落实项目和文化遗产保护措施到位。引导民间节日民间办，利用历史民俗聚人气的力量和其特殊性与神秘感,吸引外资,吸引人气,拉动第三产业的发展才是硬道理。例如台湾泰雅人、阿美人等多个少数民族历史上都有收获祭、五年祭、首级收藏祭等神奇的历史民俗,如果当地主管部门利用这些节庆习俗,去糟粕取精华,宣传这些历史节庆习俗的历史渊源与神奇效果,台湾的神灵巡境习俗也是一样,相关部门引导、宣传到位的话,不仅大陆的游客会按时赶去旅游观光,全世界热爱中华传统历史民俗的人也会为了观察中国旧俗中的民间信仰情景,把在大陆看不到的遗憾,带到台湾去弥补。

通过三年在闽台不同地方历史民俗节庆观察,只有"民间事民间办"才是农业文化遗产资源产业开发可持续的自发动力。

闽台农业文化遗产保护与产业开发是个国际性的大课题、难题,用学者王伟的话说,事关民间文化与宗教载体,毁了就没了,但不毁就不能立新:城里人想看旧的,为的是在那里找回自己的回忆和心海深处的一片干净土地;村里人则羡慕城市的钢筋水泥城,因为那里有先进的教育,便利的交通,文明的生活和优雅的园林环境。这是一对矛盾体,一旦实施土地流通政策,情况会更严重。因此,如何做好农业非物质文化遗产保护和产业化的开发,是目前学界和政府、村民都在认真思考的问题。就课题组三年多的调研分析,闽台农业文化遗产保护与产业开发过程中,应从不同的角度来看待保护和开发的问题。

首先从政府的角度来看,政府作为为人民服务的机构,应从政策、资金上来引导民众对农业文化遗产保护与产业开发的认知,协调主客体之间的关系,提供解决问题的提案和方法。

其次,从开发商的角度来看,不能把解决矛盾的希望完全寄托在政府的身上。为追求利益最大化,而产生的问题,应该站在对方的立场,分析矛盾的根本所在原因,本着民俗文化资本论的客观性,积极主动解决问题。作为当地政府,招商引资固然重要,保护文化遗产却不能放弃。开发商本身以盈利为目的,一般不大会专门为了保护古村落的文化遗产而投资。因此,政府需要起到引导和监督的作用,要监督开发商按照符合闽台农业文化遗产保护与产业开发要求,开发自己的产品,规范自己的产业。商人应具备一定的社会责任感,在追求利益的同时提高保护古村落的意识,并付出行动,以互利共赢的心态来团结古村落居民。

比如古村保护和开发不能只是相关部门或投资者的行为,本地民众是古村落文化生态保护的传承人和保护主体。因而如何吸引当地居民参与保护和开发的行列当中呢？除了主管部门对本地民众的宣传教育外，投资者还应有与本地民众形成互利共赢关系的开发心态。在少数民族的民居建筑、生产状态、生活民俗纳入文化产业开发的资源并转为资本，达到利益均沾的情况下，本地民众自然会配合古村落的开发规划，更好地营造景区文化氛围。通过文化资源资本转换的模式，使得本地居民主人翁的地位得到承认与提高，本地民众又能为景点输入本地特色。在这种良性循环下，投资者和本地人能更好地为古村落文化遗产资源保护和文化产业开发出谋划策。

再次，居民是古村落房产、地产、文化的持有者，他们有义务参与到古村落的保护中去，更有权力得到古村落文化产业开发的利益。古村落居民应提高自己主人翁的意识，以文化资源资本为股份，参与古村落的保护和开发成本核算，形成和谐发展之态，把握文化的解释权，为古村落生态文化保护做出自己的贡献。

实践编

一、南靖农村土楼旅游文化产业开发与空楼现象分析①

2008年的7月7日福建境内的永定、南靖、华安三个县的46座土楼,正式列入《世界遗产名录》,但是开发旅游文化产业之后的几年时间里,许多土楼居民都选择搬离自己祖辈生活的土楼,导致客家土楼出现了令人担忧的"空巢现象"。

(一)"空巢现象"在福建永定的现状

福建龙岩市永定县2223平方公里的土地上,分布着2万多座土楼,其中三层以上的大型建筑近5000座,圆楼360多座。土楼造型之大,体积之大,堪称民居之最。土楼建筑经济实用,取之于自然的生土林木资源,不仅具有冬暖夏凉、防潮防湿的功能,而且也具有很强的抗震功能。据《永定县志(民国版)》和1918年3月1日莆田《奋兴报》报道:地震尤剧,立足不定,楼房倾倒,"乡村父老咸谓此百年未有之骇闻"。地震过后,环极楼安然无恙,只是楼墙上留下了一条长2米、宽10多厘米的裂缝,数天之后又自然弥合。至今,可见不足1厘米的裂痕。

浓厚的宗亲思想是永定土楼文化的一大特色。永定客家土楼建筑具有聚族而居的亲情感,一座土楼就有百余间的住房,由同姓的家族成员一块居住。在这个小型的家族环境中,也会出现各种问题和矛盾,这时就由

---

① 本小节为谢晓微毕业论文,指导、修改刘芝凤。

楼内具有威望的人出来商量和解决问题。毕竟同宗,处理起问题也比较容易。土楼深厚的文化内涵和奇特的建筑特征引起了世界的关注,并最终获得了世界遗产的荣誉称号。然而类似这种以宗亲血缘为凝聚力的永定土楼文化现象,目前却出现了令人担忧的状况。

案例如下:

(1) 人称"土楼王子"的振成楼,1912年破土,历时5年竣工,占地5000多平方米,由林逊之及其叔伯兄弟集资所建,外环184个房间,内环32间。土楼没出名之前,以楼群宗族为主,人口最多时曾住过200多个人。后来陆续搬出去了,只剩楼主林日耕夫妇和另外三户人家居住。随着旅游经济的发展陆续搬回了10户人家,现在楼内有14户人家70多人,聚会节庆的现象早已不复存在。搬回的居民,只是想利用旅游赚钱,并无多少保护与抢救土楼的想法。

(2) 永定县内府第式土楼的杰出代表福裕楼,由林氏三兄弟(林仲山、林仁山、林德山)于1880年开始兴建,耗资十多万光洋,历时三年才建成,占地面积7000多平方米。此楼鼎盛时期曾住有近30户200多人,现今,楼内只有几户人家10多人。

(3) 人称"袖珍土楼"的如升楼是永定土楼中最小的单圈圆楼,直径仅17米,屋顶瓦面内侧边缘为八卦形,外侧边缘为圆形。如今楼内仅住有6户人家。

(4) 建于1834年,已有160多年历史的奎聚楼,占地6000平方米,高约15米,是宫殿式结构的方楼,远看颇有"布达拉宫"般的气势。现住24户,107人。

(5) 坐落于南中村抗震性能特强的环极楼全楼4层共134间房间,高约20米,楼的直径43.20米,周长130米,现住有21户,116人。

(6) 有着浓厚书香气息的衍香楼,建于1880年,楼有4层共136间,现居住在衍香楼里的只有16户,近百人。

(7) 号称"土楼王"的承启楼建于清康熙四十八年(1709年),共有400个房间,3个大门,2口水井,整个建筑占地面积5376.17平方米,曾经是圈数最多、居住人口最多的圆楼。鼎盛时期住过800多人,像一个热闹的小城市。现在全楼住着60多户,400多人。

表 2-1-1

楼名	建造时间	占地面积（平方米）	房间数	曾住最多人口	现在人口
振成楼	1912 年	5000 多	216 间	200 多人	70 多人
福裕楼	1880 年	7000 多		200 多人	10 多人
如升楼	1901 年	200 多			10 多人
奎聚楼	1834 年	6000 多			107 人
环极楼	1693 年	1300 多	134 间		116 人
衍香楼	1880 年	4300 多	136 间		近百人
承启楼	1790 年	5376.17	400 间	800 多人	300 多人

(二)"空巢现象"的背景资料

1. 福建土楼产生于宋元时期，经过明代早、中期的发展，明末、清代、民国时期逐渐成熟，并一直延续至今。尽管土楼有很多功能而且历史悠久，但是它缺少现代生活设施，不如现代住房的方便快捷。这也导致许多人离开土楼而追求舒适的现代化住房。具体因素如下：

（1）土楼很重要的作用是具有防御功能，所以土楼一二层通常是不开窗的，三层以上才开，这样就使得楼内的通风采光条件受到限制，与现代砖瓦结构户户有窗、加防盗网、厕所和自来水在室内的现代设施相比，的确采光效果不如现代建筑。

（2）楼内一两口水井是全楼居民的生活用水。虽然在当地政府的帮助下现在有些土楼也安装上了自来水管，但是很多土楼没有装上水管，用水不便。

（3）土楼的卫生洗漱设施差，全楼只有几个洗手间，没有洗漱设备。土楼虽然建造历史悠久，但没有现代化卫生设施，许多年轻人不喜欢住在土楼。

(4)永定的土楼多数有着百年以上历史,有的土楼年久失修,墙体开始脱落,存在一些安全隐患。有的土楼受到自然环境的影响也开始出现了衰败的迹象。这些都影响着人们的居住心理。

(5)土楼因其设施陈旧或差乱,与现代人的居住条件和要求相差甚远。这是空巢的主要原因。土楼群里的老人们不愿意丢下祖宗的基业,也舍不下自己的土楼情结,而留守土楼,形成土楼里多只有几个老人的"空巢"。

2.土楼申遗成功,大大提高了土楼在国内外的知名度。不断增长的游人访客打破了土楼的宁静,也影响了土楼居民的生活。一项调查研究表明(280份有效调查问卷),在永定土楼居民对于旅游社会文化影响的感知上,38.7%的当地居民认为游客在参观土楼的过程中已经影响到他们的正常生活。土楼不仅是当地居民日常起居生活的空间和场所,也是游客参观土楼、了解客家文化的景点,这一特性也造成当地居民成为旅游业负面影响的直接受害者。在旅游业发展过程中合理协调游客和居民的关系、保护居民的隐私权也是迫切需要注意的问题,永定土楼居民对旅游环境影响的感知上,83.9%的当地居民赞同政府及开发商在保护土楼周边环境上所做的努力,依然有62.9%的居民感觉到了成为世界遗产后游客激增所带来的人口和景区的拥挤,因此必须加快项目建设的进程,健全游客分流协调机制。①

3.土楼旅游业拉动了县域经济,却制造和增加邻居、亲戚之间的生活矛盾。

通过表2-1-2可以看出,土楼的开放和旅游业的开发,的确给县域经济带来可观的效益:

---

① 李婷婷、骆培聪:《福建永定土楼居民旅游感知与态度研究》,《世界地理研究》2009年第18卷第2期。

表 2-1-2

指标名称	计量单位	2001年	2002年	2003年	2004年	2005年
年末总人口（户籍）	万人	46.54	46.51	46.31	46.23	46.15
地区收入总值	万元	319283	349185	385528	453887	556960
第三产业	万元	103894	113327	124747	148924	163448
人均地区生产总值	元	6712	7373	8184	9763	13225
农民人均纯收入	元	3278	3429	3610	4046	4476
旅游接待人数	万人次	31.71	42.38	51	69	75.6
其中:境外	人次	7032	6440	5054	9000	12000

数据来源:永定县政府网(http://www.fjyd.gov/index.ospx),"2001—2005年永定县人口变动和经济发展情况表"。

据永定县政府网公布的信息,永定县2011优秀旅游县和洪坑民俗文化村5A级景区先后创建成功,为永定土楼旅游的升温奠定良好的基础。2011年,永定土楼景区旅游人数达221.51万人,同比增长55.7%,绝对值居全市4A级以上景区首位,增幅居第二位。2010年至2013年,永定县旅游收入占GDP的比重逐年上升,分别为13.9%、16.8%、18.5%和19.5%。2014年上半年,全县实现GDP 80.4亿元,同比增长8.6%。

永定县作为矿业大县,煤炭、水泥等资源型产业曾占县域经济的80%,在实现经济发展的同时,也带来了资源枯竭、生态破坏等问题。如今,文化旅游已成为县域经济转型升级的主导产业,相继获得了中国旅游百强县、国家5A级旅游景区、福建省优秀旅游县等14项荣誉称号。不久前,永定县制订了"全域旅游发展三年提升行动计划",确保到2016年实现接待游客540万人次,文化旅游总产值达到100亿元,旅游总收入占GDP的比例突破30%。[①]

[①] 马斌:《从资源强县到旅游大县的华丽转身》,《闽西日报》2014年8月4日(摘于永定县政府网)。

由此可见，永定县城乡居民收入水平稳步增长。旅游经济带动了该县的城市化进程，城市化带来的巨大经济效益也正改变着土楼人们的生活环境和生存方式。人们不再满足于自给自足的农耕经济，追求现代化的物质文明也成为一种新的生存目标。但是在研究人员(280份有效)问卷调查中，还是有45.7%的当地居民认为旅游影响到了邻里之间的人际关系，人与人之间的相互信任受到影响，这主要是源于部分居民为了争夺经济上的利益而导致生意上的竞争，这种竞争有的甚至已经演变为武力斗争，是政府和开发商在管理景区过程中需要介入协调解决的又一问题。

(三)"空巢现象"带来的土楼价值与保护思考

土楼具有历史认识价值、原始科学价值、文化价值和社会价值等，如此空巢下去，这些价值将与空楼一起消失在历史长河之中。

土楼的特点如下：

(1)圆形土楼与方形土楼建筑的直径大1.273倍。①

(2)土楼的土质如棉布般有透气功能，砖瓷墙壁春季潮湿冒水，而土楼会自然吸收水分达到干燥程度。秋季干燥时，土质又能适量地缓吐一些湿气。

(3)圆形土楼抗震性比较好，相互的均衡拉力支撑全部，历年都没有因地震而发生过塌陷破坏。

(4)土楼因圆形，可以比方形减少风袭，所以冬暖夏凉。

(5)方形的建筑很明显蕴含着中国宗教权威的文化。正房一般都是主人、正室之地，厢房和回廊房及偏房是儿女辈和妾室所居，是中国传统建筑的一个缩影。

(6)有抵抗外来侵略作用。

土楼开发的文化价值是它作为客家文化的代表，是社会向心力和民族向心力的体现。永定土楼建筑奇特，是中国最具特色的名居之一，有着丰富的人文历史价值，是客家先民智慧的结晶。要了解客家文化就要先

---

① 2010年2月26日下午16点中央电视台《发现之旅——土楼之谜》专题。

从了解土楼开始,它是东方伦理关系和聚族而居传统文化的历史见证,是客家文化的灵魂。

然而当今土楼渐渐出现了"空巢现象",向人们示意了另外一种文化信息:地方特色文化正在向形式化、躯壳化、利益资本转换。因为旅游业的直接受益人主要是旅游部门、交通部门、饮食业及政府,而土楼人很少在其中得到直接的利益。"空巢现象"具有一定的社会原因。如果当地政府将土楼群的居民也纳入共同受益人,比如凡是居住在土楼里的居民,只要在楼群里做自己的日常工作和生活,就由旅行社、交通部门分发"工资",或许"空巢现象"不请自消。

旅游业是一把双刃剑,它在给人们创益的同时也容易让人们忽略到旅游最本质的文化内涵。文化变迁是绝对的、不可避免的,如今土楼申遗成功,保护土楼的文化内涵至关重要。许多曾经离开土楼出外打拼的人也因土楼巨大的旅游价值回到土楼经营旅游业,但他们大多数只是把土楼当作工作地。有的人把楼内房间改成客房,或者赚到钱后搬出土楼。现在的土楼已经超出普通民居的利用价值,而是作为许多土楼人的牟利工具。这是物质文化和非物质文化的变迁,农民不再是早出晚归地种地,而是在家里搞起旅游业,开饭馆、开旅馆、卖土特产等。传统的生活习惯被打破,原有的客家民俗民风也随之变化。土楼"空巢现象"变得复杂化。

(四)"空巢现象"反映的问题及对策建议

开拓进取是客家精神的一方面,客家男子生来则入私塾,进学堂,走仕途,或下南洋,闯四方,谋求功名和钱财。居住在海外或事业有成的土楼居民隔几年都会回来土楼看看,祭祖。

土楼居民离开土楼,包含诸多方面的原因。首先是现代文化的冲击,几十上百户人家同居住在一个比较狭小的空间内,家族的凝聚力是以牺牲小家庭的私密为代价的,因此人们不再满足于居住在一个狭小的空间。从自身的居住需求出发,希望居住在设施条件好的现代化住房。其次,游客的不断增多,使原本宁静的山村变成了嘈杂的场所。县政府出台的一系列土楼相关的保护政策和措施,游客对土楼奇特建筑的好奇,无不影响着土楼居民的日常生活。

邻居的不断外迁导致土楼人的生活圈和熟悉的生活环境发生改变，人们需要重新建立自己的邻里关系。旅游及其相关产业已成为土楼经济收入的主要来源，面对巨大的经济浪潮的冲击，土楼人通过与游客的彼此互动，被动地接受又主动地寻求变迁，迁出土楼。

在漫长的迁徙、艰苦的创业、流动的生活过程中，客家先祖创造了神奇的客家土楼。它是世世代代客家先民智慧的结晶，是客家文化的象征，是遍布在世界各地的客家人心目中共有的"图腾"。20世纪蜚声海内外的"万金油大王"、报业大王、爱国侨领、祖籍福建永定下洋镇中川村的胡文虎先生曾在《香港崇正总会三十周年纪念特刊》上把客家精神概括为四个方面：一是吃苦耐劳之精神；二是刚强弘毅之精神；三是劬勤创业之精神；四是团结奋斗之精神。现代化促进土楼地区的经济发展与繁荣，标志着社会的整体进步。但是它会带来传统文化内涵的缺失，客家精神是土楼的灵魂，不断外迁的土楼居民使土楼逐渐成为"空架子"，所以在开发土楼旅游资源的同时也要注重土楼文化内涵的保护问题。

"空巢现象"与世界遗产的保护原则相悖，继续任由其发展，土楼有可能会被摘下世遗的桂冠。

文化内涵是旅游资源吸引游客的灵魂，一处旅游资源如果空有其表，而忽略其内在因素对游客的感召力，那么这处旅游资源很快就会被人们所遗弃。旅游资源再美，游客看多了也会审美疲劳，因此，旅游资源的文化内涵就成了吸引游客的源泉。文化具有多样性，而民族文化具有其独特性，游客出游很多是出于求知的目的，满足游客的求知欲才能真正体现资源的社会价值和文化价值；才能使资源的价值得到充分体现进而促使政府和社会加强对旅游资源的保护，这也是奉行可持续发展战略的一方面。

但是，作为永定旅游业的龙头产业土楼，周围道路狭窄，路面崎岖不平，交通设施远远不能满足日益增长的游客需要。农村户外多是脏乱差的环境，由于远离城市的喧嚣，楼内的人们平时都没有什么娱乐活动，来到土楼的游客晚上也只能看电视来打发时间，远远不能满足现代人对客家民俗文化与民间艺术的猎奇心理。这些都是需要重视的问题。

福建土楼是客家先祖长期发展的历史见证，是中国历史重要的一部分，客家人创造的客家文化是中国传统文化的继承和发展，因土楼独特的文化内涵被联合国教科文组织列入世遗名录，其影响之大远不是一些旅游广告所能比拟的，它是吸引海内外游客的强力保证。但是，世遗的申报考评是动态性的，已获得世遗称号的地区如果重开发轻保护，到手的金字招牌也可能会丢失。例如 2001 年，张家界武陵源的核心景区天子山，因过度开发旅游，建了几十万平方米的旅店，形成了"山中小城""天上的街市"，受到联合国教科文组织自然遗产委员会"黄牌"警告。

反思中国被黄牌警告的世遗景区，要么是因为存在过度开发、盲目修复，要么是遭人为损害。这些都是人为的因素，完全可以通过采取措施来减少或避免。土楼因作为东方血缘伦理关系和聚族而居传统文化的历史见证而荣获世界遗产的称号，来之不易，但是土楼的"空巢现象"与世界遗产的保护原则相悖，若不加保护土楼文化，那么土楼迟早会被世遗的相关单位摘下世遗的桂冠。

针对土楼空巢现象，建议如下：

(1) 完善土楼景区的基础设施建设，改善土楼的内外环境。

永定土楼位于当地广大的农村地区，是当地居民世代居住的场所。农村经济不发达，没有城市般的快速发展与便捷。当地政府要积极组织进行基础设施的建设与完善，修筑景区内的道路和扩建已有的马路，保持土楼景区与县城之间的交通便捷。游客如把汽车开进景区内，会加重景区内的交通拥堵，所以应禁止外来车辆进入景区。根据当地的具体情况，在远离景区的适当距离修建停车场，鼓励游客步行进入景区，以减少景区内的汽车尾气污染。

重视文化因素在提升旅游竞争力中的重要作用。在土楼景区内影响土楼整体形象的建筑，当地政府应当进行拆除补偿。土楼是聚族而居文化的象征，当地人追求经济效益，在土楼附近修建饭店旅馆，会破坏土楼的文化意境，特别是申遗成功后，土楼文化的真实性需要政府、旅游企业、当地居民的共同保护。把土楼内的房间改造成旅馆也应当在保护的前提下进行改造，不可以改变土楼的原始风味。许多土楼居民都在楼内贩卖当地土特产品，对此，当地政府应当进行积极引导，防止土楼成为购物的空壳。

农村地区没有完善的清洁卫生系统，当地政府要扮演好宣传员的角色，宣传安全卫生教育，导游人员进行导游讲解的时候也应当告诫游客注意景区内的环境保护,减少游客带来的垃圾污染。

(2)对土楼进行安全检查,对存在安全隐患的土楼进行修复。

永定土楼大多数是明清时的建筑,经过多年的风吹雨打有的已经出现了安全问题。当地政府可以对社会进行招标,从中选取有经验有竞争力的企业对土楼进行修复工作,但是必须保证土楼的原始风貌,要与土楼的整体格调一致。定时对土楼进行检查,制定土楼安全报告。

(3)当地政府要设立一个土楼遗产保护机构,专门从事遗产保护工作。邀请国内外专家学者研究制定有效的保护方案。举行听证会,听取各方的意见,制定一部保护土楼世遗的政策法规。

(4)旅游企业进行旅游活动的同时要兼顾环境保护的原则,树立土楼新形象。

土楼申遗成功后,客源市场扩大。通过对客源市场的分析,旅游企业可以对土楼重新进行市场定位,有针对性地建立土楼品牌。土楼因其独特的建筑特色而闻名于世,因其深厚的文化魅力吸引各方游者,旅游企业可以开发专题游项目,例如"永定土楼建筑游""永定客家文化游",通过培养专门的旅游人才,为游客提供专业化的导游讲解,为游客提供高质量的旅游服务。通过富有特色的讲解,使广大旅游者更好地理解遗产地与自己、所在地区以及整个国家的相关联系,从而使本地居民产生深深的成就感与自豪感。

(5)建立产权分离的旅游区经营机制。①

土楼旅游区的建设要明确好土楼资源的所有者、经营者、开发利用者的责任和权利,明晰权属,理顺关系,实现所有权、经营权、监督管理权的"三权分离"。所有土楼遗产属于国家,有土地管理委员会承担管理、监督、保护等职能,各地土楼的旅游开发可以借用现代企业管理制度共同组建联合开发公司来开发旅游区。按照《公司法》的有关规定进行清产核资、界定产权等的规范和资产重组,各行政单位和所有者的利益可以通过股份的形式来实现,开发经营公司负责土楼的开发经营与日常管理,真正实现资源的有效整合和集约经营。

---

① 李建中:《跨多行政管辖区的"福建土楼"旅游开发战略与治理模式探析》,《福建论坛(人文社会科学版)》,2009年第4期。

二、长汀彭坊村凿纸龙灯文化遗产的生产性保护与市场前景分析[①]

闽西长汀凿纸技艺,为民间剪纸类技艺,因其使用工具以凿子为主,被称为长汀彭坊村凿纸龙灯有其独特性,故有"剪纸万千凿纸一家"之说。目前市场稀缺,一定程度上将拥有广阔的前景。彭坊凿纸龙灯省申遗成功后,有待申请国家非物质文化遗产名录。目前面临、传承人断层,发展窘迫等境况。本小节就田野调查的情况,分析探讨如何解决在保持本土性基础下拓宽其市场,让它的价值在市场经济中得到发挥和光大。

(一)长汀县彭坊村凿纸龙灯的历史源流与传承方式

1. 彭坊村凿纸龙灯产生的历史渊源

彭坊村凿纸龙灯,过去叫作"板凳灯"、"挍子灯"。相传彭坊的凿纸龙灯是彭坊先人沿汀江河从泉州引进的。彭坊龙灯起源于260多年前,据说彭氏家族的第十五世祖——彭景周是当地赫赫有名的木材商人。由于一场水灾使他改行在泉州做别的生意。泉州传统元宵佳节有舞龙灯习俗,他发现对各式各样的龙灯和剪纸技艺很感兴趣,便拜师学艺。几年

---

① 本小节为朱秀梅毕业论文,指导、修改刘芝凤,曾刊于《厦门理工学报》2013年第1期。

后,他回到老家彭坊,便把剪纸手艺和龙灯制作教给坊教百姓。①

经过几代人不断的传承和创新,如今的彭坊凿纸龙灯不仅做工精致、美观大方,而且极具文化内涵。每到元宵佳节晚上要接龙舞灯:各家各户聚集祠堂,把自家做好的板凳灯笼点上蜡烛,扛到十乡坪,一家挨一家把龙身接好,最后将龙头、龙尾连接上,便成了一条五彩斑斓的板凳凿纸纸龙灯,精美的花纹图案在烛光映照下光彩夺目、形象生动,各种动物图案栩栩如生。

2. 彭坊村凿纸龙灯生产技术特点

制作凿纸龙灯采用扎、剪、刻、裱、粘等工艺,是民间剪纸、刻纸工艺与竹编工艺相结合的艺术,具有十分重要的艺术价值。因其使用工具、材料与其他的剪纸工艺有很大的区别,有其彭坊村凿纸龙灯生产技术的独特性。

(1)制作材料:红色、绿色两种染色宣纸。

(2)制作工具:圆凿,有大小之分,主要用于凿动物的眼睛;扁凿,有大小之分,用于凿平行线;指甲凿,用于凿弧形;针凿,用于分开图案中的小间隙。

(3)制作工序:

先要凿纸。将要凿刻的图案画在一张普通的白纸上,再将专用红纸或绿纸叠起来并和白纸固定好,根据图案一点点地凿刻。每完成一次凿刻工序,粗糙的要两个小时,精细的话要三四个小时。一次可以制作出20张相同的凿纸,每张凿纸规格都差不多,如方形的一般规格是 10×12 厘米。一个灯笼上所需的方孔、长孔、三角孔,共计24孔。做好的红绿凿纸按照灯笼框架形状间隔粘贴。

再做龙灯。龙灯的制作很讲究,由龙头、龙身、龙尾三部分构成。龙身由各家各户制作,按村里风俗,每户至少要用一匹灯笼(即由2个或4个灯笼构成)。灯笼的制作也很独特,先用竹篾扎成椭圆框架,固定在长条木板上,每块木板分别由2个或4个灯笼组成,根据习惯,每个木板上

---

① 2012年春节期间,刘芝凤教授率学生在龙岩市长汀县重坊镇鼓坊村调研,采访人朱秀梅等,被采访者彭坊村退休老师彭慕周。

不论是4个灯笼还是2个灯笼都算作一盏,每条龙有20多盏。而龙头和龙尾(统称龙架)由当地老艺人制作,需选择3年以上的毛竹剖成竹篾,再用铁丝将其扎成龙头、龙尾的形状,再将其固定在2.1米长的木板上,木板两端须凿出连接撑棍时用的圆孔,这样才能把龙头龙身龙尾连接在一起。龙架扎成后先用白光纸粘贴底层,根据龙眼、龙耳、龙舌、龙齿、龙鼻、龙须、龙鳞、龙爪等不同特点,用不同颜色的彩纸进行剪贴、装裱,最终使凿纸龙灯栩栩如生。①

3. 长汀县彭坊村凿纸龙灯制作工艺传承模式

2010年9月9日,海峡客家旅游欢乐节暨世界客属第十六次公祭客家母亲河大典上,彭坊村的凿纸龙灯应邀前往表演,并受到广泛赞誉。次年,彭坊村凿纸龙灯于10月12日正式通过省非物质文化遗产保护申请,成为省级非物质文化遗产保护项目。② 凿纸龙灯逐渐步入人们的视野,呈现她独特的魅力。凿纸龙灯制作工艺能传承,其一是民俗活动的需要,因在彭坊村每年元宵佳节的民俗活动中,舞凿纸龙灯是不可或缺的,使得制作凿纸龙灯这种古老的民间手艺被原汁原味地一代一代传承下来;其二,凿纸龙灯艺人多为家传手艺,自小耳濡目染,代代相承了下来。但由于农村生产力水平较低,这种制作工艺是属自然传承,政府对其缺乏必要的引导和管理,加上民间文化交流的开放程度有限,凿纸龙灯得不到较好的保护与开发利用,发展也较缓慢。③

---

① 李艺爽:《彭坊凿纸龙灯》,《厦门航空》,2011年第2期。
② 《福建省人民政府关于公布第四批省级非物质文化遗产名录的通知》,中国国情——中国网,http://guoqing.china.com.cn,访问时间:2013年3月15日。
③ 张峥嵘:《漳浦民间剪纸艺术的传承与发展浅探》,《福建广播电视大学学报》,2010年第4期总第82期。

(二)申省非遗成功后凿纸龙灯的传承现状

1. 村民对传统手工技艺凿纸龙灯申遗成功的认识与态度

2011年10月12日凿纸龙灯通过省非物质文化遗产保护申请,成为省级非物质文化遗产保护项目,不仅给村民带来了喜悦与荣耀,一定程度上还提高了村民对非物质文化遗产的认识,积极地投身于国家级非物质文化遗产地申报。但值得注意的是,这项传统手工技艺只在每年的元宵节活动得以使用,受到时间上的制约;村民对其发展前景认识不足,大多时间仍以务农、经商为主,使得凿纸龙灯的技术得不到广泛的学习传播,把它发展成产业化或旅游产品更是无从谈起。

2. 申遗成功后仍然满足于正月十五自娱自乐的乡间民情

中国文化遗产保护论坛中提出:"文化遗产要在利用中进行保护",要站在传承和弘扬文化传统的高度,充分认识其重要性和紧迫性,在有效保护的基础上积极探索,合理、科学地做好利用,发挥文化遗产在全面建成小康社会中的重要作用。① 而申省遗成功后的彭坊村民仍只满足于正月十五的自娱自乐把传统技艺传承下去。当然,不受外界因素的干扰,固然有助于保留此种传统技艺的原汁原味,但对于更好地传承和弘扬文化传统,服务民众精神物质需求,进而带动当地经济的发展仍存在很大的提升空间。

3. 凿纸龙灯传承人自身价值认识不足

传承是对非物质文化遗产最好的保护,然而,我们在彭坊村的调查中发现凿纸龙灯的传承出现了严重断层的局面,主要体现在以下几个方面:①凿纸龙灯艺人老化,平均年龄超过60岁,深谙技艺的艺人都是年过60

---

① 郭桂香:《第八届中国文化遗产保护无锡论坛举行》,《中国文物报》2013年4月12日。

岁的老人;②专职凿纸龙灯技艺的人员匮乏,几乎都是身兼两职;③出现严重的青黄不接,后继乏人,传承乏力的困境。

究其原因主要是传承人自身价值认识不足。彭坊村凿纸是一门易学难精的手艺。据老艺人介绍,初学者如果资质较好,一年内就能凿出较精细的图纹;但要凿得又快又好,至少要三五年的磨炼;而真正要达到炉火纯青的境界,一般都要十年的时间。目前技术精湛的艺人年龄大多都在65~70岁左右,这批人或年老体弱,或相继去世,已为数不多。而对于二三十岁的年轻人,因看不到凿纸龙灯的发展前景,随波逐流,选择其他行业谋生。并且,随着社会进步,商品经济的繁荣发展,文化生活的丰富,自愿学此技艺者寥寥无几。从而导致彭坊凿纸龙灯继承和发展举步维艰,濒临消亡。①

(三)彭坊凿纸龙灯的市场可行性分析

1.彭坊村凿纸龙灯的市场潜质

凿纸龙灯能否生存与发展下去取决于面对市场经济是被动还是主动。是被尘封于闽西红土地上,还是主动结合市场走产业化开发道路成为彭坊村民两难的选择。

随着全球化趋势和现代化进程的加快,传统民俗文化受到越来越大的冲击,一些依靠口授和行为传承的民间文化遗产正在不断消失,许多传统技艺濒临消亡。当"消费"已经成为当代社会不容忽视的"特点",当"市场经济"成为时代潮流,凿纸龙灯技艺要想健康持续地发展与传承下去就无法回避"市场",传统文化也需要包装和推广,与时俱进才能长久发展,避开"艺术"谈"市场"实属断章取义,避开"市场"谈"艺术"必然得不偿失。只有被市场所认可和接受了,民间文化才能借助物质基础谈得上挖掘和

---

① 姜婉:《民间剪纸的生产性保护研究》,中国美术学院 2010 年硕士学位论文。

保护,才能形成良性循环。① 因此,市场化开发是凿纸龙灯的必然出路。

2. 凿纸龙灯市场化可行性分析

(1)凿纸龙灯市场需求分析

我国的剪纸艺术历史悠久,汇聚了中华儿女的集体智慧,具有浓厚的历史文化积淀和鲜明的地方特色,它的出现是一个时代社会意识的反映,与人们的现实生活息息相关。近几年,一些剪纸大师的和他们的作品开始进入到商业圈,出现了一些价格不菲的精品剪纸,甚至和其他高档工艺品一样进入商业精品区,逐步形成剪纸产品的商业化和专业化,拥有广阔的国内外市场。②

而彭坊村的凿纸因其使用工具的独特,具有剪纸万千凿纸一家的市场稀缺性,奠定了彭坊传统手工技艺的市场前景。

(3)凿纸龙灯市场可行性 SWOT 分析

表 2-2-1

优势(strength)	劣势(weakness)
①独特的艺术风格:特有的凿纸工具、精湛的制作工序和多样的艺术呈现形式,为其进行商业化运作奠定基础。 ②产品具有鲜明的客家文化内涵。 ③良好的生态环境为彭坊凿纸龙灯就地取材创造了生产资源供应条件。 ④便利的交通成就了为厦门、福州等地旅游纪念品生产基地的可行性。	①手工艺人老化,青黄不接、后继乏人现象严重。 ②没有形成独立的品牌,知名度不高,难以形成品牌效应。 ③这类产品开发起步晚,市场缺乏科学合理的规划。 ④产品工序复杂,生产时间较长,且非常挑战手工艺人的耐心。
机遇(opportunity)	挑战(threat)

---

① 张敏洁:《用市场化手段抢救民间文化》,《西部大开发》,2008 年第 11 期,第 25 页。吴树松:《谁冷落了木偶戏?——浅谈木偶艺术在市场经济下的出路》,《艺术教育》,2005 年第 2 期,第 79 页。

② 王建祥,崔闽莲,金剑:《非物质文化遗产生产性保护研究——以刘伶醉酿酒工艺为例》,《河北企业》,2012 年第 11 期,第 57 页。姜婉:《民间剪纸的生产性保护研究》,中国美术学院 2010 年硕士学位论文。

续表

优势(strength)	劣势(weakness)
①这类产品市场开发较迟，拥有巨大的潜在开发市场。 ②正值申省非遗成功，并报国家非物质文化遗产申请期间，拥有一张含金量高的文化名片。 ③逢国家对非物质文化遗产政策上的大力支持以及当地政府财政扶植。 ④全球化经济的加快，为避免被市场淘汰出局，企业开始挖掘传统民俗，尤其是传统手工技艺。	①凿纸传统手工技艺正面临失传，人才缺乏现象较为严重。 ②剪纸艺术遍布全国各地，独特性难以把握，且产品容易出现同质化。 ③国家级非物质文化遗产传统剪纸艺术申报项目已有四十多项，各地纷纷打造出"剪纸大省"、"刻纸之乡"等标签，对于成长中的彭坊凿纸具有潜在的威胁和挑战。 ④多数传统手工技艺难有市场。

(四)长汀凿纸龙灯技艺的生产性保护运作模式分析

1. 生产性保护的含义、意义和作用的分析

生产性保护是力求在不违背手工生产规律和自身运作方式及不扭曲其自然衍变趋势的前提下，将传统手工技艺导入当代社会生活及产业体系，使之在创造社会财富的生产活动中得到积极保护。

生产性保护是我国非物质文化遗产传统手工技艺保护工作中的重要方式之一，同时也符合非遗本身的传承规律。非遗生产性保护的主要目的是实施好非遗工作的出发点和落脚点。

通过生产性保护措施，传统手工技艺慢慢地融入民众的现实生活，找到传承与发展的活水源。采取生产性保护，充分发挥传统手工技艺作为文化资源的经济价值，不仅能为其传承者和所在地带来经济效益，也能为传统手工技艺带来可持续的传承与保护。[1]

---

[1] 王欣：《对非物质文化遗产生产性保护理念的认识》，《艺苑》，2011年2期

2. 凿纸龙灯技艺生产性保护的可行性方案

传统手工技艺的本质特征具有实用、理性和审美的品格,当看待传统技艺时,应该以人性的、个性的、与时俱进的眼光看待它的固有价值和现代价值,并且要清楚在利用中对其进行保护。①

作为中国剪纸类非物质文化遗产,彭坊凿纸的生产性正好符合生产性保护的特质。就地取材、就地加工、低能耗、少污染、高附加值,以及闽西独特题材风格,都是可生产的文化差异性的体现。所以,应基于自身优势,寻求新突破,大胆创新,主动出击,在奠定更坚实的生存基础之上,有效进行市场化移植,运用现代化商业运作模式,"内外兼修才能"助推彭坊凿纸龙灯到达新的"高点"。

(1)立足传统,创新出彩

①扎根传统文化,提升文化内涵

"剪纸是民间土壤上长出的文化树,活态的民间生活传统造就了剪纸,剪纸又维系了民间活态系统的持久存在。"②可以说,民间剪纸广泛地依附于传统文化中,并与其息息相关。因此,彭坊凿纸龙灯要持久地存在并且能够更好得到发展,应扎根传统文化,提升文化内涵。

A. 彭坊凿纸龙灯起源于闽南文化,最终融合于闽西文化,具有地域上的独特性。加之,它高难度的传统技艺和技艺人本身所带的特质具有不易模仿性,是深入挖掘的重点。

B. 工艺市场未来的消费趋势,不仅需要优质的产品,更需要具有故事和创造力的产品。因此,在挖掘凿纸龙灯内涵时,应全方位地去看待它背后的传统文化,特别是要注重其所具有的鲜明个性和历史底蕴。不断地去挖掘,赋予其文化内涵,以寻求新的生存空间及发展平台。

②立足传统的现代化创新

当前,彭坊凿纸龙灯受内外因素的制约,局限于乡村民俗活动中,走

---

① 吕品田:《在生产中保护和发展——谈传统手工技艺的"生产性方式保护"》,《美术观察》,2009年第7期。

② 乔晓光:《民间剪纸·正在消失的母亲河》,《湖北美术学院学报》,2003年第3期。

不出去是阻碍其发展的现状。因此,凿纸龙灯要走向市场,顺应时代跳动的脉搏,必须使凿纸龙灯文化活化,而立足传统元素的现代化创新是活化的关键。要充分挖掘其背后的传统文化,在表现主题和手法上大胆创新,力求以最具活力和魅力的姿态呈现,使彭坊凿纸龙灯大放异彩。

(2)分门别类,归纳整理技艺

彭坊凿纸龙灯产品要走产业化道路,因适应高端市场和普通市场的需求,细分产品,对其制作技术进行分门别类,归纳整理。针对高端市场的产品,如高档礼品、收藏品等,要追求精益求精,不以量产为目标,其制作技术要相对细化、专业化,需要花费大量的时间和精力去生产制作,强调手工艺的特色魅力,以高超的工艺价值胜出;而针对普通市场的产品,如旅游纪念品和宣传礼品等,适用于批量化生产,要求形成程序化和规范化的操作流程,主要强调的是产品数量,可以进行机器化生产,如采用复印机复印样稿、利用刻纸机生产刻纸等。但采用批量化生产也有其缺陷,生产出来的样稿、产品简单、呆板,甚至千篇一律,缺乏传统凿纸龙灯应有的灵活性,需要对机器不断技术革新。

"工欲善其事,必先利其器",彭坊凿纸龙灯的稀缺性在于其制作工具的独特性,即采用不同的凿子工具打造出与众不同的作品。因此,在现代化快速发展的潮流下,应在保留其传统工具独特性的前提下,对其生产工具进行优化升级,采用先进的生产技术,如"电脑硬板剪纸""激光刻纸"等,很大程度上可以节约大量的生产时间,实现产业化,同时也可以迎合现代人对多样化作品的需求。

(3)找准市场需求定位

彭坊凿纸龙灯工序繁复,作品多以精致为卖点,耗时费工。根据这一特点,彭坊凿纸龙灯应该着重往高档礼品和旅游纪念品市场方向发展,而非盲目跟风,往剪纸艺术品发展。现在市面上,大多生产剪纸艺术品的厂家只根据作品大小、精细程度将产品分为高中低档,而没有进行系统的规划,导致剪纸行业产品形象不突出,品牌效应不大。因此,应该进行市场细分,按照市场份额,将彭坊打造成为旅游纪念品、高档礼品、收藏品、宣传礼品、延伸品等生产基地。

①将凿纸龙灯做成旅游纪念品。可根据生产地、旅游地特色,融合民族、时代元素,在制作中与时俱进,追求创新,防止千篇一律。如可以把凿

纸龙灯做成立体式、折叠式且便于携带的旅游纪念品。通过图案分布、文字编排和色彩搭配上凸显产品时代感；运用精美的包装技术，打造出具有品牌效应的旅游纪念品。

②将凿纸龙灯做成高档礼品。销路主要往家居室内装饰品方向突破，并且致力于打造高质量、高品质、高奢侈产品。它追求高超技艺，需要花费人力、物力和财力进行精心打造，以高档手工艺品的身份进入奢侈品市场。

③将凿纸龙灯做成收藏品。根据民间传统经典的题材，挖掘作品内涵，注重产品工艺制作过程，力求满足热爱传统文化爱好者对作品专业性的要求。

④将凿纸龙灯做成宣传礼品。如与政府事业单位、企业和各会展中心合作，将凿纸龙灯做成会议宣传礼品，有助于宣传会议精神和企业文化等。

⑤将凿纸龙灯延伸到其他领域。如做成镂空贺卡、古典邮票、服装设计等。

(4) 创设科学合理的经营机制

闽西客家文化圈已经作为一个独立的文化体系脱颖而出，在经济全球化的今天，创建凿纸龙灯产业园区，拓展其文化的经济价值、对其进行产业化运作，才能发挥凿纸龙灯文化的衍生效应，更好地促进其市场化的开发。

①创建彭坊凿纸龙灯产业园区。目前，彭坊凿纸龙灯的生产模式，多是以宗祠带头、家庭分散分时生产的方式为主，因凿纸龙灯主要是用于当地每年的元宵佳节，一定程度上阻碍了凿纸龙灯的发展。且全职从事凿纸龙灯生产的民间艺人很少，并没有最大限度地将资源整合起来，无法形成系统规范的生产经营机制。因此，彭坊村应联合政府、企业和民间传承人创建凿纸龙灯产业园区，利用区域文化的独特优势，打造出"一村一品"的良好品牌效应。将分散在村中的人力、物力资源进行统一的整合，形成规模化的旅游纪念品基地的生产模式。即当地村民负责生产制作、产业园区负责管理凿纸龙灯的市场营销推广等。这种运作模式分工明确，节约人力、财力，有利于集中优势力量，培养品牌产品，形成一定规模的区域产品特色。因此，创建彭坊凿纸龙灯产业园区，不失为一条保护其可持续

发展的道路。①

②凿纸龙灯投融资的市场化。彭坊凿纸龙灯投融资的市场化要求投资主体的多元化、社会化和融资渠道的多样化、商业化。② 鼓励和支持多元经济成分投资凿纸龙灯的市场化开发,同时吸纳来自政府、民间、企业等多元投资主体的资金,拓宽融资渠道,形成由政府引导、社会广泛参与的多元化、社会化、商业化的投融资和管理体系。

③拓展传播媒介,推动市场化营销。彭坊凿纸龙灯虽然已列入省级非物质文化遗产名录,正在向国家级非物质文化遗产名录迈入,但其在全省乃至全国的知名度并不高。剪纸行业在市场上长期被归类于艺术品欣赏行业,甚至不被重视。彭坊村的凿纸艺人,空有一身技艺而价值无法得到体现,只能寄希望于政府机构给予帮助。因此,宣传推广成为彭坊凿纸龙灯市场化开发的必要环节。精准的营销策略,独特的品牌传播才能刺激潜在的消费市场。

④寻求政府帮助,得到公演机会。彭坊凿纸龙灯在剪纸行业一直处于无人问津的尴尬地位,长期走不出去使其难以做成品牌,打响知名度。因此,需要寻求政府的帮助,通过市级、省级乃至国家级的媒体大舞台,得到公演的机会,使彭坊村的凿纸龙灯技艺呈现在大众的眼前,让大众认识彭坊村,了解传统凿纸龙灯技艺。

⑤利用现代传媒推广,形成品牌效应。当今社会,电视、电脑、微博已作为一种新生代的文化产业和传播媒介,逐渐改变着人们欣赏艺术、参加文娱活动的习惯与方式,也为凿纸龙灯走向市场提供了传播渠道。彭坊凿纸龙灯要想树立品牌,应把握这一契机,运用先进的传媒手段和传播技术,向消费者介绍彭坊凿纸龙灯,引起公众对它的关注。同时,在旅游发达地区,与当地宣传媒体机构强强联手,举办凿纸龙灯艺术展览会,加大宣传力度,最终促使品牌效应的形成。

3. 运作模式对策与建议

手艺是永恒的。保护手艺是一项利在当代、功在千秋的事业。时代

---

① 姜婉:《民间剪纸的生产性保护研究》,中国美术学院 2010 年硕士学位论文。
② 邓辉:《浅谈旅游资源市场化开发》,《兰州学刊》,2003 年第 6 期,第 98~99 页。

赋予手艺以新的机遇和新的使命。随着现代化进程的加快发展,需要政府、社区、艺人和专家的共同努力和良性互动,才能使凿纸龙灯产业化形成良好的运作模式。①

(1)政府部门的主导作用

政府在非物质文化遗产保护中负有主要义务和责任。因此,对于彭坊凿纸龙灯的保护,政府可以从"权力与职能的分权限定""与民间社团的合作保护""专项资金扶持政策"等方面来实现。

①政府权力与职能的分权限定。在发展彭坊凿纸龙灯走市场化的过程中,应合理界定地方政府行为,探求其在传统政绩观下的政策制定和执行,确定新理念指导下的本土立场和概念,避免在开发保护中因无法形成整体合力,以致资源分割及浪费严重的现象出现。因此,当地政府在保护凿纸龙灯时应摆正自己的位置,明确自己是其开发保护的管理者,是保护教育的主要实施者。②

②政府与民间社团的合作保护。政府应统一规划和指导民间社团,建立行业组织和制定行规,开班授课,甚至选送优秀艺人到专门技校深造,为凿纸龙灯技艺的可持续发展创造条件。政府应发挥主体作用,帮助民间社团走向发展轨道。③

③政府应制定专项资金扶持政策。政府应尽领导之责。行政主管部门更须将传统工艺保护纳入工作日程,如加大各级政府部门的资金投入、帮助民间社团多渠道筹集保护资金以扶持彭坊凿纸龙灯的长远发展。

(2)传承人创新传统技艺

因经济全球化和科技化的快速发展,给传统技艺人生活的社会文化环境带来巨大的变化,改行换当还是坚守传统,是传承人面临的一大难题,但都无法从根本上摆脱因环境的变化带来的冲击。因此,传承人可以在传统技艺的内容、形式基础上创新,加入现代元素主题,实现传统与现

---

① 华觉明:《传统手工技艺保护、传承和振兴的探讨》,《广西民族大学学报(自然科学版)》,2007年第1期。

② 李浥:《本土立场与概念的拓展——非物质文化遗产开发及运作模式中的政府行为》,《中共中央党校学报》,2011年第15卷第3期。

③ 华觉明:《传统手工技艺保护、传承和振兴的探讨》,《广西民族大学学报(自然科学版)》,2007年第1期。

代相结合,产品开发可以与室内装潢、书籍装帧、邮票和服装设计等相结合,打造出全新的传统手工艺品,是生存的主要原则。

(3)学术界督促手工技艺人整理保护技艺

民间传统技艺人因自身对传统手工技艺的价值认识不高,又缺乏相应的专业理论知识,不能挖掘出手艺背后的文化价值,所以看不到发展的前景,某些身怀绝技的老艺人因缺少平台,一生只能默默无闻,甚至因为生活压力而放弃自身追求的技艺。因此,作为剪纸领域的理论专家应清楚地认识到技艺人所遇到的困难,深入基层调查相关传承者,搜集和整理出他们的作品,通过市县乡文化馆办作品展览会、各种学术研讨会,向社会宣传凿纸龙灯文化。同时,有关部门可以开班授艺,帮助凿纸龙灯艺人提高理论认识,督促他们及时整理自己的技艺,以使凿纸龙灯艺人提高自身素质,促进凿纸龙灯的长足发展。

(4)产业结构优化升级

在网络文化横行的现代社会,要让传统手工技艺焕发生机,进而吸引新一代的眼球,建立科学合理的产业结构并对其进行优化升级是尤其重要的。因此,彭坊村凿纸龙灯要走市场化道路,需要建立一条完整的产业链条,即由产业园区成立以市场营销为主导的集产品创作、生产、宣传、销售于一体的彭坊凿纸龙灯一条龙服务。如在创作上,加入时代元素,做到符合现代人的审美观和生活要求;在宣传推广上,结合线上线下媒体,塑造出使公众认知或接受的凿纸龙灯形象;在销售上,注意产品市场细分,根据不同的消费者制定出有针对性的营销措施,力求开拓出更加广大的市场。同时,彭坊凿纸龙灯产业园区还可以通过以下措施进行产业结构优化升级:一是走进校园,加强与高校合作,培养出设计、营销和管理方向的人才;二是与相关企业联盟,多渠道筹措资金,拓宽市场。

(5)开发培养潜在消费者

随着现代化和城市化进程的不断加快,民间传统手工技艺离普通大众的距离也在逐年加大。如浦城剪纸,在农村,原本有剪纸参与的民俗活动正不断消逝;而在大城市,大部分人又难以接触到它,甚至,把传统剪纸工艺与西方油画相比,认为剪纸是"乡土"的,难登大雅之堂。对于即将走市场化的彭坊凿纸龙灯,在发展的过程中也难免会受到全球化经济的影响。因此,彭坊凿纸龙灯在开发和培养潜在消费者时,首先应促进消费者对剪纸文化的理解和尊重。可通过与当地政府、民间艺术团体、博物馆和美术馆等单位合作，进行剪纸文化的宣传，让更多的人参与保护传统手工艺行列中，从情感需求层面上开发培养出潜在的消费者。

凿纸技艺是我国剪纸传统手工艺中一枝奇葩，是闽西剪纸类独一无二的传统手工技艺，它具备了我国非物质文化遗产历史认识价值、文化价值、科学价值、艺术价值和普世价值等五要素。用国际微观经济学"稀缺性"理论比较，长汀凿纸龙灯技艺以其特殊的凿纸技艺，在全国剪纸类民间技艺中独具一格，具有极大的市场潜力，但因各种原因，彭坊凿纸龙灯知名度不够高，传承人保护意识较差，目前无法进入市场，没有形成较为有利的竞争模式，潜在消费市场有待开发。长汀彭坊村竹林遍布、山清水秀的自然环境和生产条件，加之距我国著名的海上花园旅游城市厦门不到五小时的交通距离，特别适合建设厦门会展旅游纪念品生产基地。如果上文的建议和分析能获得当地政府的重视，有可能会使闽西长汀的民间凿纸工艺得到生产性保护，为开发区域文化产业发挥作用。

三、闽台民族艺术文化遗产资源保护中的文化元素归原分析①

(一)台湾歌舞表现的民族意识

2010年6月20日在宁德举办的《都是一家人》文艺晚会上,台湾"原住民"人文舞蹈团、台湾南投县仁爱乡仁爱中学的演员宁德市畲族歌舞团表演的11个民族歌舞器乐节目同台展出,让海峡两岸来宾深刻感受到闽台两地少数民族艺术遗产资源保护的意识与参与差距。

就少数民族舞蹈而言,闽台的表演出现较大的反差。从专业角度看,台湾队的史诗歌舞《赛德克族之石宿传说》《舞跃在海西》《海峡庆丰收》《战舞》等,表演体现出了四个艺术特点。

1. 民族文化自觉性

台湾的少数民族,虽然由于历史上与大陆少数民族一样,都曾处于倍受歧视和被压迫地位的弱小民族地位,对歧视和压迫他们的大民族或外来民族心存芥蒂,对民族成分、伤害本民族尊严和破坏民族平等的行为比较敏感甚至反感,由此比较忌讳外界将自己当作少数民族被看不起,所以在台湾多称少数民族为"原住民"。但在本民族意识和民族感情中,却从未放弃自己本民族的文化和民族性格。用文化波理论分析,当一个民族

---

① 本小节为刘芝凤、谌香菊、王晓合写。

所处的中心地带或原居地因社会变迁发生变化之后,处于边远地带的这一民族部落或迁徙的民族会顽强地传承着本民族的文化特征。这一理论用在台湾阿美人和赛德克人中非常富有代表性。

台湾因为种种原因,殖民地的性质使其相对大陆而言,过早地、全方位地接受外来文化的冲击和交流。在近代中,又因大量的汉文化传入以及现代经济信息化的影响,台湾少数民族地区相对大陆少数民族地区的经济环境好一些。然而,经济的现代化并没有让本民族文化意识彻底消失。从台湾南投县仁爱乡仁爱中学的史诗歌舞《赛德克族之石宿传说》表演和台湾"原住民"人文舞蹈团《战舞》的表演中很强烈地表现出台湾少数民族对本民族文化传承的民族文化自觉意识。台湾队的民族文化自觉性还体现在他们对民族歌舞的参与上。从他们表演队人员的组合看,男女老少、胖瘦高矮且动作不专业等细节上,都可以看出他们的舞蹈队是一支由个人爱好、自愿参与的松散性表演团体。这一松散性恰恰说明了台湾少数民族的文化自觉性。

2. 民族歌舞服饰的尚黑性

在这次闽台同台表演中,台湾方面所有舞蹈服饰都有一个显眼的艺术审美感,即尚黑。

尚黑是中国各少数民族稻作地区的服饰特点。不论是古百越族群中的侗族、壮族、布依族、毛南族还是山地稻作民族的苗族、瑶族、畲族等,其传统服饰都尚黑,多以黑色为基色,配以镶花刺绣。不论是2007年笔者在台湾进行为期14天的义化交流和讲学,所到台湾少数民族之地看到的服饰,还是这次在宁德所见一百多个台湾队员在文化交流会上和文艺晚会上,他们都自觉地身着本民族以黑为基色的服饰,让大会所有参会人员在他们身上可以强烈地感受到台湾少数民族的存在和特色。这种尚黑性其实就是文化元素归原的民族寻真感。

3. 尚武

台湾少数民族与大陆少数民族一样,也经历过渔猎、刀耕火种、战争、迁徙的多灾多难的历史,因此在台湾队的艺术表演中民族特性的另一个表现方式就是尚武。在他们的舞蹈中,有狩猎、渔业知识与用簸箕簸谷豆的动作或武术,显示出民族舞蹈的群众性和原始古朴的尚武风。通过舞蹈将本民族的历史与传统的生产知识、生产经验进行传播与传承,表现出浓郁的地方特性与民族特色。

4. 民族文化元素归原

在台湾的 5 个节目中,不论是表现古老的历史史诗歌舞,还是当代的舞蹈,观众都能一目了然地感受到台湾少数民族因台湾环太平洋,联东南亚诸岛的特有地区的文化元素。比如单一重复的基本甩臀舞蹈动作,既有中国其他民族传统的生殖崇拜(舞蹈中屁股往后有节奏地左右甩)文化元素,又有东南亚南岛的文化元素(360 度旋转或前后甩臀)。在庆丰收的舞蹈中,稻耕动作和簸箕簸谷豆的生活动作,以及本土民族乐器敲击乐等,无一不显示台湾少数民族对本民族文化归原的重视与传承。

(二)宁德畲族的民族文化元素归原问题

在 6 月 20 日晚上,宁德畲族歌舞团表演了 6 个民族歌舞。给人们的感觉是:演员年轻漂亮、舞蹈动作专业整齐、舞蹈服饰华丽洋气;就是如果不是她们头上的"凤凰"头饰,没人知道她们表演的是畲族的歌舞。

没有比较就没有鉴别。因为与台湾少数民族歌舞同台演出,且表现的主题就是少数民族歌舞,所以就舞蹈谈民族性的保护就显得十分重要。

畲族是福建唯一的原居民少数民族,畲族的历史非常悠久,宁德又是我国畲族最多的地区,18 万畲族居住在此地都有上千年的历史了,按说畲族的历史文化底蕴应该是最深最丰富的。遗憾的是,我们不论在宁德市蕉城区上金贝纯畲族村考察民俗,还是看晚上的文艺表演,表象上都很难寻找到畲族原生态和原形态的民族文化元素。

在蕉城区上金贝纯畲族村,畲族原生态文化内涵很丰富,比如舂年粑、舂黄粿、酿甜酒、米酒、跳竹竿舞以及乡亲们热情好客的民族秉性等都散存在村民们的日常生活中。然而,服饰的变迁、建筑的变迁,丢失了畲族原生态和原形态的原汁原味。比如从《宁德旅游》画册中看到畲族尚黑镶绣的民族服饰和鲤鱼溪畔板凳龙灯图片上的传统民居建筑让人陶醉不已、心往神游,而现实中上金贝村因旅游而修复的建筑更多的象征式江南建筑风格,缺少闽东和畲族建筑的文化元素。形不像,神也不像。

在晚会上的6个节目中,唯一一个富有畲族原形态山歌表演节目《山哈情歌》,也因演员服饰的"洋气化",造成本末倒置,丢失了国家非物质文化遗产名录要求的民族特色。让人感觉很遗憾的是,所有舞蹈中,找不到几处畲族原形态生产习俗、生活习俗的文化元素动作,原本有一个展示畲族最富有民族乐器的牛角胡演奏,却因所演奏的曲子非本民族音乐,没有体现本民族乐器的独特性。没有像蒙古族的胡琴、侗族的琵琶、彝族的三弦一样令人听过不忘,形成本民族的一个文化符号和艺术标志。

(三)少数民族艺术开发的文化元素归原分析

1. 让民族文化自觉意识进入学校

文化自觉是指人们对某一种文化的认同和接受,并且自觉自愿地受其制约、为其自觉地进行传播与传承。民族文化自觉,则是更小范围地针对本民族或对某个少数民族的文化进行自觉的参与、维护、抢救、传播与传承。"只有民族的才是世界的",这是多年人们最常引用的理论观点。不论从口头在非物质文化遗产抢救和保护方面理论文化自觉的重要性,还是按国际微观经济学"稀缺性"的核心理论来论一个民族地区经济发展的文化品牌,都离不开本民族的文化独特性。然而,一个民族的文化传承与文化自觉,关键词就是"自觉"二字上。如何能让人们在享受现代化信息社会带给人们的方便生活的同时,不丢掉本民族文化特色?这是政府和学者都在关心的问题。笔者以为,最有效的途径就是让"文化自觉"意识走进各地的大、中、小学,如台湾南投县仁爱乡仁爱中学一样,让学生们在行为意识上认识到本民族的文化是民族的灵魂和符号,是本民族的标志。

2. 民族文化元素归原的紧迫性

2007年12月笔者在北京参与主持的北京师范大学与日本国立民族

博物馆联合举办的"生态环境与民俗地理学"中日国际学术研讨会上,几位日本学者向中国学者提出十余年的学术困惑:"生态环境与民俗地理的文化元素归原"的关系及如何理解与解决的问题。当时确实难着了中国的学者。因为在民俗学中,还是第一次听到"文化元素归原"这一概念词。作为这场论坛主持人,急中生智,最复杂的问题最简单化地解决。按字义解释,就是把一个个文化的元素归回到原来的位置,用中国一句成语,就叫返璞归真,在文化资源学上称"原真性"。以侗族生态与民俗信仰为例:众所周知,中国 1957 年的大炼钢铁,造成很多地方森林破坏,生态失衡。然而由于有"民族政策"的保护,位于湘黔桂交界的侗族地区森林覆盖率一直到 21 世纪初,还保持在 70% 左右,究其原因,就因为出之原始宗教信仰对神树的崇拜,森林资源一直保护得很好。比如侗族地区湖南通道侗族自治县的森林覆盖率 74%,新晃侗族自治县森林覆盖率 66.6%,芷江侗族自治县森林覆盖率 68%,靖州苗族侗族自治县 73.9%;贵州侗族地区的黎平县森林覆盖率 58.44%,榕江县森林覆盖率 68.67%;广西三江侗族自治县森林覆盖率 77.44% 等。侗族是最早学会耕种栽培稻的民族之一,树在稻作民族中有风水树和祖先神灵寄住的神圣性,故即使在 1958 年,侗族地区的树也因其民俗保存下来。这就是生态环境与民俗地理的关系。如果现今人们在意识上进行文化元素归原,尊重并保护民间信仰习俗,如此有益于社会和秩序的风俗习惯,中国乃至世界上的生态环境也会好起来。笔者的这个解释得到与会中日者的赞赏。

也正是北师大会上日本学者提出的文化元素归原理论,让笔者感受到在抢救与保护各民族的文化遗产时,必须谨记的是"文化元素归原"而不是"文化形式归原"。

在宁德晚会上的畲族歌舞表演恰恰就犯了文化形式归原的错误。歌舞的动作,形似神不是;音乐和曲子没有畲族音乐的文化元素;表演服饰除了头上的"凤凰冠"象征着畲族特色之外,服饰的质地和色彩全然没有了本民族的文化元素。

那么,畲族的民族特征是什么呢?笔者对畲族研究不深,就仅有的畲族文化体会看,闽台少数民族普遍具有共同的、比较稳定的心理特性,文化自觉形成的民族精神是坚韧不拔、自强不息;民族性格是深沉负重、谨慎怕事;民族道德是质朴厚重、热情洋溢;民族信仰是原始宗教多神观念。

申引到畲族歌舞编排上,其动作应该以柔克刚。如果宁德畲族歌舞团的编导和演员们能像五六十年代中国电影表演艺术家一样,到畲族村寨去体验生活,从畲族生活中提炼代表畲族民族文化和民族特殊性的生活细节,肯定能编排出富有畲族特色的民族歌舞来,形成畲族的文化特色与文化符号,成为宁德的艺术形象。

四、厦门市海沧区新垵侨村红砖古厝文化遗产资源保护与利用问题分析[①]

厦门市海沧区新垵村是一个典型的闽南侨村,清末前有85%的人出国谋生。到2014年10月,全村共有户数2600多户,常住人口8100多户(男性4000多人,女性4100多人)。该村原为纯闽南红砖古厝建筑,古老的建筑均为华侨所建,是闽系红砖建筑中的瑰宝。新垵侨村红砖古厝为国家非物质文化遗产保护单位,被国务院第三次全国文物普查领导小组办公室列入"2009年第三次全国文物普查重要新发现"。不仅是厦门非遗保护重点,还是国家非遗文化资源保护重点。然而,从20世纪90年代开始,随着海沧新阳工业区的成立,村民开始为扩建租房而拆除古厝出租。据调查,为出租房屋而修建大楼的有1746栋,现有古厝遗存270多栋,古厝仅占全村的13.4%。新垵侨村红砖古厝的文化价值、历史价值、原始科学价值等,不仅是闽南的文化符号和文化标志,还是国家双遗资源,如何亡羊补牢,做好新垵侨村古厝的文化资源保护及处理好产业化开发中出现的问题,是当务之急。

(一)新垵侨村红砖古厝人文背景与文化资源遗存现状

1. 新垵侨村红砖古厝特殊人文背景

早在清末之前,由于新垵位于厦门湾海洋的特殊地理位置,男子大多

[①] 本小节为张倩云撰写,指导、修改刘芝凤

出海创业。事业成功的先民,功成名就后,心系祖国和家人,携带着自己辛苦攒下的钱财回国,修建中西合璧的红砖燕尾加西式门窗的楼院,兴办实业,使得新垵村一时繁华无比,远近闻名。新中国成立前,新垵村移民海外的居民达一万多人①,现在新垵村不少的红砖厝的主人仍是海外华侨。

新垵有着十分厚重的华侨历史文化内涵,新垵人不仅出洋通番、经商致富,还走出了很多文人志士。有敢于谏陈慈禧太后弊政的大才子邱菽园;有为推翻清代封建王朝,创立中国近代革命史的开拓者、兴中会第一任会长杨衢云(孙中山时为秘书,后接任)②;有孙中山的革命伴侣,被称为"女中丈夫"的陈粹芬③;还有一生乐善好施,艰苦奋斗、发财致富的大实业家陈炳猷等。当代人物中,著名的作家马寒冰也出生在这里。他们不平凡的经历,为新垵侨村红砖古厝增添了浓厚的人文气息。

2. 新垵红砖古厝文化资源遗存现状

(1)新垵红砖古厝院落遗留现状

厦门翔安区新垵辖新垵、东社、许厝、惠佐4个自然村。原有约200户500多幢红砖屋,而今保存较好的不到100家,且很多面临着年久失修、经费不足的问题。一些很有价值的古厝遭到闲置或随意没落倒塌,被人们视为垃圾建筑和危房。

古厝中有保护良好的,多是祖上出过举人以上的名人,本厝作为祖屋

---

① 江菱菱:《试析厦门历史风貌建筑、闽南红砖古厝的保护和利用》,http://www.docin.com/p-607353698.html,访问日期:2015年11月2日。

② 杨衢云(1861—1901)原名合吉,字肇春,又名飞鸿。年幼即随其父到香港,在香港圣保罗书院接受教育。1890年(一说为1892年)与谢缵泰等十余人组织辅仁文社,杨衢云任社长,讨论中国的发展及改革路向,主张推翻满清,建立合众政府。1894年11月辅仁文社在檀香山与孙中山的兴中会合并。合并后的组织名为兴中会,杨衢云被选为会长,孙中山为秘书。1900年1月,杨辞去兴中会会长一职,改由孙中山出任。同年从日本到香港,发动惠州起义。失败后杨衢云于年底返回香港,1901年1月10日杨衢云被清廷刺客陈林开枪刺杀。2009年逝世的历史学家唐德刚评价杨衢云:"一部'中国近代革命史',是应该从杨衢云开始写的。"(《晚清七十年》第杨衢云无字碑五册)杨衢云是最早领导革命的香港人。

③ 江清良:《孙中山先生第二夫人是厦门海沧新垵人》,http://xmjql34.blog.163.com/blog/static/59415909200901710235O672/,访问日期:2015年11月2日。

由嫡系继承;或房屋产权为几房共同祖先或共同亲戚;或产权人在国外,委托村中亲戚管理的红砖古厝院落。如 2009 年被列为"福建省第七批省级文物保护单位"的莲塘别墅、完美结合了中西方建筑文化的芦塘举人第等。

再如新阳街道霞阳村西路 92、94 号的马寒冰①古厝,古厝为完整两进院落。古宅由前后两进主体建筑及门楼、护厝组成的庭院式建筑。主体建筑与护厝由过水廊连接,所有建筑均为双曲燕尾脊,大理中间为花岗岩条石铺就,两边为红砖地板。古宅的木雕较为精细,特别是在门楼的木雕装饰上,虽然已破败不堪,但雕琢的造型仍依稀可见。

新阳街道霞阳村西路 130 号的杨清足②古厝,为杨清足父亲所建。古厝为中西结合,又称"绣英阁"。古宅由前后两进主体建筑、大埕及围墙组成,第一进为假叠顶双燕尾脊,第二进为马鞍脊,大埕用岗岩条石铺就。古宅装饰构思独特,手法精湛,特别是在大门前趴着一对狰狞的青斗石雕小狮子作为前二楹,形象威严,与门楣上的一对青斗石人物透雕门替可谓"门当户对",在整个新阳也绝无仅有。此外,埕头上的彩绘泥塑装饰相当别致,人物、山水造型图像形象逼真、生动活泼。梁枋上的鎏金木雕、彩绘至今仍光彩夺目。

新阳街道霞阳村西路 189—192 号的杨本营③古厝,由杨本营建于清光绪甲午年(1894 年)。古宅由前后三进主体建筑和左右护厝组成的合院式闽南传统建筑,第一、二进为假叠顶双燕尾脊,第三进即后界及护厝为马鞍脊。后界西边原有一私塾,现已倒塌。杨宅大厅特别讲究,四房夹一厅,共 8 个房间,加上两边护厝,总共有 30 多个房间。古宅装饰十分精美,砖红的菱形、寿字形空斗砖砌,大门廊下梁上的垂花、雀替以及花鸟、狮子等木雕依然华丽大方。两边廊墙墙身的石雕,人物场景、历史故事刻画得活灵活现,窗额上还有人物、山水绘画。门后几米高的带滚轮的"防

---

① 马寒冰(1916—1957 年),著名作家,著有《新疆好》、《戈壁滩上盖花园》、《我骑马儿过草原》、《尼罗河之歌》、《边疆战士大合唱》等歌曲及《王震南征记》、《中原突围》等书。

② 杨清足,号向高,笔名文升,清代画家。其妻邱韵香,擅长诗画,为当时有名的才女,是书法家和医生,也是陈嘉庚妹妹的老师。有《绣英阁诗抄》存世。

③ 杨本营自幼家境贫寒,出洋到缅甸经商,致富后回乡修建这座大宅。

盗门"至今仍矗立于门后。据主人介绍,这种门扇少说也有千斤重,门扇的材料是南洋的贵重木材,其质如铁,遇火不燃,虽使用了百余年,坚实如初。20世纪80年代,宅内祖龛和部分木内雕被盗。古宅是海沧保存最为完好的古建筑之一,2004年被列为市级文物。①

新垵侨村遗存下来的红砖古厝类似上述有价值和院落尚有一百多栋。但是,保护力度较差,且被人为破坏的古厝也不少。

如位于海沧街道青礁村院前社7号的颜江守古厝,无论是建造工艺还是华丽程度,都可称是厦门现存古厝建筑物中的经典之作,素有"将文化雕刻在墙上"的赞誉。但现在,该古厝的保护状况令人担忧,有的房屋已经被拆建成为现代风格的建筑物。2015年五一期间笔者在新垵村还看到一栋绘有明清彩绘十分精美的古厝,6月中旬笔者再次实地考察时,古厝就在眼前被推倒建新房。

新垵侨村红砖古厝还有一些被开辟为其他用途。

如坐落海沧街道柯井社88号的诒德堂(张氏家庙),现辟为海沧村老人俱乐部。再如坐落在海沧街道柯井社90号张允贡古厝,新中国成立后作为小学校舍等。

表 4-2-1　新垵部分古厝保存现状表

古厝	保存现状
莲塘别墅	于2009年被列为福建省第七批省级文物保护单位。
颜金发古厝(奉政大夫第)	年久失修,现已破败不堪。
张四全古厝	凹寿形大门对看的泥塑以及水车堵上的具典故寓意的人物彩绘图案,栩栩如生,至今仍十分清晰。
诒德堂(张氏家庙)	现辟为海沧村老人俱乐部。
张允贡古厝	古宅以前曾作为国民党团部,新中国成立后作为小学校舍。
陈天衢古厝	此宅整体保存较为完整,但屋脊剪粘及石雕构件等装饰部分在"文革"期间受损较为严重。

---

① 林志雄:《厦门红砖民居》,厦门大学出版社2014年版,第85页。

续表

古厝	保存现状
曾白莲古厝	20世纪80年代,宅内屏风被盗。整体建筑物保存还算完整。政府已经在修复,已经铺了新地砖。
邱千里古厝	此宅的木雕富有特色,梁本方间的斗拱、雀替以及妙音鸟等鎏金木雕至今光彩依旧。
邱继火古厝	由于常年失修,内部十分陈旧。
邱定忠古厝	"文革"中遭受破坏。古宅处于路口,建筑也较为独特,且又有左前方一棵大榕树的庇荫,经常被辟为拍摄影像的场所。
正顺宫	始建于元朝,供奉的是东晋淝水之战的谢安。到现代,仍不断涌现全省乃至全国的武术大赛冠军,可谓代有人才出。遇到大型节假日,村里人还能表演地道的"宋江阵"。
新垵村礼拜堂	原名基督教新江堂,坐落在新阳街道新垵村西片120号。由吴约翰医生于1888年创办,至今仍在使用。

(二)新垵红砖古厝建筑装饰艺术遗存现状

新垵古厝有很高的建筑装饰艺术成就。红砖古民居的装饰有三大特色:砖雕、木雕和石雕。砖雕制作精良,最具有艺术价值,但石雕、木雕运用得更为广泛,且具有透雕、漏雕、圆雕、浮雕等雕刻手法,其手艺各有千秋,令人叹服。

如莲塘别墅,其砖雕艺术精巧天井小院墙裙均饰以大幅砖雕,高80厘米,长220厘米,配以60厘米的副雕,以松竹梅蕉、兰菊芍药、鸳鸯玉兔、燕雁松鼠为图案,意境高雅,工艺精美,犹如泼墨山水风情画,可以说是闽南红砖民居中的瑰宝

再如青礁慈济宫。青礁慈济宫主殿有12根蟠龙大石柱,上刻蟠龙腾云,八仙游山及山川禽兽等,其中一对石柱如花瓶状,在福建的宫庙建筑中难得一见。宫内的大幅青石浮雕上刻着龙虎和隋唐故事,另两幅石屏

上则雕刻着哪吒闹海的故事,梁上木刻有狮象龙凤和奇花异卉,雕工精细,金碧辉煌。①

颜江守古厝的每一进大门两侧墙体精美的浮雕、泥塑图案都有其独特的含义,建筑的装潢之中处处体现着中国的古典文化。其中一幅浮雕雕刻着北宋学者周敦颐的名篇《爱莲说》,工匠手艺精湛,巧夺天工。古厝窗楣上的人物、花草与文字图轴雕刻也颇为精美,分别题有代表不同寓意的文字,如寓意吉祥如意的延禧、集福、凝禧,对仗工整的"凤舞"与"龙翔"等。大门墙体上部有六边体、六棱体和"福(如)东海,寿(比)南山"文字或"卍"字纹间花草的形绘,十分华丽。水车堵上的山水、建筑、花草等泥塑彩绘立体性强,精美绝伦。此外,梁架、坐斗、雀替、吊筒、格扇等都有十分精美的木雕。②

精雕细琢、美轮美奂的石雕装饰,是张允贡古厝的最大特点,整个建筑立面除动物、花卉等造型的石雕外,在侧门边还有一幅用青斗石浮雕花草镶边的石刻《兰亭集序》。古厝中的砖雕数量也较多,工艺精巧,地板上、墙体下部、窗户下、窗栏等,随处可见各式各样、五颜六色、精雕细琢的砖雕工艺,有刻成绿竹的窗栏,有精致的花鸟虫鱼。大厅的地板上则全部都用西洋花砖铺就,经过岁月的洗礼,依旧颜色不改,鲜艳如昔。此外,在门廊上方、外墙等处绘有多彩多姿的泥塑画,有弹奏古琴的人物情境图,有展现辽阔壮丽的山水风景图,还有其他单纯的景物图画。有些壁画描绘的是当时人们出海谋生的情景,足以显示当年古厝新落成时的壮观景象。③

(3)新垵历史民俗传承现状

在民间信仰上,新垵人主要信奉保生大帝,观音菩萨,土地公等。

保生大帝以其出神入化的医术和慈悲济世的仁心赢得人们的爱戴。随着时间的推移,保生大帝的相关传说不断益增,从神医到医神,其神迹已经不限于医术,延展到保境安民、祈雨祷福、御寇弥盗等,供奉在青礁慈济宫。对保生大帝的祭祀活动,附近乡镇每年举办,路途遥远的三至五年

---

① 林志雄:《厦门红砖民居》,厦门大学出版社2014年版,第85页。
② 林志雄:《厦门红砖民居》,厦门大学出版社2014年版,第81页。
③ 陈文:《厦门古代建筑》,厦门大学出版社2008年版,第201页。

举办一次,举办时间在保生大帝的诞辰日前,即农历一月至三月。祭祀过程有祭典(诞辰)、米龙升天(忌日)、请神、进香、巡境等[①],场面十分热烈壮观。

在传统节日上,主要有与保生大帝信俗紧密相连海沧蜈蚣阁等。

每隔几年,在保生大帝的诞辰,海沧当地都会举行"蜈蚣阁"艺阵到海沧青礁慈济宫活动。表演者用多节"阁棚"连接成蜈蚣身,配以蜈蚣头和蜈蚣尾(或是龙头和龙尾),由人力肩扛或是装轮推进,由小朋友扮成《西游记》《三国演义》等各种戏曲人物坐"阁棚"内表演。一路敲锣打鼓,鸣放鞭炮,十分热闹。

在特色饮食上,新垵与厦门的传统小吃大致相同,主要有面线糊、红龟糕、年糕、薄饼、蛋卷、肉粽、炸枣等。

比如炸枣是一道美味可口的汉族小吃,属于闽菜系。该酥内韧,香甜可口。历史上为泉州小吃,后来流传到厦门等地,也是厦门著名小吃。原料分为皮、馅。皮一般为上好地瓜,米磨(碾)成粉,馅一般为花生、豌豆、芝麻馅,也可用蔬菜,或者肉馅,笋馅。把馅包在皮里,放在沸腾的油锅炸,口感甚佳。

(三)当下新垵侨村红砖古厝保护和开发主要问题

1. 村民利益最大化与文化遗产保护矛盾冲突

(1)现代化生活方式的需求

传统住宅要续存,首先面对的是它能否满足现代人的生活需求。古厝的原始构造使得现代元素的加入十分困难,比如,传统厕所都在院落的另一角,且为坑或桶蹲式,房间则为木桶,不仅十分不方便夜间上厕所,还有尿臭味。其外砖墙,内木质的砖木结构,因沿海地区潮湿加之腐蚀性大,木质材料又容易发生火灾,坚固性不如钢筋水泥,故现代人在权衡利弊之后很容易选择将其推倒,建筑现代舒适的公寓式住房。

(2)外来人口众多,催生出租业

---

① 黄达绥:《海沧民俗文化》,海峡文艺出版社 2012 年版,第 2～6 页。

随着翔安工业区的建设和迅猛发展,工业新村新居住房地产的商机催生了"近水楼台先得月"的新垵侨村出租业的产生和迅猛地发展。新垵村外来人口越来越多。据统计,新垵村共有外来人9.5万人,省内约6.3万,省外约3.2万,人数远远超过本村居民。外来务工人员大部分都聚居在新垵村,外来流动人口和本村常住人口成10∶1的倒挂现象。因此本地对住房的需求越来越大,新垵村民看到商机,纷纷将古厝拆除,在原宅基地上建5～10屋不等的房屋出租。

据调查,该村村民的房租收入为一间房200～300元/月,每户村民的平均房间数在50～70间,初步估算月租金收入超过1万元,在目前的条件下,10年内可收回翻建房屋投资。同样的情况下,如果村民选择修缮传统民居,修缮一座200平方米左右的大厝投资在10万～20万元之间,而这样的大厝由于现代化设施落后的原因,不受外来务工人员的青睐,将其整体出租只能得到200元左右的租金月收入,需要至少42年才能收回投资。在这种情况下,村民认为比起翻建现代建筑而言,修缮大厝得不偿失[①]。因此,利益最大化成为村民追逐的最高目标。

除了个别因祖上出过名人大官,被指定为保护单位的古厝,或房产主人仍健在且在国外,委托村内亲戚管理的古厝,或房产权不明,或一宅多房孙意见不统一的古厝仍然得以保留之外,绝大多数红砖古厝在短短的几年内被拆除。

2.缺乏统一规划,无节制的开发导致失控

(1)工厂众多,污染严重

新垵周围工厂众多,有正新轮胎、中坤化学、星鲨和立鼎光电等厂房,到晚上一直排放臭气,气味刺鼻,有时甚至到了使人无法入睡的地步。最初只是偷偷在晚上排放,但由于政府监管不严,这些工厂甚至会在白天排放,群众多次举报上访,对它们都没有实质性的处罚措施,使得这些工厂更加猖獗。根据网友反映,新垵到新阳大桥的那条"河",奇臭无比,甚至一度到了黏稠得流不动的地步。使得原居民大量外迁或外租住,现有古厝的保护更没有理会。

---

① 郑雅彬:《"城中村"建筑遗产保护的困境与对策——以厦门闽南大厝保护为例》,http://www.docin.com/p-1113493189.html,访问日期:2015年11月5日。

(2) 治安较差，大厝失窃

古厝出租不但增加了古厝保护难度，也使得一些窃贼有了可乘之机。20世纪80年代，曾白莲古厝宅内屏风被盗，静明堂堂前原有的一对石狮子被盗；2005年，杨中万古厝宅内左右屏风、香炉等器物被盗；2009年2月，邱曾氏金山堂支祠堂内门廊部分石雕被盗等等不胜枚举。这些被盗的情况与古厝周遭环境差，人员鱼龙混杂有很大关系。

(3) 土地制度的政策困境

我国在政策上不支持城市居民购买农村的住宅，2008年1月8日，中国政府网公布了《国务院办公厅关于严格执行有关农村集体建设用地法律和政策的通知》，重申城镇居民禁购宅基地[①]。城市内国有土地可获取使用权出让，而新垵不能直接进行自由的市场流转并获取相应的收益。故新垵原住民就也就开始了充分利用政策土地法赋予农民兴建住宅的基本权益和非法出让土地使用权，以保全自身的利益甚至超额的利润。在此状况下，珍贵的历史古厝难逃厄运。

(4) 资金不到位，缺少专业维修人员。

由于年代已久，又经历过无数风雨的洗礼，新垵古厝一些建筑岌岌可危。历史风貌区的保护资金主要来源于各级政府的财政拨款和民间资金。但新垵村知名度不高，保护利用的前景难以预测，其保护利用难以得到政府资金支持，在法律上也无法可依，试图通过政府资金对这类历史风貌区进行全面的保护利用十分困难[②]。

(5) 政府职能缺失，城市住房供给形势严峻

新垵出租屋实质上发挥着政府应当发挥的角色。城市居民住房尚不宽裕，政府无力顾及外来劳工的住房供给，新垵出租屋不仅对低收入阶层收取相对低廉的租金，还为村民提供收入来源。鉴于此，政府无论采取何种模式改造，为外来劳工提供舒适、廉价的住房成为政府在改造前必须解决的现实问题。

---

① 邵诏亚：《我国乡村传统建筑保护性利用的多元困境》，《上海城市管理职业技术学院学报》2008年第2期。

② 郑雅彬：《"城中村"建筑遗产保护的困境与对策——以厦门闽南大厝保护为例》，http://www.docin.com/p-1113493189.html，访问日期：2015年11月5日。

3.村民优良习俗缺失,邻里友好关系淡化

(1)村民优良习俗缺失

随着社会现代化的进程加快,浮躁气息渐渐浮出,"金钱至上"理论不绝于耳,一些优良习俗都已经有世俗化和功利化的倾向。

十年前,村民见人问路非常热情,如今,为了方便和追求利益最大化,拆除古厝在此地成风气。一些居民非常反感非遗保护学者和学生到家里考察,老师带学生在该村做古厝文化遗产资源调研时,还遭遇个别古厝内的居民武力驱赶。

再如在民间信俗上,以前村民的公德和道义多是依靠民间法通过信仰来支持约定俗成的行为模式。如丧俗上,如果老人生前生病时,亲戚朋友和晚辈没有去探望,老人死后,去祭拜时,场上的乐器会戛然停止,全场的人会用鄙视的眼光盯着此人,全村人会因此人的不孝顺、不道德而疏远他,会认为保重大帝不再保佑他。在民俗的制约下,村民不敢随意碰撞民间制约。因此为取得村民的原谅,此人则必须要在祭典上棺椁前的草席上三跪十二拜,再掀起草席(现为红毯)的一角,再三跪十二拜,以求众人谅解。因此,每年保重大帝的诞辰菩萨巡境是全村最隆重和热闹的,全民参与,热闹非凡。而现在拜拜的参与者不多,三五十个,多是老人。在丧葬习俗上,原先的丧葬非常重视孝道的表达,而现在有些村民,自己哭不出,请人哭丧,哭的不同程度都有收费标准,哭丧人拿着话筒声泪俱下。中国传统孝道遇到全面的挑战。

(2)社区的文化观念问题

城中村城市化进程的被动性和激进性,传统农村文化尚未转变为现代城市文化,村民显得难以适从。物质财富的急速增长并未带来村民素质的提高,中青年村民的城乡二元性和社会边缘性凸显,富裕之后不工作不读书成为主观剩余劳动力和"二世祖"。村民文化素质的低下道德品质的没落、法律意识的淡漠日益成为城中村城市化进程的主要障碍。[①]

(3)现存古厝保护原因多为产权人不定或分配不均而无法拆除

---

① 闫小培、魏立华、周锐波:《快速城市化地区城乡关系协调研究——以广州市"城中村"改造为例》,国家杰出青年科学基金资助项目,http://wenku.baidu.com/view/b2dea208581b6bd97f19ea33.html,访问日期:2015年11月6日。

村中一些古厝被留下的原因,是因为产权人不定或分配不均。从清末到现代,古厝已经至少传承六七代,传承至今形成一个个族系。大厝被一再细分,产权多达几十人。若拆古厝建出租楼,则涉及每个人的切身利益,由于后代各家人口不等、收入不等、辈分不同、贫富不均,即将投入资金承受力不等意见自然有分歧,但若要修复,需要花费大量的金钱,于是古厝就没有拆除,但是由于无人打扫,就年久失修,杂草丛生,早已不复当年风貌。如此以往,这里在不久的将来,有可能变成文化沙漠。

(四)新垵侨村古厝保护利用对策分析

1. 将新垵营造成厦门华侨文化标志——"闽南侨村古村落"

厦门是闽南文化的重要基地,闽南的红砖古厝如断线的珍珠散落在厦漳泉乡村的各个角落。新垵村传统红砖古厝虽然只剩下200多栋,但由于此地是华侨古村,古厝均为华侨在清代及民国时期所建,古村在近代至当代都诞生过不少名人志士,为中国近代史增添了名垂青史的历史一页,形成文化特征和特点鲜明的侨村文化。因此,当地政府如果重视的话,亡羊补牢还是可以在现有的基础上建立中国侨村的原乡,成为厦门华侨文化的符号与标志。

(1)为传统文化构建表现载体

①新垵的民俗文化有南音、高甲戏、歌仔戏、答嘴鼓等,可在古厝内设立专门的表演场所,将民居与民俗结合起来。

②在古厝入口开设接待游客的办事处,在接待处专门辟馆,陈列侨乡发展史,每栋古厝前设立解说词,注明它的历史和建筑风格,将新垵营造成"闽南桥村古村落",增加名气。

③利用4D影幻先进动漫技术,为新垵侨村所有历史人物制作幻影微电影,以增加名人旧宅的文化底蕴、宣传厦门侨村厚重的文化形象,留住行人的脚步。

(2)注入民间资本,进行文化创新

①招商投资,引进旅游集团等,在确保传统文化不受破坏的同时,让旅游企业根据本地特色,进行文化包装和旅游宣传,把古民居的特色发扬

出去,建设成旅游集团的一个项目。

②将商务贸易和古厝文化有机结合,适当开拓古建筑的用途,进行城市功能的置换,发展文化创意产业、专业文化展览、艺术画廊乃至音乐会,文化论坛等城市文化活动,让年轻人积极走进古厝,形成古厝文化发展和保护的良性循环,从而更多渠道地吸纳保护资金,完成古建筑自身造血功能①。

2.均衡利益,发动群众进行保护

(1)处理好相关利益者的利益

①新垵是一个以血缘、亲缘、宗缘、地缘、民间信仰、乡规民约等深层社会关系网络构架的村落乡土社会生活共同体,若政府强行对新垵的一些宗祠和建筑进行改造措施,往往会让村民难以接受。

②外来务工人员忍受着"城市人"的歧视,同时又不得不接受收入较少的现实,无法对当地产生归属感,犯罪率上升。政府除了加大打击力度外,更应该对流动人口一点关怀。

类似于城中村改造,古厝改造的核心利益相关者也有不同的利益诉求和各自的角色定位,政府应根据各自需求来采取相应措施②。

表 2-4-2　核心利益相关者的利益诉求及其角色定位表

核心利益相关者	利益诉求	角色定位
城市政府	·获得土地增值部分收益 ·实现城市土地资产效益最大化 ·改善城市形象.提升城市品位 ·为城市建设积累资金和储备土地	·将城中村改造纳入城市规划 ·牵头做好利益关系协调工作 ·约束自身权利滥用行为 ·积极探索改造工作机制

---

① 黄挺:《大都市城中村古建筑(古宗祠)的保护探索》,《中华民居》2012 年第 6 期。
② 贾生华、郑文娟、田传浩:《城中村改造中利益相关者治理的理论与对策》,《城市规划》2011 第 35 卷第 5 期。

续表

核心利益相关者	利益诉求	角色定位
开发商	·实现适当的改造项目利润分成 ·树立企业的亲民品牌 ·与政府建立良好合作关系	·努力做好村民村集体的补偿工作 ·保证拆迁安置房的建设质量 ·做好社区重建工作
村集体（及村民）	·获得土地增值部分收益 ·实现长远的社会保障 ·改善居住环境,提升生活品质	·在合理的改造基础上接受并配合实施 ·齐心协力继续壮大集体经济 ·积极参与社区重建工作 ·提升廉价房出租品质
外来暂住人群	·进入核心利益相关者范围 ·保证自身合法居住权益 ·能够继续在城市里立足	·积极从边缘圈进入核心圈 ·保护自身居住权益 ·积极参与社区重建工作

(2)村务公开,与民共治

①构建高效畅通的城乡信息交流平台,与民共治。

②网格化形式进行管理,政府放权,村民自治,减少各部门推卸责任事件的发生。

③成立新坡村华侨诒古堂董事会,帮助打理本族事物,修缮祠堂。

(3)用民间良俗村民进行思想意识教育,恢复传统民风

①从教育上着手,以大众喜闻乐见的形式教育村民,如播放电影,播演话剧,讲村内名人逸事等形式。

②进行"传统文化进校园"等活动,提高学生保护意识,引导他们向家人宣导保护理念。

3.尽快实施新坡红砖古厝的现代技术保护措施

(1)明确相关法律法规中维护和修缮古建筑的原则。

(2)根据保护原则制订维修方案,在方案制订之前,要对古建筑进行勘察、记录、资料搜集和社会调研。古建筑是历史文化沉淀的精髓,每一

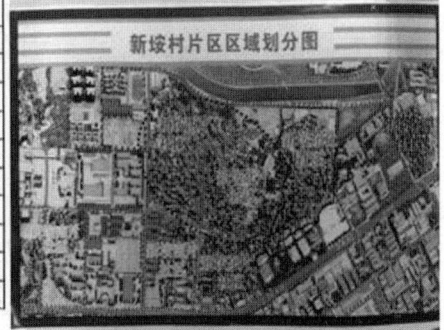

图 2-4-1　新埗村片区网格内居民栋数

座古建筑物都必须谨慎对待,在维修方案不明确之前,宁愿选择支撑保养也不要盲目动手。

(3)落实方案。不仅要从古建筑外表进行保护,还要从内部进行维护和加固,如果传统的技术不能满足要求,可以利用现代技术来辅助,使之防风、防潮等能更好。当然,这是在不改变古建筑整体风貌的前提下进行的,要充分体现其完整性和真实性,即"修旧如旧"原则。

(4)相关部门和专家学者应进行验收,总结经验,为下一次的保护和修缮提供有力的依据[①]。

本文通过查阅资料和实地走访等形式对新埗侨村红砖古厝文化资源保护与利用问题进行分析。首先,新埗侨村红砖古厝作为中国建筑文化和华侨文化的重要承载者,存在着利益冲突、良俗缺失、现代技术不到位等问题,因此对其的保护已经迫在眉睫。本文在综合分析后,对红砖古厝提出保护措施:要结合自身传统文化,充分学习外地成功经验,将新埗打造成"闽南侨村古村落";同时也要利用传统优良习俗,对村民进行思想意

---

① 宋海富、宋博:《浅析中国木结构古建筑的保护方法》,《黄河之声》2014年第10期。

识教育,号召大家一起对红砖古厝进行保护;最后,要尽快实施新垵红砖古厝雕塑艺术的现代技术保护,修旧如旧,恢复民族建筑艺术瑰宝,打响红砖侨乡口号。

五、福建尤溪县联合乡云山村、武夷山市吴屯镇后源村梯田文化农业观光的开发与问题调查报告[①]

(一)尤溪县联合乡云山村梯田文化农业观光的开发调查

1.基本概况

尤溪县联合梯田总面积近万亩,绵延联合、联东、联南、联西、东边、云山、连云、下云等8个村;梯田大者有数亩、小者仅有簸箕大;梯田坡度在15度至75度之间,以一座山坡而论,梯田最高级数达上千级。[②] 村民皆为汉族。

联合乡人杰地灵,人才辈出。科举时代共有进士4人,举人2人,贡生10人,秀才72人。新中国成立后联合籍现任副处级以上的职务有24人。联合乡还有许多风景胜地。古建筑南宋古迹伏虎岩闻名邻近地区。主要建筑有石门祖殿、文昌阁、石门塔、接佛亭、览胜亭、观音堂、呼啸亭、泰山宫、虎岩洞和摩崖石刻等。其中石门祖殿始建明淳熙年间(1174年),清康熙皇帝御赐"石门殿"。

云山村隶属于福建省三明市尤溪县联合乡,是一个以山地为主的小

---

① 本小节为刘芝凤、林江珠、练紫嫣、陈春香调研,练紫嫣、陈春香执笔。
② 中共尤溪县委、尤溪县人民政府主编:《中国五大魅力梯田·联合梯田》,(福州)新出内书第49号2013年版,第7~8页。

山村。这里地势起伏较大,金鸡山下有错落有致、层层叠叠的梯田景观。2013年5月被农业部评为首批"中国重要农业文化遗产"。

云山村土地面积5402亩,梯田面积630亩,分布在海拔800米左右的丛山之中,主要经济支柱是毛竹林,面积1765亩。以包姓为大姓,占全村人口的90%左右,其次为林姓、杨姓,一户为郑姓。全村共147户人家,647人口。

2. 云山村的历史渊源与传统农业民俗

根据包氏族谱记载,大约450~550年以前,云山村的祖先通过迁徙至此,开基立业。

云山村开基至今就沿袭了正月初三迎包公祭祖的民俗。这一天是一年当中最重大的日子,全村通过迎包公祈求来年风调雨顺、五谷丰登。迎包公时将包公庙的香炉到祠堂供奉,全过程全村必须保持安静,不能说一句话或有任何喧哗声,这一两个小时之内全村连一声狗叫都没有,说明今年大家都会平安无事。祭祀完毕后礼花齐放,鞭炮齐鸣,非常热闹。此外还有正月十五迎仙姑,二月二十七迎联合伏虎禅师等风俗。不仅如此,云山村至今还保留着通过乩童方式开药签给村民治病的传统方式。乩童通过掷半角(一阴一阳三次)来选出。

主要民俗:正月二十四到正月二十八是后源村最隆重的迎观音习俗,祈求来年一帆风顺。

3. 云山村联合梯田开发现状

梯田耕作是云山村千百年来的主要耕作方式,粮食作物以水稻、甘薯为主,主要经济作物有茶叶、蔬菜等,水果主要有柑橘、脐橙、杨梅、柚子等,主要特产联田白晒花生、银杏、明糖久负盛名。

(1)基础设施建设

2010年1月1日至2月10日,云山村分别召开村党员大会和村民代表会议,通过征求意见和访谈形式获得意见12条,初步确定村内路灯安装、村内公路沿线绿化、老人活动中心和梯田建设四个建设重点项目。其中村内路灯安装和公路沿线绿化项目已于2010年3月实施,4月完成。

2012年6月,经县、乡领导真诚邀请,本地在外经商的包世生回乡当

"村官",任云山村党支部书记。包世生介绍,云山村计划在梯田对面盖50栋仿古农舍,每家每户的房子里面都要按照标间要求设5间招待房,两间厨房可供游客自助,以及做好生态养殖、旅游观光和后期摄影台的基础设施建设,预计五年内完成。

(2)梯田开发建设

目前云山村还在丰富梯田养殖业的试验阶段。稻田养鱼、稻田养荷花、稻田养泥鳅、稻田养螺等已有实施。

为了延长梯田的季节性观光作用,让梯田四季不荒,除了丰富梯田观光养殖业,云山村对村民实行补助措施。补助种类根据梯田使用情况而异。根据联合乡云山村2014年6月18日种粮直补农户资金发放表可以看出,云山村村民土地可以获得基础补贴18.45元/亩,综合补贴77元/亩,良种补贴15元/亩,这样每个村民都能够获得110.45/亩的种粮补贴。此外,村里成立合作社,凡入社的村民,每亩梯田按300斤干谷租赁给合作社,由合作社统一生产和经营。村民这一措施有助于激发农户的生产积极性,村民也感受到这一举措真正使村民受惠。

(3)组织制度建设

2012年前,云山村村民靠毛竹生产,一年收入一万多元,山林都在私人户头上,村财政没有收入。2012年云山村财政收入一万多,村里一年下来的支出除去政府补贴和村财政支出,书记个人支出20多万。

根据《尤溪县联合乡政府工作报告2013年回顾》,尤溪县编制了《福建尤溪县联合梯田文化遗产保护与发展规划(2012—2025)》、《尤溪联合梯田文化遗产保护与发展管理办法》,明确了保护开发的工作目标、工作举措,进一步完善梯田观景指示牌、观景台等基础设施建设;制定梯田复垦鼓励政策,发动群众复垦梯田367亩;开发更加合理,积极推介、宣传联合梯田旅游,以云山村为试点,探索梯田旅游资源开发的新模式,实现梯田观光常态化,提高梯田的经济效益和社会效益。

2013年6月29日,云山村书记自己拿出了30万元作第一股,召集13个村民一起成立了尤溪县联合梯田种养农民专业合作社,并制定了合作社一系列章程。

(二)武夷山吴屯乡后源村梯田文化观光农业的开发现状

1. 后源村历史渊源及基本信息

后源村隶属于福建省武夷山市吴屯镇,据祝氏族谱记载,祝氏祖先在此开基至今已有486年的历史。

后源村的姓氏主要为祝姓、詹姓、原姓、吴姓、游姓、柴姓等,其中以祝姓居多,大概占总人数的30%左右。后源村之前主要以章姓为主,祝姓村民在姓章的家里做长工,后祝姓村民将祖坟迁至后源村,子孙后代得以继续在后源村繁衍,祝姓陆续成为后源村的第一大姓氏。

后源村全村耕地面积1785亩,森林面积10860亩(其中竹林面积6020亩),是一个典型的小山村,村落以聚落形式散落在半山坳。地势起伏较大,多山,村庄的海拔最高1080米,最低780米,平均海拔800多米。全村均为汉族人,共有8个村民小组,10个自然村,265户人家,1128口人。

传统的生产方式:以传统的梯田耕作方式为生,稻作文化悠久。"泥秧水畦稻,灰种畲田粟"的农耕文化是该村的真实写照。先民最初只是为了满足生计而开垦梯田,经过世代耕作成为今天的景观。村民自古以来就以稻田养鱼为生。种稻采取随时寻田、马上处理的精耕细作方式。

后源村土生土长的产物有竹笋、地瓜、芋头等。此外,后源村村民保留着在山上挖洞收藏地瓜的传统方式。

后源村全村现存民居建筑有160栋左右,超过200年的有60多栋,300年以上的古建筑则有20栋,400年历史以上的有5栋,其他民居都在40年至100年之间,为清一色的闽北传统土质高墙(马头墙)青瓦建筑风格。

后源梯田现有毛桃坑、上坪岗、化钱坑、崩后垅、岭头(土退)、外边山、溪龙头、西边山、鲤鱼丘、庵下垅等十处景点。还有大片毛竹林,风光秀丽,竹山上还保留着村落与村落之间为连通而开凿的千年古道,用石头铺成,垂直的落差为300米左右。

2. 武夷山吴屯镇后源村梯田文化开发现状：

(1) 基础设施建设

2010年9月2日，后源村修建完成了总长度5.58公里的环山公路，项目总投资为157万。后源村书记祝泳兴向课题组介绍，后源村实施以下项目迫在眉睫：

一是立面改造项目，即修缮破损的古房屋。后源村160多栋民居全部是传统的土墙民居，其中，400年以上有的5栋，200年以上的有20多栋，年代最近的也有半个世纪左右。虽然是全国也难找到这样全自然的古村落，但从未有过任何部门或单位投入过古村落保护资金，所以全村民居建筑基本上都属于旧房、危房改造范围。为保护古村落，现在急需寻找国家和有关单位支持，修复闽北古村落，使之看起来仍是旧时原样，修旧如旧。

二是旧路面改造项目。将村落与村落之间的总长度约三四公里长的青石板道路，进行路面维修。

三是修建现代厕所改善村民卫生条件，为后源梯田的开发建设提供基础设施保障。

四是开展家禽圈养、居民房屋门前引活水等项目。

(2) 梯田开发建设现状

后源村的梯田开发观光农业尚未开始。虽然有很多优越的条件，一是梯田就处在福建省旅游风景区武夷山市，客源不用从零开始组织；二是观光农业可以丰富武夷山看山品茶的文化内涵，梯田的壮观在福建少有，应该可以开发起来；三是梯田开发观光农业，可以增加多种种植收入，比如稻莲轮栽是闽北的传统，现在可以恢复，稻田养鱼是传承至今的传统产业等。但是因梯田早已分到每户居民，还没有规划出一套行之有效的建设方案。村集体除了一座两层的办公楼，没有任何集体资产。梯田种植作物收成归农民自己所有。后源梯田种植了多种农作物，以水稻为主，兼种大豆、芋头。据村书记介绍，后期还会栽种油菜。村里稻田施的化肥没有刺激性，都是复合肥，就算有农药也是稀释到1%左右的极低浓度保持原生态。

3. 村落梯田文化开发问题分析:

(1)投入力度不够

政府和村财政资金投入无法达到梯田开发要求。尤溪县云山村书记包世生认为,根据对联合梯田未来的开发设想,如计划在云山村联合梯田对面盖 50 栋老房子,以及做好生态养殖、旅游观光和后期摄影台的建设,开通联合梯田自己的网站等,这些开发建设所需要的花费不可小觑,必须要有足够的资金投入才能让其得以实施。

武夷山市后源村梯田开发观光农业的资金问题更是严重。梯田已分到每户居民,村集体除了一座两层的办公室没有任何集体资产。村集体近年来的村财收入为 0,支出所有的费用都是靠村干部拉赞助而来。书记对后源梯田的开发设想包括立面改造项目、旧地面改造、修建现代厕所、开展家禽圈养、居民房屋门前引活水等项目都需要大量资金支持。另外,根据中国"美丽乡村"项目评选"六个一"条件,后源村的开发建设还路途遥远。

(2)企业合作率偏低

一些企业发现梯田的价值就会企图以各种方式不顾生态环境达到利用梯田获取经济利益的目的。后源村村书记反映,2013 年有一家企业一再降低自己的要求想要投资后源村的梯田种植有机米,书记经过调查后发现此企业是想以购买后源梯田之名,以后源梯田的牌子出售自己企业的产品。因此出于谨慎,没有与该公司达成合作协议。梯田的产业化开发需要企业的投入,但要找到真正想开发保护梯田的企业与之合作,也需要谨慎对待。

(3)村里有文化有知识的年轻人外流

走访云山村和后源村时可以发现,村里难觅年轻人的身影,家中休憩或是田间劳作的大都是年纪较大的中老年人。云山村的留守老人有 180 个左右,后源村也有 100 人左右的留守老人。这些上了年纪的老人文化程度偏低,对村里梯田的开发无法提出建设性的意见。况且村里因没有小学,为了孩子读书,中青年都外出打工、居住。有钱的在武夷山市里买商品房,没钱的就租房。村里每年都有几个考上大学的知识分子,但没有一人回乡服务,更加使得梯田的开发和保护缺少专业的人才队伍来出谋划策。

(4) 产权制度不完善

后源村目前已将田地分到每户村民中间，没有村集体资产，村部所有费用都靠拉赞助取得。一个人种三四亩地，一亩稻谷产量约为400～500公斤左右。这就对村民以后为取得经济利益随意进行土地产权的转让或者因个人原因造成田地荒废影响整体梯田景观埋下隐患。

云山村虽已建立农业生产合作社，将村里的土地以租赁形式收归村集体所有。据介绍，合作社从2013年的13户，发展到2014年时已有49户，年底可能会突破100户之多。但是土地以股份制入股的转换还未实现，每增加1户，就意味着要多支付1户人家一年4万～5万的收入，目前一亩田的收入不到1000元，而支出至少在1500元以上，整体状况是资不抵债、入不敷出。因此不敢贸然同意更多的村民入社。

根据云山村书记描述，合作社还在探索之中，梯田开发观光农业也在运行初期，有很多困难要克服。合作社内部分工：理事会5个人中1人负责宣传，1人负责合作社事宜，1人负责打理田间事物，但具体的事宜尚不明确，分工不够明晰。

(5) 景区配套设施的不完善

①交通不便

酒香尚怕巷子深。联合梯田、后源梯田都位于海拔800米以上的高山重嶂之中。依山开垦的梯田景观虽然十分壮观，路却非常难走。现只有一条村级公路通往梯田。若景区前往的游客数量增多，车辆来往频繁就会造成交通阻塞。而且云山村和后源村都没有建立停车场，也没有较大的平地可供车辆停放，对梯田开发产业化极为不利。云山村有建停车场的计划。

②基础设施不完善

武夷山市后源村至今还未列为"美丽乡村"，是因为后源村没有达到"美丽乡村"六个一的标准：一个凉亭、一排路灯、一条道路、一个公园、一个公厕和一片绿化。后源村村民自己家里的厕所还是尚无最原始的厕所（几块木板搭成，下面用大的木桶支撑）。书记介绍，后源村村民基本上吃完晚饭六点后就熄灯休息，路灯没有建设计划。后源村的发展，还需要依托县委、县政府和国家的鼎力支持，这是改善硬件基础的保障。

(6) 景观单一或因空巢损坏

① 古村落景观

后源村至今还全部是闽北传统的古建筑模式,一个个土围高壁马头墙的古典民居建筑群,坐落在蜿蜒曲径、错落有致的梯田之中,确是闽北罕见的传统田野人家景观。但由于村民外出打工落户,老房子多为空闲,加上因其他因素的人为破坏,目前,全村80%的建筑都破烂不堪,需要维修,否则一旦倒塌,闽北这最后的老建筑就会在人们的视线中消失。

云山村的梯田建设比较好,理念也很前位,但因在外致富后回乡的人在梯田间修起了现代水泥瓷砖的高楼,与梯田周边原生态的古村落建筑形成强烈反差,减弱了梯田开发的价值,削减了古村落带给人们的视觉美感。

② 植被景观

由于村里的大部分青壮年都进城务工,家中只留下老人,所以种田人少,导致许多梯田荒芜,破坏整片梯田的景观。据云山村书记介绍,云山村的梯田总面积为630亩,其中有一半荒着,人手不够就是其中原因之一。

由于水稻的季节性强,时间短,梯田又位于山上,温度较低,因此一般村落的稻作季节都为一季稻。一般3、4月份种稻,8、9月份收成。季节性景观会对梯田文化产业开发在时间持续性上造成影响。为延长梯田观景的效果,目前,他们正在筹划冬闲田的种植。如2014年8月2日晚上课题组在后源村办公室借宿时,村主任正在组织村民代表讨论冬田种油菜的问题,由村里免费提供油菜种子,并购买一台榨油机为村民提供方便,收获的利益归村民,得到村民代表的同意。2014年冬季,后源村梯田上将是一片绿色的油菜,开春时将会是一片黄灿灿的油菜花,梯田将成为花的海洋。

尤溪县云山梯田,也正在实施冬闲田的种植,有计划种油菜或草籽花。

(7) 村民意识薄弱

大多数村民的文化程度不高,老年人中不懂文化资源和资本的知识产权什么意思,更没有考虑过自己村落的民俗、民居、生产、生活方式等文化资源和梯田的可持续开发问题,一心跟着村干部走。

(8)"村官"不落村现象很普遍,村民沟通欠缺

经过调查走访发现,大凡课题组所到之村,不论闽东、闽南还是闽西、闽北,村书记和村主任一半以上都住在县城或镇街上,有事回村看看。这种"村官不进村,村官不下地"的现象在其他地区也非常普遍,出现村干部与村民沟通时间少,村民问题更加难以解决的现状。

(三)梯田文化产业开发的对策分析与建议

1. 尤溪县联合乡云山村

(1)实行土地性质转换

目前云山村组建了 49 人的农业生产合作社,还未真正实行土地流转。但将田租租金转变成股份的项目还未启动就已经有二三十个村民提出这样的想法,意见是在扩大合作社队伍的同时,着力加快实行股份制的步伐,探索土地性质转换资本、统一经营模式,同时注意村集体在股份中的比例问题。

此外,在最初建立合作社的 13 个社员里面,理事会有 5 人,现在社员增加,应该将许多还没有登记却已是合作社的社员登记入册,并按照现有情况再次分工合作,设立职位,同时进行目标责任制管理,规范运作模式,增强农业合作社的效率。

(2)稻田养殖多样化

针对梯田存在的季节性强、时间短的问题,得到的启发就是要把种稻变养田。引进红米、黑米、鲤鱼、荷花、田螺、泥鳅等种植,提升稻田养螺等生态种养方式以及白晒花生等特色产品的经济效益。例如荷花种植可以从色彩美学的角度布置其种植方位,其中稻田种荷花收获的莲藕可以做菜,种鲤鱼或田螺泥鳅等可以让前来休闲旅游的游客用来做自助菜肴等。

(3)农业产品商品化

开设网上商务超市,构造现代物流。用好用活"中国重要农业文化遗产"品牌,开展品种保护种植,注册并统一使用"联合梯田"商标,将云山村的土特产如笋、米酒、甘薯、茶叶、白晒花生、银杏、明糖等以原产品、半成

品和成品的方式投放到网站开发的网页上,将这里四季轮换的美景、产物以及各种特产最原生态的特征以图片或视频等各种方式表现出来,进行现代互联网电子商务运作。

(4)文化的可持续性保护

云山村的开发脚步比后源村更快一些,更有必要注意开发以后的文化传承与文化产业可持续性保护。比如稻田使用的甘草剂等农药浓度的控制或限制使用,以保障云山村农产品的原生态和有机化。保证村里自然植被不被破坏,更要考虑到开发以后的植被减少、环境污染等方面的危害并做好防御措施。

(5)普及村民的法律意识

民俗、民居、生产、生活方式都是文化资源,而资源就是资本之一,资本是文化资源开发的主要股份。普及村民的知识产权法律意识,让村民意识到土地资源资本的转换给他们带来的利益,让村民自觉维护自己的家园,为云山村的开发保护尽力。

(6)多方面拉动投资项目

尤溪县联合乡云山村大部分建设性支出都由之前创办公司并获得不错收益的书记私人承担,一年支出就要几十万,这对于书记本人和云山村的长远发展来说,都不是长久之计。要想发展好云山村的梯田建设,就必须拉动多方面的投资,和改变村民租赁转入股的意识,这样设想的项目才有可能实施。因此更要做好梯田前期开发价值的思想教育工作,并通过各个项目的推动,将外出的人才和知识分子吸引回村,为云山村贡献自己的力量。

2. 武夷山市吴屯乡后源村

(1)根据"美丽乡村"项目"六个一"规划的建议:

①文化产业主题:"武夷山后源梯田古村落"。

②凉亭做成稻作民族传统的廊桥式,以传统的稻作民族特征为文化符号。

③公园建设:利用村中现成的竹林、稻田等现有的资源,从中开辟一条条曲径通幽的小径,并加上一些体育设施,在竹林中置放几块刻有本村民间传说和历史典故的文化石,充实公园的文化观赏性。入口处用大石

头或其他东西标注上"后源梯田公园"或者"村民公园"的标志性物品。不要设立围墙和门,将景区封闭。

④梯田的沿山或荒田处,栽种上成片的桃花,一是可有经济效益,二是增加梯田美观效果。

⑤公厕的设计上采用室内现代化,室外原生态的方式。外墙(土拓墙)用当地的青瓦和白石灰,青白相间,与周围景色和谐一致;室内装饰现代舒适化,还可用黄底酱紫色的根雕作为挡墙。

(2)对古村落文化遗产的保护和产业化开发的建议:

①定位明确:武夷山后源古村

②古村落民俗文化遗产资源保护:

开办民俗馆(村俗馆)。布置本地农业生产文化遗产展览,按专题分类,如农业生产、族源、民间信仰、婚丧嫁娶、民间文学艺术、工艺、舞蹈、体育等各方面的民俗文化展览,将这些资料做成文字刻到大的标志性石头上,放在公园等显眼位置;将村里能找到的、现有的、搁置不用的传统农用梯田工具搜集起来并做好标签,如这个工具的名称、用途以及历史沿革等。

③稻作文化建设:

传播稻作技术知识。在村里各个摄影地立牌标注,例如"稻田养鱼历史简介""传统辗房简介""传统经米种植简介"等科普教育的标识。

恢复传统种植品种。比如传统红米等作物,并立牌介绍此物的传统历史和食用价值、做法等知识。

稻莲轮栽。把山下的莲藕引到山上种植,增加色彩美感。

冬闲田利用。种植油菜、紫云英、鲜花、花生和土豆等。

④丰富养殖业,把养殖业转向观光农业:

丰富养殖业的品种和类别,比如稻田养鸭、稻田养鱼、稻田养泥鳅、稻田养田螺等,增加观光率。

⑤农业产品商品化:

开设网上商务超市,构造现代物流。将吴屯镇的土特产如笋、米酒、芋头、豆腐等以原产品、半成品和成品的方式投放到网站,将这里四季轮换的美景、特产以最原生态特征的图片或视频表现出来,进行现代互联网电子商务运作。

⑥文化的可持续性保护：

必须做好开发后的文化遗产保护公约建设。例如开发前就制订好本村文化遗产保护村民公约,让村民认同不能随意拆迁古民居,不能随意变更土地产权等等。利用传统的民俗方式自我约束,达到文化自觉目的。

⑦普及村民的法律意识：

在产权制度方面,后源村可以实施两种不同的产权组织形式：

A. 可以实行股份制形式,村集体与村民老百姓同时持有股份,利益均沾。

B. 可以效仿台湾的农会性质,建立合作社,统一经营。利益中必须按比例返回到村民的农业发展和文化遗产保护开支中去。

⑧组建民间特色队伍：

村民组成一支民间乐队,以中老年为主,恢复民间乐器表演。此外还可以借鉴云山村的例子组建模特队。云山村组织了联合梯田观光旅游的"农民专业模特队",比如耕牛的农民模特,除草的老人或妇女模特,还有临时情况需要上场的突击模特。这里的模特大都是年纪较大的村民,一方面用农民脸部特有的沧桑形成镜头前的生活真实写照,一方面还可以增加村民的收入。

⑨寻求各方面支持：

拟好发展建设规划,向国家政府和企业寻求资助,完善住宿、道路、观景台、公厕等旅游基础设施建设。利用村集体资产购买村民想要拆除的古民居进行以旧修旧,挽救古建筑,保护古村落古民居的文化遗产资源；开垦荒田,增加季节性的作物,推进梯田复耕工程,保证四季不荒,有景可看。

六、福建农业资源的能源结构分析及农林生物质资源估算[①]

福建沿海地区经济发展迅速,近年来随着海西建设的开展,在带动全省工业、农业、旅游业快速发展的同时,能源消费量也大大增加。由于福建是一个少煤、无油、无天然气的传统能源匮乏的省份,能源对外依存度高,在当前能源紧张的局势下,如何利用农村生产、生活废物资源,快速开发省内新能源,提高能源自给能力,是福建未来经济发展面临的重要问题。

生物质能作为仅次于煤炭、石油和天然气的第四大能源,具有可再生、零碳排放、蕴藏量大等特点。据估计,地球上每年植物光合作用固定的碳达 2×1011 t,含能量达 3×1021 J,相当于全世界年耗能量的 10 倍[②]。生物质资源种类繁多,主要包括农业废弃物及农林产品加工业废弃物、薪柴、人畜粪便、城镇生活垃圾等几个方面[③],可制成固态、液态、气态生物质燃料。其中以稻壳、麦壳[④]、花生壳[⑤]、木屑等为原料的固态生物

[①] 本小节由徐苏撰写。

[②] 《生物质能》,http://www.china—biogas.cn/CN/B/B02/B02E/200403/20040320101728.html,2004,访问时间:2014 年 10 月 27 日。

[③] 陈益华、李志红、沈彤:《我国生物质能利用的现状及发展对策》,《农机化研究》,2006 年第 1 期,第 25~28 页。

[④] N Satynarayna, Y G Tao, et al. *Increasing the Calorific Value of Rye Straw Pellets with Biognous and Fossil Fuel Additives*. Energy Fuels,(2010),访问时间:2014 年 10 月 27 日。

[⑤] 徐苏、严滨、陶永贵等:《基于正交设计的花生壳颗粒燃料成型配比研究》,《可再生能源》,2013 年第 4 期,第 74~77 页。

质颗粒燃料,通过不同比例调配,其热值可达 17.5 MJ/kg 至 18.5 MJ/kg。福建农林生物质资源丰富,是我国六大林区之一,若能对地区内生物质资源加以利用,以弥补福建能源自产的不足,则可达到减轻能源供给压力及节能环保的目的。而目前,少有分析福建能源结构及对生物质资源进行估算的文献出现,大多学者的目光集中在能源转换技术的研究上。因此,下文以《福建统计年鉴(2007—2013)》为主要源数据,对福建能源结构进行分析,并估算本区域内可供利用的农林生物质资源总量及其可替代的标准煤量,可为未来开展和利用生物质能,缓解能源紧张局面提供理论参考,具有较实际的意义。

(一)福建能源概况

福建位于我国东南沿海,地跨中亚热带与南亚热带,位于北纬 23°30′～28°2′之间,生物资源丰富,素有"八山一水一分田"之说。全省大部分属中亚热带,闽东南部分地区属南亚热带。全省共设 9 个市,26 个市辖区,14 个县级市,45 个县[①]。

1.福建能源生产比例及结构

如图 1 所示,以 2012 年为例,当年首先开采原煤 1464.9 万吨标准煤,占能源生产总量的 49%,;其次为水力发电,占能源生产总量的 48.2%,折算约为 1441 万吨标准煤。自 2007 年开始,在福建增加风力发电,其发电量逐年上升,至 2012 年,标准煤折算量已由 2007 年的 10.3 万吨增至 83.7 万吨,占当年能源生产总量的 2.8%。总体上看,福建一次能源生产趋势由重煤炭逐渐转型至可再生能源方面,煤炭生产量所占比例已由 2007 年的 60.7%下降至 2012 年的 49%。而利用可再生能源如风力和水力进行发电的比例则由 2007 年的 39.3%上升至 2012 年的 51%,上升速度迅速。由此可看出福建可再生能源利用的能力逐步提高,但在 2007 年至 2012 年间,福建只推广了风力发电和水力发电,能源结构较单一,未进行多元化发展。

---

① 福建年鉴编纂委员会:《福建年鉴 2013》,福建人民出版社 2013 年版,序言。

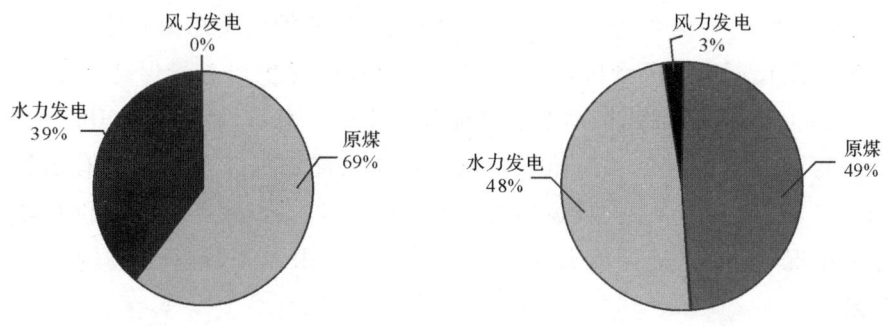

图 2-6-1　福建能源生产结构对比图(2007 年:2012 年)

2. 福建能源消费比例及构成

随着社会经济的不断发展,福建对能源的需求量日益增多。除了福建自产的煤炭、水力发电、风力发电外,对石油、天然气都有较大的需求。表 1 中列出了 2007 年至 2012 年福建能源消费总量及其构成。从中可明显看出,福建能源消费量增长迅猛,至 2012 年,能源消费总量比 2007 年增长 3598 万吨标准煤,约为 2007 年能源消费总量的 50%;石油消费总量约为 2007 年石油消费总量的 51%,而天然气消费总量为 2007 年天然气消费总量的 65 倍。自 2009 年国务院通过《支持福建海峡西岸经济区的建设》后,福建对石油、天然气的需求呈直线上升趋势。

表 2-6-1　福建能源消费总量及构成(2007—2012)

单位:万吨标准煤

年份	能源总消费量	煤炭	石油	天然气	水力发电	风力发电
2007	7587.1	4946.79	1623.64	7.59	1001.5	7.59
2008	8254.04	5348.62	1560.01	24.76	1304.14	16.51
2009	8916.46	6027.53	1631.71	115.91	1114.56	26.75
2010	9808.52	5669.32	2314.81	392.34	1392.81	39.23
2011	10652.6	6860.27	2396.84	458.06	873.51	63.92
2012	11185.44	6688.89	2454.86	503.34	1441	83.7

随着经济的快速发展,福建能源生产与消费的不平衡日渐明显。图

2-6-2 为 2007 年至 2012 年福建能源生产总量、能源消费总量和能源引入总量的比较。从中可看出,在统计期间,福建能源生产总量保持在 2500 万~3000 万吨标准煤,而消费总量远远高于生产总量,呈明显上升趋势,以每年近 10% 的速度快速增长。因此福建的能源引入总量同样有明显的上升,至 2012 年,福建能源对外依存度达到 73%。在如今能源供给紧张的情况下,福建能源对外依存度不断上升,限制了地区经济的后续发展。

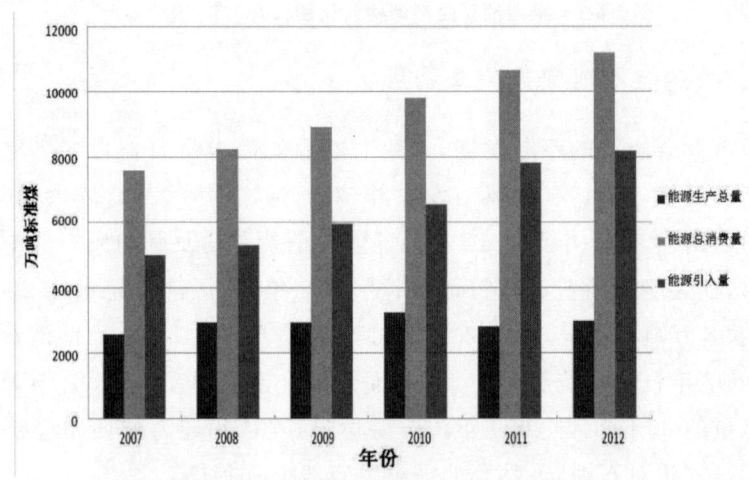

图 2-6-2 福建能源结构(2007—2012 年)

在能源消费总量中,2012 年,各行业所占比例如图 3 所示。工业消费的能源量所占比例最大,约为 70%,生活消费能源量约为 11% 左右,交通运输及邮电通讯业为 8%。由此可知,福建主要能源消耗行业是工业。如若能在工业上以福建自产的可再生能源代替传统能源,则可大大降低福建能源对外依存度,并在提高经济竞争力的基础上,达到节能减排的目标,是一举三得之措。

(二)福建农林生物质资源估算

生物质资源种类繁多,主要包括农业废弃物及农林产品加工业废弃

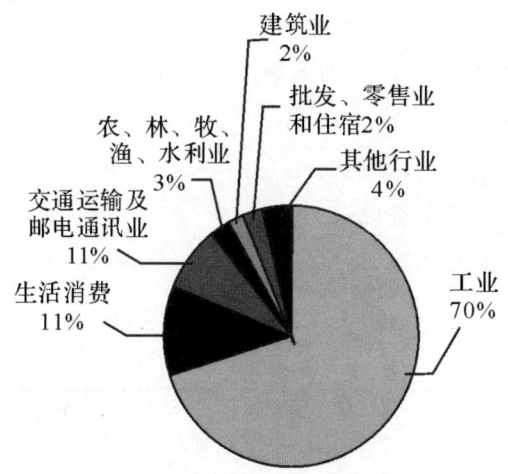

图 2-6-3 2012 年福建各行业能源消费分布

物、薪柴、人畜粪便、城镇生活垃圾等几个方面,本小节主要对农林生物质资源(农业废弃物和加工剩余物、禽畜粪便、林业废弃物和加工剩余物)进行估算。

1. 估算方法

(1)农业废弃物和加工剩余物

福建现有农业耕地 12.40 万平方千米[1],农业生物质资源量丰富,包括农业废弃物和加工剩余物及禽畜粪便。根据草谷比、禽畜饲养期内粪便排泄量计算其生物质资源量,并通过折能系数估算出生物质能量。

农业废弃物和加工剩余物可通过转化技术,制成固态、气态或液态的生物质能源。农业废弃物和加工剩余物通常指秸秆、农作物籽壳等。其中秸秆通常指农作物籽收获后的剩余杆茎,是农村最主要的农作物副产品。农作物籽壳通常指加工后剩余的农作物籽料外壳,如稻壳、谷壳、花生壳等。根据每种农产品的草谷比对农业废弃物和加工剩余物进行估

---

[1] 福建统计局:《福建统计年鉴 2013》,中国统计出版社 2013 年版。

算,其计算公式如下①:

$$CR = \Sigma Qc_i d_i (i=1,2,3,\cdots n)$$

式中:CR:农业废弃物和加工剩余物资源,万吨;

i:第 i 种农作物,i=1,2,3,…n;

Qc_i:第 i 种农作物产量,万 t;

d_i:第 i 种农作物草谷比,kg/kg。

根据文献及田间试验,确定各农作物的草谷比:

表 2-6-2 农作物草谷比系数

单位:公斤/公斤

	稻谷	麦子	薯类	豆类	杂粮	麻类	油菜籽	芝麻
草谷比 (kg/kg)	1	1.1	1	1.7	1.6	1.7	3	2

(2)畜禽粪便

畜禽粪便也是一种重要的生物质资源。畜禽粪便经干燥可直接燃烧或与秸秆等农作物剩余物混合,制成固体生物质燃料,燃烧供热;若经厌氧处理则可产生气态生物质燃料——甲烷以及农用肥料。畜禽粪尿排泄量与动物种类、品种、性别、生长期等因素有关②。禽畜粪便资源量根据各地区禽畜存栏数和各类禽畜的年平均排泄量来进行估算③。统计公式如下:

$$AMP = \Sigma P_i A_i (i=1,2,3\cdots n)$$

式中:AMP:禽畜粪便资源量,万吨;

I:禽畜类别数;

P_i:第 i 种禽畜的数量;

A_i:第 i 种禽畜饲养期内粪便排泄总量,t。

---

① 刘刚,沈镭:《中国生物质能源的定量评价及其地理分布》,《自然资源学报》,2007 年第 1 期,第 9~19 页。

② 丁疆华:《广州市畜禽粪便污染与防治对策》,《环境科学研究》,2000 年第 3 期,第 57~59 页。

③ 王晓明,唐兰,赵黛青等:《中国生物质资源潜在可利用量评估》,《三峡环境与生态》,2010 年第 5 期,第 38~42 页。

根据国家环保局推荐数值及经验数值,确定禽畜饲养期内粪便排泄量[①]:

表 2-6-3　禽畜饲养期内粪便排泄总量

单位:吨

	肉猪	繁殖用母猪	牛	奶牛	羊	家禽	家兔
单位畜禽饲养期内粪便排放总量/吨	1.05	1.46	8.2	21.9	0.632	0.0045	0.00825

(3)林业生物质资源估算方法

作为我国南方的重点林区之一,福建的森林资源极其丰富,林地面积占 75.29%,森林覆盖率达 63.1%,居全国第一,有"绿色宝库"之称。通常的林木生物质能源是指可用于能源或薪材的森林及其他木质资源,主要来源于薪炭林、林业生产的"三剩物"、灌木林平茬复壮、经济林修剪和林业经营抚育间伐过程产生的枝条和小径木,还有造林苗木截干、城市绿化树和绿篱修剪等。其资源量采用下式估算[②]:

$$FR = \Sigma Qf_i r_i$$

式中:FR:林业生物质资源量,万吨;

Qf_i:林木资源量,万 m^3;

r_i:折算系数,t/m^3、$t/株$。

表 2-6-4　林业生物质资源量折算系数

单位:吨

种类	薪炭林	抚育间伐量	采伐剩余物	木材加工剩余物	竹类加工剩余物
折算系数	1.17t/m^3	0.9t/m^3	1.17t/m^3	0.9t/m^3	0.005t/株

---

① 彭里,王定勇:《重庆市畜禽粪便年排放量的估算研究》,《农业工程学报》,2004 年第 1 期,第 288~291 页。

② 刘刚,沈镭:《中国生物质能源的定量评价及其地理分布》,《自然资源学报》,2007 年第 1 期,第 9~19 页。

(4)折能估算方法

根据计算出的农林生物质资源量,通过各类生物质资源相对应的折能系数估算折合成标准能源的总量,以农业废弃物和加工剩余物为例[①]：

$$ECR = \Sigma Q c_i d_i \eta_{ii}$$

式中：ECR：农业废弃物和加工剩余物折合标准能源量,tce；

ηi：折标煤系数,tce/t。

表 2-6-5 不同种类生物质资源的折能系数

单位:tce/t

种类	农业废弃物和加工剩余物	禽畜粪便	林木
折标煤系数	0.48	0.5	0.57

2.福建农林生物质资源量

表 2-6-6 列出了自 2007 年起,福建农、林生物质资源量及其折合标准煤量,从中可看出,生物质资源量整体上呈增长趋势。以 2012 年为例,若将农林生物质资源进行转换,可代替 1283.45 万吨标准煤的使用,约为当年开采煤炭总量的 87%。

表 2-6-6 福建农、林生物质资源(2007—2012)

单位:吨

年份	农业生物质资源总量（万吨）	林业生物质资源总量（万吨）	折合标准煤（万吨标准煤）
2007	657.99	1615.76	1249.97
2008	677.78	1645.29	1276.69
2009	695.17	1302.00	1089.72
2010	692.32	1662.33	1293.68
2011	705.48	1524.79	1221.87
2012	691.31	1645.26	1283.45

---

① 刘刚,沈镭:《中国生物质能源的定量评价及其地理分布》,《自然资源学报》,2007 年第 1 期,第 9～19 页。

在福建能源紧缺的情况下,充分利用省内自产的农林生物质能源,可降低能源对外依存度。如图4所示,2012年福建能源生产总量约为2989万吨标准煤,农林生物质资源折算后约为1283万吨标准煤,相加后,能源总量可达4273万吨标准煤,接近该年能源消费总量的40%,可将能源对外依存度降低至62%。

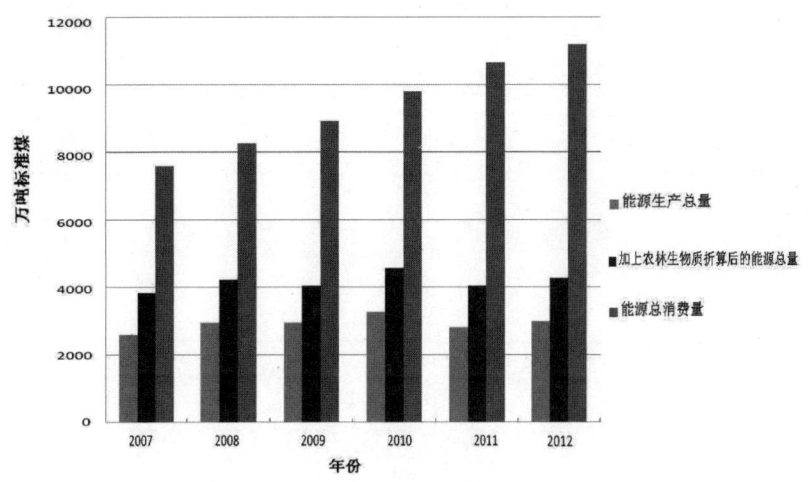

图4 福建农林生物质资源利用后的能源结构图

(三)结　　论

福建土地总面积12.40万平方千米,占全国土地总面积的1.30%,其中:耕地占土地总面积的10.82%;园地占土地总面积的6.57%;林地占土地总面积的67.60%;草地占土地总面积的1.80%[①]。长期居住在福建的人口约为3748万人,以2012年为例,可算为农村劳动力资源的有1514万人,占福建总人口的40%。在乡村从业的人有1423.59万人[②]。因此,可以说福建不但拥有极其丰富的农林资源,其农村劳动力资源也相

---

① 福建年鉴编纂委员会:《福建年鉴2013》,福建人民出版社2013年版。
② 福建统计局:《福建统计年鉴2013》,中国统计出版社2013年版。

当丰富。两者相结合,利用转化技术,将生物质转化为可供热、发电的燃料或替代石油化工产品,成为工业原料及交通运输的动力源,可大大提高福建能源供给率,继而增强经济竞争力。

七、厦门市翔安区新圩镇村尾村休闲农业建设方案[①]

2014 年 12 月 6 日课题组应倪志荣书记的委托,赴厦门市翔安区新圩镇村尾村考察休闲农业开发问题研究,现报告如下:

村尾村位于翔安区东北方向,距厦门市区 28 公里左右,距翔安区 13.8 公里,距新圩镇 3.4 公里。全村 147 户,430 多人。耕地 300 多亩,其中水田 200 多亩,人均 5 分地;林地 3000 多亩,为水库蓄养林,一年种两季蔬菜。

村尾村是一个中原与闽南文化交融至少有 450~500 年历史的,以刘姓、杨姓、王姓为主的杂姓农业古村。根据本村刘姓族谱记载,刘氏从山西迁徙到晋江再从晋江迁徙到此地后,刘姓在此地居住至少有 23 代。由于祖源为中原文化,所以该村的历史民俗有相当部分为闽南文化,但相比闽南其他地区的历史民俗文化又缺少一些闽南民俗元素。换句话说,该村的闽南历史民俗文化气氛不浓,是个遗憾。

村尾村上百年的古民居没有,是一个典型的有历史沿革、没历史民居的水库区移民村。该村原住区域在现增溪水库底域,1956 年建设增溪水库时,全村移民到水库周边的山上,1967 年水库扩建,村尾村再次往上迁移,移居在现今住址。村内最古老的红砖燕尾脊马鞍墙闽南式建筑,也是经过几番迁居重修的,如今遗存十几栋,基本上全部废弃。

---

① 本小节为刘芝凤国家重点课题组共同撰写。参与调研者主要有刘芝凤、欧荔(厦门理工学院观光与酒店管理学院副院长、副教授)、林江珠(厦门理工学院观光与酒店管理学院副教授、系主任)和厦门理工学院观光与酒店管理学院学生陈美玲、高媛媛、吴巧芳、刘怡萍、谭秀诗等。

村尾村农民以种稻、蔬菜为主要经济生产方式,稻谷为自产自销,自我生养口粮;一年种一季早稻,再种两季蔬菜做买卖。2013年人均收入9000多元。全村50岁以下的中青年,多在翔安银鹭和同安区马巷工业园打工,也有在同安开商店做小买卖的。外出打工的中青年,家有老人和孩子的,早出晚归;在厦门和同安做合同工的,周末回家。由于稻田旱地少,在家常年单一种植的不多,有几户为专业养殖户。稻田轮栽蔬菜多由老人和在家带孩子的妇女劳作。在调研中得知,该村45岁以下的中青年,能完整传承传统生产技能的人不多。

作为一个有历史沿革没多少历史文化传承,有丰富的休闲农业资源无高效经济收入的小村,如何开发休闲观光农业?课题组就调研情况作如下分析和对策建议。

(一)村尾村开发方向定位和可开发资源

1. 村尾村开发方向定位

可定位为厦门休闲体验农庄。如果"欧洲花园"能成功,则可定位在厦门欧式花卉休闲农庄。

(1)都市农村——接地气;

(2)周末少儿农庄——聚人气;

(3)老年休闲中心——积人缘;

(4)假日体验农庄——高效益。

2. 可生产性开发的自然资源

(1)增溪水库:增溪水库为厦门市固废中心备用水库,隶属翔安镇管理。水库面积77.52公顷,是一个至今没有任何开发、网箱养殖的静面水库,水质干净清澈,湖面上不时有成千上万只海鸭、白鹭在盘旋飞翔,盛为壮观,为日后开发休闲农业和都市农业提供了一个让人心灵休息的地方,非常美好。

(2)村尾村蓄养森林:水库蓄养森林为3000多亩,有马尾松、相思树等,均可作为环湖视觉景观。

(3)村尾村百年榕树和龙眼树:调研中看到村尾村还保存着3棵上百年的古榕树和约50~60棵的龙眼古树。

(4)400多亩水稻低梯田和旱地:可提供早春到初夏的低层次梯田文化景观和创意蔬菜景观(有计划地在一层层小梯田上种植不同色彩鲜艳的蔬菜),增加游客购买欲和视觉美学上的观赏率。

(5)村尾村野花草和庭院花草:村尾村已有现成的野(臭)菊、满天星、三角梅等花草,许多人家也种植有花草,再加以规整和动员,形成全村庭院花草如丛、路边野花飘然的自然美色,是最理想的休闲农庄环境。

3.可生产性开发的文化资源

(1)闽南建筑院落:全村尚存10多栋房。
(2)五六十年代的养殖场残壁。
(3)传统农业生产技能和劳动工具。
(4)传统节庆和祭祀日(封建日):正月十五元宵节点天灯,二月十八拜菩萨烧天公亭,三月三包薄饼,端午粽,六月十八拜田土,七月半鬼节粽,八月中秋等;一座庙宇。
(5)传统饮食果茶:东寮豆干、贺山米线、新圩红烧卤鹅、野生金银茶、野生芭乐等。
(6)传统农业具:水车、锄头、镰刀、犁铧、芸耙、石舂等。

(二)休闲农业开发项目建议

1.利用村中原闽南式建筑院落建立3至4个文史科普馆

村尾村至今尚存完整的闽南院落有10多座,选择其中面积较大、功能较为齐全的闽南红砖瓦厝燕尾脊屋建筑开发:
(1)"村尾村民间信仰与宗祠文化展览馆";
(2)"村尾村历史民俗馆"(生养婚丧、节俗、食俗等);
(3)"村尾村传统农耕习俗馆";

(4)"村尾村党团史教育馆"等。

通过文字解说、图片和实物展览,提高本村的文化品质以及拓展游客的活动项目,既达到宣传目的,又留得住游客。

具体操作:一是村委、村办号召村民贡献废弃旧房、旧家具、农具;二是根据民俗分类进行实物和图片展示,文字说明。

2. 少儿、青年农技科普趣味游戏开发项目:

(1)利用村中两条小溪沟蓄水,或在水田(塘)边农安制仿制农业灌溉水车制作儿童踏板的小水车,作为幼儿园中大班学生和小学生实践传统生产技能车水运动。

(2)花卉园数花名项目。将现有小花园进行改造,可延长到沿湖做一道花卉风光科普带,即可节约耕地,又可作为休闲观光和花卉知识科普基地。

开发技巧:一是请农业部门支持,教育村民种花知识,栽培多种花卉,并把每一种花卉渊源、栽培方法、花卉效果及社会意义等进行标牌科普说明(如果欧洲花卉能引进成功,则可锦上添花,游客多一处观赏摄影之地;如果不成功,现有的花园修理后,也可开发成功,且开支不大)。

(3)儿童、少年传统生产技能趣味竞技场。可置一面积100～200平方米的场地,进行少年和儿童玩游之场所。以游客家庭为单位,鼓励老少三代同时参加比赛(恢复启发孝义和亲情游戏)。具体开发项目:

①背柴接力赛(儿童组分1公斤～5公斤;少年组分5公斤～10公斤)不等;

②跳箩筐比赛(少年活动项目:站在小箩筐里,提着箩筐耳朵进行跳着前进,大人可扶助);

③分辨豆类植物(花生、土豆、大豆、黄豆等,也可分辨蔬菜)趣味性比赛;

④制土砖、做糕粑倒模趣味游戏(趣味中学会制作糕点和米粑技能);

⑤泥捏造型趣味游戏;

⑥滚轮、打砣锣等(村中孩子小时玩的游戏都可作开发项目);

⑦青草喂牛、喂鸡、喂鸭等。

(4)少年、青年趣味技能项目。

①合家锯木赛(该项目为传统林业技能传承项目,少年以家庭为组,企事业单位分组参加,3～5人一组,画线定距离,以起跑线为准,先到先锯断一圈,以组集体先完成为胜,可以吸引企事业单位培养团队作精神基地)。

具体技术:

①备好一定长度的碗杯粗的小木头和钢锯(亦可备手套),放在一定远的距离,备赛;

②射弩(剑)比赛;

③环湖自行车(三人骑、二人骑、单骑);

④挑重比赛(可挑米、豆、柴等);

⑤赶猪比赛(准备几头重量不等的猪,训练成见人不惊,用来游客赶猪比赛);

⑥跳箩筐比赛;

⑦拔河比赛等。

3.老年休闲活动中心开发项目

(1)老年休闲公寓开发——民宿。厦门海洋性气候使得冬季不寒冷,村尾村鸟类聚集戏水的增溪水库和森林自然环境为全国各地老人提供了一个山清水秀、气候宜人、田园风光绮丽的海边都市山村度假村去处。

技术性准备:医疗准备;特护培训;宾馆服务养成培训;房间厕所坐式马桶以及酒店式服务设施准备。

(2)环湖步行道建设。可对原有的森林防火带进行五尺道拓宽改造。不用水泥和木栈道,为保持农村接地气的特色,继续使用传统的石块泥地最好。

(3)在水库对岸,建设1～3座直伸水面上的木质码头桥廊,即可作游客休息廊桥,可观湖中的海鸭和鸟类,又可作一景观,游客不用下水(保持水质量),就可最近距离地接触到湖水,还可为摄影师们提供摄影观察点,也可作老年游客闲情钓鱼台。

(4)建议在森林处建1～2个高树梢5米以上瞭望台,一则可观察森林防火安全;二则可观察水库安全;三则可作摄影棚;四则可作游客的观景台。

(5)保健器材(已有2套)。
(6)村图书室、娱乐室、电脑室、网络建设。

(三)村尾村休闲农业的开发对策和建议

新圩镇村尾村如果搞休闲农业的开发,只要之前的具体项目能上线,不论欧式花卉园和创意香草园是否成功引进,都不影响村尾村的休闲农业开发建设。只是有这二处创意花草园的进村,村尾村的休闲农业会提高一个档次,体现出现代休闲农业的都市化。在没有引进该项目之前,有许多工作可以开始进行。

1. 开发前必须做好的几项工作

(1)卫生工作

①一定要教育培养好村民卫生习惯。各家各户养成随时清扫垃圾习俗,保持各家庭院不臭。全村所有路、道的卫生都应分段、分家到户包干。以保证全村村民身体健康和游客身体健康,心情愉快。

②开发前要布置好村内外、景区和环湖、森林道的垃圾箱(农业特色)建设,以保证景区干净卫生。

③村内已有一个公共厕所,还可正在建的服务中心之地,再建一个公共厕所。

④古龙眼树、古樟树、榕树等将要开发的观光点,有专人负责地面平整和卫生。林中筑石块通幽路道,千万不能用水泥圈地。

(2)安全工作

①森林水库安全。森林防火安全和水库防水安全都必须在醒目之地挂牌提醒,并建立岗位责任制,以确保森林和水库人物安全。

②交通安全。村委应组织人员对全村路、道进行安全检查,修复石块路梯和农民庭院外的暗沟、坑口等危险之处,以防止村民和游客意外伤害。必要时,需要拓宽进村公路。

③食品安全。不论以后如何开发,全村土地不能进行土地转换(或土地转换不能超过30%)。水稻种植和蔬菜种植不能因利益关系使用化肥

农药,继续现在的传统有机种植,使用人工有机绿肥,巩固村尾村无公害饮食的特色,形成村尾村休闲农业的安全之地的品牌效益。做到为了吃一餐村尾村的无公害餐,买几只土鸡土鸭等土特产的回头客占的比例超过60%。届时,本村的蔬菜不用上街,游客购买量自然会出现供不应求的状况。

(3)村容民俗化工作

村尾村目前基本上是现代砖瓦建筑,闽南建筑很少,现多为废弃的旧物。如果要打造休闲农业旅游景区,需要本土视觉文化,这样就非常需要建筑视觉上的闽南感觉。所以课题组建议,给全村所有尚未贴现代砖墙壁的新建筑,都"穿衣戴帽"。区、镇可组织一批钱,办村集体无息贷款,凡是愿意给自家楼房贴闽南特色红砖(全村统计,统一到地砖厂订单烧制瓷片砖),可由政府无偿补助多少平方米的红瓷砖或补助多少钱,不修不补。室内装修由个人自主。

(4)文化标牌工作

景区开发,一定要有行业的规范。首先是全村的地理路线地图标志;再是村中民宿统一标志(挂牌不占道等要求)、民宿分布图、景点分布图和解说标牌。对村中曾经出现的历史名人,可以通过后人旧屋进行挂牌解说。

(5)服务养成工作

为使村尾村休闲农业开发从开始就站在高层次的平台上,高质量、高水平地接待游客,让游客一进来就可享受到星级宾馆待遇,要组织全村村民各家各户进行酒店管理和旅游管理的专业素质教育。可以校村合作。

2.村尾村休闲农业开发中的政府行为建议

村尾村是厦门市委、市政府作为群众路线教育的一个典型示范村,为落实市委、市政府关于"推进'三规合一'引导农民提升种植水平,打造农田景观和田园风光,提高农业综合效益,促进农民增收"的指示精神,上述开发项目建议是最省钱、最快速的方法之一。为此建议:

(1)在村尾村前(进村处)选择一坡地,建设"村尾村休闲服务中心"。按城市停车场建设为模式,地下1~3层为停车库;地面一层作全村蔬菜瓜果集散市场,村民在此地公平直销,既便于管理,又消除村民对村干部的不信任(车多时做临时车库,菜市场往上挪一层)。地面二层还可做篮球场多功能场所,同时可做放映室、会议室等多功能性的公共场所(车多时可临时改为菜市场)。三层以上做村里的图书室、老人娱乐活动中心,团支部和党员活动中心,室内体育中心、网络中心等,为本村和外来冬休的老人提供一个室内活动场所(此地不开餐饮,以免空气污染集中。餐饮在各家各户做民宿时同做餐饮。卫生费或由卖菜村民自己负责卫生,或按摊位收取请人做卫生,由村委负责落实制定规则)。

2. 村里所有景点不收门票。所有项目为免费项目,门票、景区工作人员工资、文史馆建筑维修费等公共开支含在停车场地的停车费中,建议停车费按座位计算。如一个座位5元或10元(摩托车也按人头收)。接待费不能超过标准和规范。

村民红利体现在年底村集体的结算上。除去成本开支和公共开支(按月或季度公布接待费开支、公共性开支项目,以便村民监督),按股份分红,股份以现金投资、投工投劳折算。

3. 为降低开发成本,建议区、镇政府组织村干部,做好开发预算和制度制定

(1)对修建环湖步行道的材料和工时,以及环湖人家庭院外的篱笆围栏、水库边的码头廊桥,材料和用工可由村民贡献,折算成现金,纳入投资开发成本,为今后分红厘清资本。

(2)如果有土地转换,建议政府要真实地保护农民的利益,起码要做到协调开发商办理土地转让租赁时,不损害农民原有土地的平均年产值最低收入。如果开发商有困难,可在签订合同时,将合同期限延长,头2~3年农民让利多少,后几年开发商必须将收入的百分之几十作为农民的收入。这样,可降低开发商的风险投资,还能保证村民日后利益的补偿。综合起来双方风险共担,利益均沾,达到双赢的目的。

(3)发扬我党优良的工作作风,多办几次群众动员大会和研讨会,让区、镇、村干部和相关专家学者一起参与,厘清开发工作的主客体关系,以及村民的主人翁意识与作为。只有达到村民文化自觉,任何事都会顺风顺水,一气呵成。

八、台湾乡村历史民俗文化遗产保护中的政府行为分析[①]

2011年9月至12月,《闽台历史民俗文化遗产资源调查》课题组先后两次赴台进行为期4周的田野调查,考察了新北市三枝乡阿美人"丰年祭"、台中鹿港"关帝巡境"、新竹佛祖巡境、大甲和大肚翡翠妈祖巡境等台湾乡村民间信仰习俗活动。考察过程中发现,在以政府为主导行为举行的"丰年祭"活动及以民间自发组织的"神灵绕境"活动中,无论从不同民俗的传统文化底蕴、历史样貌的传承,还是从活动的举办方式上,两者都呈现出较大的反差。下文着重呈现两者的差异性并分析其主要原因,以探讨历史民俗文化遗产保护中的政府行为定位及责任问题;少数民族的文化自觉与文化遗产传承的社会需求等问题,特别是政府在台湾不同民族地区历史民俗文化遗产保护过程中的投入力度及参与度等问题,是海峡两岸共同存在并亟待解决的,值得两岸行政部门与人类文化学者共同关注及深刻反思。

(一)政府行为与民间行为导致历史民俗活动效应的巨大反差

台湾历史民俗传承过程中,以政府为主导的少数民族"丰年祭"活动在展示层面更多地表现为迎合一定政治需要尤其是旅游业发展需要的"表演式"展演,而有着深厚民众情感及信仰基础的"神灵巡境"活动,尽管

[①] 本小节为刘芝凤、徐辉合写。

是民间自发组织但仍呈现出极大的参与面及强大的影响力。

台湾少数民族和汉族两个不同族群的民间信仰习俗活动,本身的传统历史底蕴就各不相同,加之当下举办活动的出发点不同,组织的形式不同和政府介入的状况不一,造成二者在历史样貌的传承、活动的举办方式、参与状况及行为效应上都产生较大的反差。

1. 民俗传统文化底蕴的差异

传统的"丰年祭"(即"收获祭")是台湾少数民族旧时因生产需要而产生的农业信仰民俗,是农作物收割、尝新、入仓等收获的各个环节开始或结束时,各族举行仪式向祖先神灵祷告,祈求保佑农作物顺利收获,并预祝来年五谷丰收、人畜两旺的全民祭祀仪式。祭典一般在1～7天左右。举办时间不固定,可根据不同社区播种和收获的日子,按月亮虚盈日举办或择吉日举行。

传统的"丰收祭"是具有仪式感的节日庆典,也是场面宏大的公共仪式,所有族人都是仪式的参加者。问卷中得知,古时每年一次的收获祭,以社为单位,是一次族人的大聚会,族人借此以血缘为线,联络感情,增强团结,巩固战斗力,并为社内更替精英力量,为下一年度的生产和生活作一次总体规划与安排。因此,各社族人对收获祭视为一年中最为重要的社祭活动。此时,所有的能量在瞬间聚集、释放,人们在刹那间融为一体。这种高度的集体性使得民俗的规范功能得到极大的发挥,似乎威力也更为强大。在乌来,一位72岁的泰雅妇女在接受采访时,回忆她当姑娘时在娘家参加收获祭时的盛况,仍然激动不已。她说父亲曾是族长,每年到收获的前月,父亲就与社里的几位老人就开始计算着收获祭的良辰吉日,一般都在月圆之日。节日前三天全村人就开始着手准备丰富的食物和祭品,各家各户拿出从冬季狩猎时就为来年收获祭储备的猎物,以及糯粑和自酿的烧酒,在社祭祖屋前进行全民祭祀。男人们祭祀礼毕,全村男女老少都穿着节日盛装,载歌载舞,开始狂欢,通宵达旦。节日间,未成年的男子要接受老人的训导,姑娘们则帮着母亲忙活着,宴席上跟男子一样喝酒狂欢。那无忧无虑、自由快乐的收获祭是一年中全村人最快乐的日子。

而鹿港小镇的神灵巡境,则在历史文化底蕴上与之有较大差别。

绕境(菩萨巡城),即抬着信仰对象(如妈祖、关帝等神灵)绕城内各大街小巷巡城一周,有拜托神灵巡视全城、镇宅(城)保护人畜平安、驱邪逐疫之功能。绕境习俗在福建、台湾乃至马来西亚、缅甸、新加坡、印度尼西亚、泰国等东南亚地区都十分盛行。

位于台中彰化县的鹿港,处于台湾岛海陆交通要道,上接台北重镇,下连台南商埠之地,是历代兵家必争的要扼之地。早在明清时期,随着闽南人大量涌入,少数民族被迫放弃田园祖居迁居高山深处或他乡,战争和移民留给鹿港并传承至今的本土文化,是闽南历史民俗文化。信仰因需要产生,鹿港的闽南人因战争渡海和海洋生产需要,承接了海上保护神妈祖信仰和关帝信仰等主要的民间信仰,并将神灵巡境保平安的历史民俗传承下来。鹿港老街的天后宫供奉的是黑面妈祖神像,传说是300多年前施琅将军平定台湾的时候请过去的六尊妈祖祖像中的第二尊,又称"二妈"。至今,每逢农历三月二十三日妈祖诞辰前一个月左右,全台70多座由鹿港天后宫分出香火的妈祖庙神像,由各地香火社团组织銮驾陆续前来鹿港朝谒祖庙。而大甲的妈祖之前要回大陆上泉州的湄州岛妈祖祖庙进香,回台湾岛时,全镇所有庙宇的神灵都将出来参加巡城绕境,人山人海,盛况非凡。

由此可见,乌来的丰年祭是为了一年的生产丰收和社祭需要而积累的文化内涵;而鹿港的神灵巡境,则是为保一方平安,无战争灾难,无海上水难而积累的文化内涵。二者共同之处,就是都是借此活动促进乡邻团结,以血缘或乡亲为纽带,增强凝聚力。

2. 历史样貌传承上的差异

近几年在地方政府的主持下,台湾各地少数民族的"收获祭"改称为"丰年祭",时间也由粟谷收获的月圆月虚择日改由主持单位决(指)定节庆日。此活动在举办时与原来的庆典已有较大差异。

第一,在举办地点上,传统"丰年祭"在族内举办,为各族集体性大型活动。现在则改为一县、一市、一族或多族共庆,轮流坐庄,地点随主办方安排。

第二,对举办时间的要求改变。如各族对收获祭举行的时间,历史上就有具体要求:"祭祀分为在特定时期举行(定期祭)和临时举行(临时祭)二种。前者如五年祭、粟、稗、芋等农耕有关之祭祀及猎神祭;后者如土地祭、社神祭和疫疠祭等,在不吉之事发生时举行……凡定期祭均依古例,必到定期方可举行,如有违背必受神灵谴怒。在大祭时番祝招呼祖灵说'汝所家之时已到'(djemaljuanga suvinqacan)在五年祭时说'年来,月来'即表明此意。这说明排湾人并无日历之观念。因而虽说定期举行,并非像邦人所订某月某日,而只是以粟、稗等之播种、收获等为准,依月亮之盈虚订定日期而已。"①现在的丰年祭时间大致相同,但族内典礼尤其是合族共同举行的典礼,举办时间无严格要求。

第三,丰年祭种类繁多,各族亦有不同。所有族裔中,排湾人的祭祀种类最多,主要的大祭有五年祭、粟收获后祭、地神祭、社神祭和首级收藏祭等,文献中多有记载,如对收获后祭有载:"番称 masalut,是仅次于五年祭的大祭,邦人所谓粟祭即是指此而言……"②现在的种类大幅减少,统称"丰年祭",一年举办一两次,类别划分也就随之消失。

第四,有较完整的庆典程序及礼仪变更。如在确定祭日时有一个预告祭,即在大祭之前要预先奉告祖先之灵;卑南族群在其祭后祭时,族人们要聚集在各社的会所,接受长老训勉,祭师将新割小米送进仓房,随后进行筛米、捣米、制糕等程序,最后全族人共同享受美食,祈求一年衣食无缺。"收获祭"还有一项职能,就是长老通过祭典中每个人的表现,考察下一个部落的首领人选。

观察到的丰年祭活动则演变为各族间的节日共庆及文艺联欢,甚至带有较强的民族文化展演性质,参与者甚微。当然各族内也举办自己的丰年祭,但据访谈得知也与此大体相似,规模、参与人数、参加者的积极性已大不如前。

在鹿港,神灵巡境活动当日,镇上约 50 座供奉各路神灵的庙宇,都由以庙会为单位的社团,自发组织参加迎神绕城巡境活动。活动现场热闹非凡,散落在各街巷的所有庙宇神灵,上百座神像轿和大小傩面鬼神,在人们的拱抬和戴扮下,纷涌街市,参加巡境活动。这种习俗传承了数百

---

① 台湾总督府临时台湾习惯调查会:《番族习惯调查报告书·排湾族》(第五卷第三册),"中央研究院"民族研究所 2004 年版,第 45 页。
② 台湾总督府临时台湾习惯调查会:《番族习惯调查报告书·排湾族》(第三卷第三册),"中央研究院"民族研究所 2004 年版,第 44~48 页。

年,所有参加者全是义务参与,各庙会组织的统一服饰则由庙会支付。到鹿港镇中山路考察,许多当地人办的饮食饭店和五金店都关门,店老板和店员都参加抬菩萨巡境的活动去了,想垫饥一时竟然找不到一家饭店。好不容易看到一家店面开门,是家百年布店,只有店老板娘在守店,她丈夫和儿子都去参加菩萨巡境去了。采访中得知,鹿港的神灵巡境没有固定日期,但每年都会有大小不等的祭祀活动。居民们就近以平常参拜的庙为单位,自发地组织起来,有事议事,有佛拜佛,自备干粮。这些没有血缘关系,来自各地的商人和手工技艺者就是想利用庙会组织起来,增加邻里的团结互助,给自己一种精神寄托的力量。

从台湾少数民族和汉族信仰民俗历史样貌传承上的差异看出,前者以血缘为纽带,以丰年祭为平台,增加族人的凝聚力和向心力;后者则是以共同的信仰为纽带,寻找精神支柱,增强互助友爱。

3.活动方式上的差异

2011年台北县新北市三芝乡少数民族丰年祭,是为庆祝"民国一百周年"庆典而举办的隆重节庆。然而,祭典即没有按传统习俗在祖屋举行,也没有想象中激动人心的场面。

在租来的草坪上,新北市三枝区公所作为主办单位,负责整个活动的资金和会务接待。由乡公所组织的活动筹备人员组成会务组现场办公,衣着统一服装的工作人员在闲散中接待着零星的签名、收钱,安排活动事务。除了政府支付活动的费用外,还现场收取参加者的捐款,凡交钱者可得一套"民族衣服"并参加聚餐。主席台上,来自台北县各地的阿美人社区头目、副总头目及三枝乡政府官员共十余人观看民族歌舞表演。主席台对面的空坪上,置办着祭祀神龛。整个丰年祭活动以各村社组织的歌舞表演为主,没有多少外来观众,本族人参与的也不多。午饭时凡交费的参会人员,6~8人一桌不等参加合宴聚餐。

此次在鹿港考察到的巡境名曰"鹿港武圣宫协天大帝往大陆会香回驾",大队绕城游一周,沿途要到官林宫、文德宫、金门馆、龙山寺、本坛宫、凤山寺、镇宁宫、协赞堂、乾清宫、大盘大佑坛分别进香,最后绕境回到武圣宫。整个庆典极好地传承了历史样貌和盛况,亦保持传统的轿步及"宋江阵"表演等细节,场面仍然如《安平杂记》中所描述的一样盛况空前、万人空巷。

究其原因,可从以下几方面找出行为效果不同的主要根源。

其一,举办动机和目的不同

从目的性和社会意义上看,地方政府出面组织、主持、出资的举办"丰年祭",一是在政治上为了体现政府对少数民族的重视及对待少数民族的特殊优待政策,彰显对其文化的尊重及社会地位的重要性;二是为了少数民族地区的经济及地方产业开发,提高少数民族的生活质量,保护民族文化遗产,推动行为传承的行政行为;三是借力打造传统民族文化的节庆活动,以吸引到台湾旅游的各国游客,以此挖掘民俗旅游资源并借此打出"民族牌"。从目的和动机来说,都是无可置疑的,如果做得好,其社会意义非常重大。然而,所到之处看到和采访到的"丰收祭"节,却远没有想象中的效果和场景。如同一处旅游景点的表演秀,没能产生感情上的震撼与共鸣,而参与者更多地表现出平淡态度。原因很多,其中一条,源于是"官方办"的,有时间可参加。

在鹿港,无论是经商还是征伐,求财求平安,迁居鹿港的福建人以保人生平安的关帝崇拜转为求财拜关帝,以保海难平安的妈祖崇拜转为家宅平安幸福的保护神。在没有政府任何的资助与安排下,每年不论妈祖还是关帝,有出巡进香或回大陆进香返台时,必有绕城巡境全城参与,全民庆贺礼仪。因为节日是民间约定俗成的,时间是民间卦定的,因而形成"自己事自己办"的常态。

其二,资金来源和支持力度不同

台湾少数民族的丰年祭,近十来年一直是各地政府在资助举办。初期各族民众非常感谢政府对本民族的历史民俗重视态度和资助,在外地工作、生活的原部落成员也会回到部落,参加祭祀节庆活动。然而,有的地方由于政府组织、资助的丰年祭节庆活动受市场趋势和资金的限制,办了几届仍然不能有效带动当地旅游产业,相关部门对丰年祭的投入有些松懈;加之每年的丰年祭并不是本民族传统意义和时间上的收获祭,族人不认同,对此表现出的热忱也由新鲜好感变得淡然。

相反,作为闽台地区最为广泛、参与人数最多、场面最盛大的巡境活动,因保一生平安和生财有道的需要产生的信仰,在长期的历史发展中代代相传,生生不息。这种属于民众自发的行为,其组织形式以民间组织,尤其是借助地方宗族力量进行活动的筹备、安排及举行。在此过程中，无论是以个人行为或宗族行动参与到活动中，民众的自发性、积极性，尤其是在资金筹措、出人出力、协调分配等环节，都能群策群力，共同分担，不遗余力，顺利地完成庆典活动。

其三，参与者的心态不同

民间信仰因需要而产生，但参与者的行为却有可能大相径庭。在"丰年祭"活动中，参与者会因为自己民族文化得以传承及展示而感到自豪，也容易受到现场气氛的鼓舞，受到被赞赏的激励而觉得活动很有意义。然而他们参与这个活动的心态如同参加一次盛大的文艺演出，绝大多数人对庆典仪式的过程及内涵不感兴趣，甚至不了解其中的原因和意义。

与利用原居民历史民俗办节会进行文化遗产保护效果截然不同的是，鹿港的巡境活动非常民间化，虽然没有政府资助，但人们会以庙为单位，自发、自费地参与巡境，目的之一，借此机会联络邻里亲朋好友的感情，寻求互助友爱，达到团结合作之目的。因为人人的心里需要帮助也同样乐意帮助别人，需要亲情和友谊，这些心里的需要不会因为社会体制不同、观点不同而改变。

在漫长的生活中，民众需要精神支柱。在市场经济和不同社会制度下的台湾人，更需要心灵的归属和精神支柱，他们把这种寻求心灵归属地和保护的愿望寄托到了神灵的身上。活动带给人的心灵满足，可以从大肚区迎玉妈祖时，民众争先恐后钻到妈祖轿下，四肢俯地虔诚受礼的婴儿那双惊愕的双眼和母亲满脸无比幸运、荣光、满意的表情中读到答案。

其四，传承的基础和作用不同

鹿港的神灵巡境发展到当下依然能顺利开展，其传承基础除了民众从意识行为到行为意识的支持外，因祭会需要而产生的民间组织包括宗族力量是其最重要的推动力，尤其是联庄组织。台湾各地妈祖的祭典会及神灵巡境活动非常频繁，因此地方民众就形成十三庄、十八庄、二十四庄、三十六庄、五十三庄或七十二庄这样的联庄组织。各庄负责准备庆典需要的各式各样的热闹阵头，以便在迎神赛会时得以代表村庄参与别庄的热闹活动。由此也促进了各项民俗曲艺与武艺的发展及众多曲馆和武馆的盛行，反过来也带动了民俗艺术的传承。

少数民族的丰年祭庆典也是非常好的民俗传承机会，但当下的活动对于族内民众尤其是年轻人的影响效果仍需做很多努力和改善,才能让他们的积极性得到调动,自主性得以增强,从而真正在族内产生良性的文化传承效果。

表现在台湾少数民族和汉族民间信仰活动的政府行为模式,在大陆也具有普遍性。在大陆,相似的政府行为不科学性也很普遍。

(二)历史民俗保护中的政府行为学理性分析

调查发现,人类学家格雷布纳关于文化扩散与传播探讨所得的"文化圈"理论及其"文化波"观点,①在台湾历史民俗文化遗产行为传承方面得到充分的实践和表现。这些始于大陆的生产习俗和生活习俗,随着现代化信息社会的日益繁荣、土地使用的流改,或已消失,或已断代,只有在远离现代都市的偏远山区少数民族有所传承,而在台湾则较完好地保存下来,并传承至今,其中有许多实践经验值得借鉴。同时通过对以相关部门为主导举行的"丰年祭"活动及以民间自发组织的"神灵绕境"活动的对比,关于历史民俗保护中的政府行为可得出以下分析结论:

1.尊重民俗自然规律,坚持民俗民间办外加政府引导的方针

神灵巡境与其说是一个民间自发的文化遗产保护行为,不如说是人们为文化寻根,以历史民俗为线,下意识地将祖先的历史文化代代相传,不忘记根本。而这种主管部门无心去插的"柳",在台湾各地的民间,早早就成了"荫"。民俗学文化波理论在这里得到如此真实的验证:妈祖祭和神灵巡境历史民俗源于闽南地区,当闽南地区这些习俗消失或规模、形式变小后,在台湾,以泉州、漳州人为主要传承体的汉族人却完好地保存着如此原形态的民间信仰习俗。

这种全民参与的行为传承,不是非得主管部门去组织、号召甚至强迫才能成功,也不是完全由钱能左右的。如果尊重民间,尊重人的自然性,因势利导,利用民间民俗的自然规律办节会,效果自然是另外一番景象。

---

① 梁漱溟:《乡村建设理论》,上海世纪出版集团 2006 年版,第 52～53 页。

因此民俗文化保护中要注重民俗文化产生的基础,对一定民俗文化产生地的社会、经济和文化状况给予适当的保护,使其基本保持原有的状态,这样,产生其上的民俗文化才有可能延续和发展。

2. 讲求政府指导的合理性与科学性

面对根深蒂固的民间民俗,是主观能动地开发还是因势利导,是少数民族文化产业开发的技术与技巧。尊重人们的原动力规律和行政命令的效果是完全不一样的。政府的职能是制定方针政策,督察、落实文化遗产保护措施到位。引导民间事民间办,利用历史民俗聚人气的力量和其特殊性与神秘感,吸引外资、吸引人气,拉动第三产业的发展应该只是一个次要的目的。某些地方政府,为了拉动旅游文化产业,不论其历史民俗是否具有市场价值,一味地投入开发。只以政治价值、当代审美价值、经济价值或规模大小、盈利多少作为文化遗产评估的重要标准是错误的,应该按照"政府主导,社会参与,明确职责,形成合力"的原则,强化以保护为基础,以尊重为前提。不尊重历史民俗的特殊性与传承的必然性是不科学的,必定不能收到良好的效果。

3. 充分彰显民俗专家的作用

民俗文化遗产的价值未必一定体现在文化产业开发的单一价值上,真正熟悉非物质文化遗产的人,是有多年研究的民俗学者,有些人甚至一生都在研究某一领域。所以必须尊重和听从民俗学者的指导意见,将非物质义化遗产的内涵充分的发掘出来,展现给全国、全世界,让人们更多地享受民俗文化带来的利益和服务。民俗学者应该发挥出自己的专业特长,同时把保护、挖掘与传承传统民俗文化作为自己回馈社会的最好礼物,同时也可将宣传文化、传播文化作为自己应尽的义务,不要有任何的功利心,充分利用自己的知识,把当今非物质文化遗产保护工作很好地开展起来,更好地完成时代赋予的"使命"。

4. 激励青少年的参与是保持民俗活态传承最好的手段

民俗传承的核心问题之一是对新传承人的培养。家庭传承和社会传承主要是靠传承人来完成,靠的是从上一代学习再加上自己的努力来延续他们的技艺文化。由于经济的发展,以前用来谋生的技艺退居到次要地位,越来越多的人放弃学习这些传统的技艺文化改用别的方式来谋生,这就造成了传承人的减少,传承出现问题。在台湾乌来,那位在村里能说会道、众人推荐的 72 岁泰雅老人,也不知道本民族历史是从什么地方迁徙而来,早期的生产方式是稻作还是粟作。她 7 岁开始读书,虽然只读到中学,但对本民族的历史渊源知道不多。可见,文化传承的重要性。

民俗,之所以成为历史民俗传承至今,是具有民众的广泛性和需求性。尤其是民间信仰历史民俗文化遗产,是人们千百年来因需要产生的精神寄托,根深蒂固,对其最好的传承方式就是在"参与"中实现"濡化"。因为在对传统文化破坏中,"对于固有文化之厌弃反抗,是破坏力中最强者"。①

我们在几次的神灵巡境活动中欣喜地发现当地青少年的参与度极高,他们不辞辛劳、全力以赴,积极参与到活动中甚至成为艰辛过程中的主力军。同时在"丰年祭"庆典中,也注意到了各族对本族青少年的参与式"濡化"培养。有了这些强大生力军的热情参与,民俗的传承才能后继有望。参与就是对传统民俗最好的保护与传承。

5. 政府不可一味地放任自流,也不可因怕承担责任而对其进行封锁和排压

科学地说,并不是所有传承至今的民间民俗都是优秀的文化遗产,对那些谋财害命、损人利己的旧俗,如算命、走阴、利用神灵咒语驱邪逐恶而达到敛财目的的旧俗,应该以政府行为以予抑制。区别迷信与俗信,对只是借助民间信仰达到心里平静,寻找精神寄托和社会互助,不以营利为目的民俗,则应该扶植和引导。

政府作为公共资源的最大占有者,比其他任何组织都更有优势来综合各种资源推进民间传统文化的发展。政府有能力调动起相关的行政资源、学术资源、媒体资源等优势资源,对民间传统文化进行充分的调查、论证并提出全面、综合的保护意见。尽管在把"丰年祭"等民间历史传统民俗活动作为政治标识、民俗旅游市场化的开发,而且复兴、综合、包装、加

---

① 梁漱溟:《乡村建设理论》,上海世纪出版集团 2006 年版,第 52~53 页。

工、借用、创作也不可避免，但只要政府用政策和舆论引导传媒、公众及游客关注到少数民族丰富多彩的文化，同时为民间传统文化的保护建立一个有效的机制和实际的推动，就能让少数民族的民俗进入主流话语系统，获得政府权力的支撑，以此超越原本的民间生存空间，大大扩展势力范围，加快传播速度。对鹿港巡境这样的民间自发活动要一如既往地支持并予积极的引导和帮助，同时作为民间传统文化传承的外部推动者，政府要明确自己的定位及责任，对民间传统文化的保护和开发应该坚持最小干预原则，不能越俎代庖。

总之，无论政府或民间组织举办传统民俗活动的动机和目的如何，地方民众尤其是少数民族在活动行为过程中的展现、参与并体验，就是对历史民俗最好的保护。从这个层面来说，两者都是对历史民俗遗产保护的有益践行。

九、台湾台东布农部落射耳祭节俗中的开发价值分析报告[①]

(一)台东县布农部落的基本情况

台东县面积 3515 平方公里,人口 235957 人(2006 年),是本岛人口最少的一个县。它位于台湾东南部,东邻太平洋,呈现多元的族群特色。境内有中央及海岸两大山脉,两山夹峙下的花东纵谷,是台东县主要的农业区。下辖 1 市(台东市)、2 镇(成功镇与关山镇)及 13 个乡(长滨乡、池上乡、东河乡、鹿野乡、海瑞乡、延平乡、卑南乡、金峰乡、大麻里乡、达仁乡、大武乡、绿岛乡与兰屿乡)。台东县人口结构与花莲县类似,有四大族群,即闽南人、外省人、客家人与"原住民"。台东县主要有 6 个"原住"民族群,分别是阿美人、卑南人、布农人、雅美人、排湾人与鲁凯人。自清康熙年间外来人口开始移入,成为今天的闽南人群,国民党退居台湾后,政府辅导退役官兵及大陆沿海岛屿居民来台东开发,成立太平洋与马兰 2 个荣民之家,形成台湾外省人主要聚集地之一。

台东县延平乡,乡政府位于桃源村。位置在台东县北部离县域 21 公里,在中央山脉与海岸山脉之间,总面积约 456 平方公里,海拔平均百余米,东接东河乡,南与卑南乡毗邻,北至海端乡界(布农人聚居地),西接高

---

① 本小节由林江珠撰写。(调查人:林江珠、刘芝凤;调查时间:2014 年 5 月 7 日—9 日;调查地点:台湾台东县延平乡桃源村。)

雄县桃源乡(布农人聚居地),地势西高东低。延平乡,布农人聚居地。日据时期,是关山郡蕃地,台湾光复后取郑成功之"延平郡王"的"延平"为乡名。

台湾布农人,原本分布在台湾中央山脉两侧,海拔一千米以上的森林里,是典型的高山民族。据说,最早居住于鹿港、斗六、竹山一带(布农人自称为内本鹿),后来渐渐往高山迁移。据被调查者古德全叙述,布农人居住南极中央山脉,政府用烧垦;室内葬的形式使得族群居住地越来越少而迫使社群迁徙,百步蛇是布农人的朋友。目前所知的最早的居住地是南投县的仁爱与信义乡。18世纪开始原居南投的台湾布农人开始大量的迁移,一是往东迁至花莲的卓溪乡、万荣乡,再从花莲移至台东的海端乡与延平乡。另一支沿着中央山脉南移至高雄的三民乡与桃源乡以及台东县海端乡的山区。日据时期,政府为了管理方便,强行将布农人从半山迁居到山脚,形成目前聚居区格局。

布农人共分为六个群,分别是卓社群、郡社群、卡社群、丹社群、峦社群以及已被同化的兰社群(takopulan),其中最大的一支是郡社群。依据族人的调查,目前各群居住地分别如下:

卓社人(take－todo):南投县信义乡久美村,仁爱乡中正、法治、万丰村。

卡社群(take bakha):信义乡南潭、地利、双龙三村。

丹社群(take vatan):信义乡地利村、花莲县万荣乡马远村。

峦社群(take banuad):信义乡丰丘、望乡、新乡、人伦及花莲县卓溪乡。

郡社群(isbukun):信义乡东埔、罗娜、明德及台东县延平乡、海端乡及高雄县三民、桃源乡。

布农人20岁前男女均可成为巫师。族群取名方式也有自己的一套细则,家族中第一个出生的男孩子(叫长孙),取名方式如下:

Dangi	dudum	Anu(古丞君)
姓	名	母亲
家族	爷爷	

(二)2014年延平乡桃源村布农部落"射耳祭"的活动安排

本次田野考察是台东县延平乡的郡社群。延平乡布农部落"射耳祭"由台东县政府牵头,各村提出申请计划书,向"行政院原住民族委员会"申请专案经费,由延平乡政府主持,各村委会主办的一个大型集会活动。

"射耳祭"的组织安排:桃源村分为十二个邻,约有400多人。每个邻均有民选邻长,负责处理约10户人家的事务。在上报举办"射耳祭"的申报书时,由民选的村长主持,村委会多次开会商量时间、地点、经费预算、预期效益、表演形式、竞赛项目等内容,再由村干事负责收集意见形成文字。在专案经过批准,经费得以拨发之后,"射耳祭"的准备工作进入倒计时,主要负责人是村长。村长和村委会成员将村里年长并热心公益事业的老人和文化人组织起来成为"射耳祭"的顾问团,并联络小学、警察局、消防队、医务站等相关组织机构配合举办"射耳祭"。同时通过邻长发动村民尽可能地投身到"射耳祭"的准备活动中。由于各项准备工作均有报酬并且是组办自己的祭仪,所以村民们积极配合。在"射耳祭"举办当日,乡公所邀请县里有关领导坐在主席台并发言。村民自愿参与,一般闲在家里的老人和小孩会参与其中。

表 2-9-1 台湾布农部落全年祭仪汇总一览表

项 目	时 间	事 由
开垦祭	10月~11月	寻找新耕地、开始农耕的祭典。
小米播种祭	11月~12月	告知祖灵即将播种之事,并祝祷小米丰收。
甘薯祭	11月~12月	告知祖灵种植地瓜等副食品。
进仓祭	11月	将小米存入米仓,祝祷祖灵保护不腐坏。
除草祭	3月	开始除草,祈求谷物成长茂盛的祭典仪式。
驱疫祭	4月	驱逐恶鬼、疾病,祈求族人平安。
打耳祭	4月~5月	布农人最隆重、盛大的祭典,具有教育意义。
收获祭	6月~7月	开始收割农作物的祭典仪式。

续表

项　目	时　间	事　由
婴儿祭	7月～8月	让婴儿佩挂独特植物项链,并祭祷婴儿平安长大。
祭枪祭	不同家族自己决定	农闲季节猎取动物时,在祖灵前成年男子举行特殊仪式,妇女不可靠近。
成年祭	不同家族自己决定	15～16岁青年拔除二颗门牙之后,男的勇猛,女的会织布。
狩猎祭	不同家族自己决定	农闲季节猎取动物以充实食物,并取动物及作衣、帽。
报战功 (malastabag)	不同家族自己决定	热闹的夸功宴——"马拉斯打邦"正式登场。场中大家轮流传吃兽肉、小米酒,勇士们鼓足中气轮流唱喝,大声报出家庭姓氏,夸耀祖先的荣显以及个人英勇事迹。

现在女人不得参与的禁忌解除,气氛也由严肃转为轻松。男人们围坐在广场的空地上,女人们则围在外围,热闹的夸功宴——"马拉斯打邦"举行了。场中大家轮流传吃兽肉、喝小米酒,勇士们鼓足中气轮流唱喝,大声报出家庭姓氏,并夸耀祖先的荣显以及个人英勇事迹,说到兴奋处,大伙齐声附和,酒酣耳热之际,气氛越来越高昂。若有新媳妇或新生儿,会趁此时机由长老介绍给族人认识,并给予祝福;如家里有人过世,人们也会在这个场合予以安慰。

举办"射耳祭"的目的在于:(1)增进本乡地方人文与族群文化传承交流沟通,并促进族群认同;(2)传承布农族群节庆习俗,展现布农特色;(3)为布农人后代提供文化寻根、认同自我平台。

(三)台东布农部落开发文化产业的其他信息 (布农风格民宿经营)

20世纪90年代,台湾加入世贸组织,当时休闲观念流行,台湾农业由传统的耕作型向休闲农业转型。农业区和"原住民"区域都开设了民宿。乡公所、县政府、原民会、文建会,都有各种项目提供民宿申请人资金支持。常见的民宿可分为两种：一种是纯粹住宿型的，多在观光区附近，干净清爽，价格低廉；另一种则是以文化特色和服务闻名，一般是两三层的小楼，有自家院子，一砖一瓦都可见主人的用心。不论哪一种民宿，都会因其主人的偏好、品位，而呈现出各种各样的风貌。

原住民经营民宿，创意可归纳为以下三个方面：一是打造建筑本身创意的主题空间能力；二是餐食＋周边农业观光资源导览服务能力；三是利用通讯科技与多媒体营销能力。跟随市场不断创新的台湾民宿从最初的提供早餐和住宿（bed & breakfast）的家庭旅馆模式，演变成融合自然资源生态特色，为客人增加附加值提供多元选择住宿体验的消费形式，使客人既能体验山居生活，又能欣赏田园风光。因民宿主人对在地（布农族群）文化的热爱，不经意就变成当地观光资源整合和推广者，区别于一般饭店、宾馆的个性服务。

需要补充的是，布农人不会用自家祖屋经营民宿，一般采用租赁或买田产后建筑房屋来经营。经营方式一般为个体化经营，不考虑连锁经营来扩大规模。同时，积极成为合法民宿经营者，每星期主动提交《房间状况统计表》和《住客人数情况统计分类表》，这样，政府（乡公所—农会—县政府—原住民委员会—文建会）企划项目来源，也会主动地反馈给民宿经营者，两者之间互动状况很透明。

（四）台东布农部落节俗开发文化产业的价值分析

布农人传统的祖灵崇拜仪式在日常生活中极少见到，各种祭仪的内涵逐步淡化。从生产方式来看，由于多种原因，布农人已经从传统的狩猎农耕转变为农耕和外出就业为生。在水稻进入布农人的生活以后，小米的重要性降低，家内没有米仓，属于小米的祭仪大多消失。青壮年成员外出就业导致了族群传统社会结构方式逐步解体。从生活方式来看，布农人从最初的多代群居家庭转变为核心家庭方式，布农人的家庭承载机制日渐瓦解。

"台湾政府原住民委员会"积极推动"原住民"社区营造计划，台湾各族"原住民"通过申请政府专案的形式，举办最具族群代表性的节庆祭祀仪式,布农人"射耳祭",已经举行8年,逐渐发展成布农族群自我认识和被他族认同的综合祭祀仪式活动。举办"射耳祭"从原来追求规范和塑造布农人价值,演变成仅是展演,其内容与实际生活相差极远。本次调查发现,在正式的"射耳祭"仪式前有众多的娱乐活动,如篮球、棒球等趣味性和观赏性的竞赛项目,这是布农人传统生产生活方式的竞技化、娱乐化再现。

访谈调查问布农成员是否还相信或认同"射耳祭"中的一些神秘观念和价值追求,年轻一代多回答不相信或可以考虑。由此可见,"射耳祭"中一些展演内容更易被年轻人记住。

政府出资布农人自主举办"射耳祭"活动,有三个功效:一是可以凝聚族群认同;二是创造节庆活动增加旅游收益;三是用展演方式让下一代布农族人更易参与其中。很明显,使布农文化传承下来是进行文化产业的开发尝试。

事实上,这样节庆方式只是被简化、抽象出来的一个远离现实生活的传统族群文化意象存在。

十、台湾文化遗产的企业化管理分析
——以新竹义民庙为例①

清乾隆五十一年(1786年)林爽文举事反清,战乱遍及全台,客家人为了保家卫民,偕同闽南人及平埔少数民族组成义民军协助清廷与之对抗。当时死伤二百余人,后来清同治元年(1862年),"彰化戴潮春乱,义民军为免乡土再遭蹂躏,衔命二次出征,又有百余人牺牲"(林光华1989)。为了纪念这些阵亡的义民,便建庙供后代祭拜,称为"褒忠庙"。义民爷也成为台湾客家人独特的信仰,是台湾地方神明。

新竹义民庙从初期私人性质的村庄小庙,到后来成为跨县市15大庄祭典区,如今已逐渐成为北部,甚至是全台客家人的义民信仰中心。

(一)新竹义民庙的缘起

乾隆五十二年(1787年),清廷派陕甘总督福康安率十万大军登陆鹿港,会合义民军,全力围剿林爽文并生擒,战事始告平息。在林爽文事件征战中,牺牲成仁义军先烈达两百余人,林先坤、王廷昌在回师之时,雇请牛车沿途遍拾忠义军骸(有黑布为记),原拟归葬大窝口(今新竹县湖口乡)。但牛车过凤山溪后,牛竟不受驱使,经焚香祷告,并跌筊取决,始悟

---

① 本小节由谢赐龙撰写。谢赐龙,男,台湾新竹县人,现职日本马渊集团台湾万宝至公司机械设计工程师、台湾"中央大学"社会科学硕士、客家委员会客语薪传师、新竹县客语口译人才协会理事长、台湾非物质文化遗产协会理事长,业余主要研究方向为文化人类学、民俗学。

先烈灵感,复延名师勘验,确认该处坡地为风水绝佳之"雄牛困地穴"。由是征得地主戴礼成、财成、拔成兄弟以其父戴元玖之名献地,择吉安葬合冢,此即枋寮义民冢之由来。

清乾隆皇帝知悉义勇军之忠勇卫士精神,特颁亲笔"褒忠"懿旨,以为奖励。接旨后,林先坤邀集地方领袖刘朝珍等倡议建庙崇祀,以慰先烈在天之灵。经多方奔走捐输,于乾隆五十三年(1788年)冬,奠基破土,迄五十五年(1790年)冬,竣工落成,是为"褒忠庙",后有"新竹枋寮褒忠亭义民庙""新竹褒忠义民庙""褒忠亭义民庙""新竹枋寮义民庙""新埔义民庙"等名,指的都是新竹义民庙。战后,新埔士绅陈资云等复将忠骸收集,归葬枋寮,增建附冢于总冢之左。

(二)新竹义民庙的财产

日本大正八年(1919年),在丸井圭治郎《台湾宗教调查报告书》中提及,新竹厅新埔支厅新埔区枋寮庄褒忠亭,为当时全台寺庙所属财产及收入最多的寺庙。[①] 当时除了特殊的社会背景及时空因素之外,其独特的管理经营方式使义民庙累积了众多的资产。林志龙(2008)认为义民庙庙产累积的方式大致可分为:

1. 地方人士乐施

义民庙创建初期之墓地、庙基及至于收放生息之本金及水租,均为地方人士捐赠。往后义民庙香火日盛,捐赠也就不在少数了。如光绪十八年(1892年),义民尝值年经理蔡景熙等备出花红银20大元正,接受黄云中等乐施枋寮义民亭前屋宇连地基田园[②]。

---

① 详见丸井圭治郎编修:《台湾宗教调查报告书》,第一卷,(台北)幼捷出版社1993年版,第65~66页;赖玉玲:《新埔枋寮义民爷信仰与地方社会的发展——以杨梅地区为例》,新竹县文化局刊印,2005年版,第30~31页。
② 陈运栋:《枋寮褒忠义民庙沿革初稿》,第十二届六家联庄祭典委员会:《枋寮褒忠亭丁卯岁民节专辑》,褒忠亭义民庙刊印,1989年版,第17页。

2. 收放生息

根据嘉庆七年(1802年)的《同立合议规约字》记载,"乾隆五十六年(1791),王廷昌、黄宗旺、林先坤、吴立贵等在褒忠亭四人面算,建庙完竣仍长有佛银 200 大元。此银系交林先坤亲收放,每年应贴利银加壹五",再加上当时王尚武将剩余的 400 元,交当时首事之一的林先坤,以每年每元壹斗贰升的利息生放累积。乾隆五十六年(1791年)时,义民庙至少就有 600 元的资金,在林先坤的经营下收放生息,进而累积了资本。

3. 置产投资

义民庙的历任首事、经理人或管理人,均会利用庙内开支所剩之经费、购地收租。将资金做多方面的投资,进而再创造更多的收入。如前所述林先坤将亲收 600 大元,收放生息后,于嘉庆六年(1801年),以自己之名义于新社埓东南角田地两段,并转施给义民庙作为香灯祭业,此应可视为义民庙管理系统第一次为义民庙置产投资。

此外于嘉庆七年(1802年),又由林先坤、吴立贵、王廷昌、黄宗旺等首事,各捐出 110 元并出面具首,向周龙章依时值田价佛面银 330 元购买水田一处,105 元购买屋地一块,坐落于新社螺勝庄。第三笔购买于道光九年(1829年)义民尝首事范朝贵、林国宝、姜秀銮等,花 250 大元,承买杜房犁头山埔园一所。

往后每当有庙内经费充裕或有需要时,庙内首事、经理人或管理人就会置产。义民庙经由经理人的出面运作而购置产业,在当时共有 39 笔之多。

4. 承典

此外亦有接受承典的情形出现,如咸丰三年(1853年),值年经理首事郑吉忍等,即以佛银 180 元,承典竹堑社番业户钱温淑、钱喜淑兄弟在大湖口庄之佃人年纳大租谷石 24 石。[①]

---

① 《同治乙丑(四)年端月吉日抄录契约簿》,新竹县义民庙义工林施主私人收藏物件,林施主收执,2012 年笔者采访、拍录。

5.其他

根据道光十八年(1838年)《南势山金广福分管字》记载:"立给分管字南兴庄总垦户金广福粤闽籍垦户首姜秀銮周邦正等……事缘道光十四年(1834年)冬,蒙李前分宪,切念民粮,先给银壹仟元,谕着銮等在堑南横岗一带……着粤闽两籍殷户劝捐……今有粤籍义民爷尝祀遵行将原捐之银交收明白……今有经理金和、荣和、锦和等加派出佛银玖拾大元。"①由此契字可知,金广福大隘设立于道光十四年(1834年),由粤籍垦户首姜秀銮及闽籍垦户首周邦正负责筹募资金。而义民庙于当时就已经有投资开垦的行为。然到了道光十八年(1838年),得到了第一次投资上的获利,购买了南村庄的一笔土地,自行招募垦佃前去开垦。

褒忠义民庙自创建初期之单纯私人性质之小庙,经过义民庙历年首事、经理及管理人的努力经营,义民庙才得以累积为数众多的资产。

(三)新竹义民庙的经营管理

乾隆五十五年(1790年)褒忠亭落成后,在庙产的经营和管理上,赖玉玲(2005)认为褒忠亭有"首事""经理人"以及"管理人"等制度发展。

1.首事制度——乾隆五十六年—道光十五年间(1791—1835年)

清乾隆五十三年(1788年)林爽文事变结束后,由林先坤、王廷昌、吴立贵、黄宗旺等人倡议兴庙,庙成后由四人担任首事,负责庙内一切事宜,同时又另请首事之一的林先坤代为管理庙内财产。当庙内进行田业买入时,由四姓首事联名立契,此时期首事同时掌管祭典仪式组织与庙产管理组织(张毓真 2011)。

乾隆五十六年(1791年)枋寮人王尚武率先捐银襄助建庙后,不断有个人的资金献纳。

---

① 《同治乙丑(四)年端月吉日抄錄契约簿》,新竹县义民庙义工林施主私人收藏物件,林施主收执,2012年笔者采访、拍录。

竹堑社业主、建庙施主、庙宇周边业户以个人名义捐地、施租谷的赞助,使褒忠亭祭祀费用无虞,也逐渐累积向外发展的资本。通过资金累积,至迟在嘉庆初年,褒忠亭就已经建立有祭祀费用和用以再经营、投资的"褒忠义民尝"。并且设置"首事"一职,采以委托方式,全权负责褒忠亭对外交涉,以及承买田业等相关事务。出任首事者又以林先坤、王廷昌等倡议建庙为主,尔后首事之职亦往往由参与建庙、施地者及其后裔出任。

2. 经理人制度——道光十五年—日治大正三年(1835 年—1914 年)

以地方精英担任首事,管理褒忠亭所属产业的方式。在道光年间由于信徒范围和人数的扩增,管理方式就逐渐历经变更,依《四姓规约》规划的外庄经理人制度,至道光十八年(1838 年)由金和号担任经理人才开始实施(张毓真 2011),到改由经理人制度取代首事制度。

经理人制度的变革,此由道光十五年(1835 年)开始纪录的《粤东义民祀典》即可知悉:

一议本祠蒸尝原为祀典并修坟庙之资,非此二事不得滥用,即有当用之项亦必通众酌议。

一议蒸尝既大,必须公举的实之人经管,非公举人不得擅收。

一议经管收理之人,壹年既满即交下眼首事经理,其交下眼时将流水簿及各单并簿尾银数,一齐交明算清。

一议簿尾银若多,倘有殷实生借向经管人支出其字约,经理人收存;若簿尾银少,则经管人收存至次年交出,不得算利。

一议众立总簿四本,至每年七月初一会簿之时,其管簿之人带簿至祠登记抄明,祭祀行礼后,众颁猪胙两斤并登席请宴,若有失簿众罚。

一议每年现时经管收理之人至行礼后,众颁猪胙四斤。

一议尝内谷系经理人收存,每车众处仓耗谷若干,倘有缺少系经理人赔补。

一议所有田园至赁满转批,现年经理人必须通众佃户,须席请几位考成到场,不得私相授受,其文约经理人收存。

一议十三庄内若有中式者,到义祠挂匾花红银拾贰元,内地来者花红银肆元;在台中考者花红银捌元,至贡生等不能支花红,永为定例议是实。

一议所有新旧科秀才廪贡们,前来义亭拈香者给金花红,永为定例是实。

褒忠亭开始建立记账办法，同时议定公举三年为限的"经营收理人"，以收管"流水簿并单并簿尾银数"。

道光二十二年（1842 年）先是为褒忠亭蒸尝事，由北埔士绅姜秀銮具帖，邀集新埔街金和号等商号轮流经理庙产，继道光二十七年（1847 年）建庙施主后裔林茂堂等人，续邀集新埔街、大湖口、九芎林、石冈仔等四大庄士绅，共同参与褒忠亭的管理。说明继首事制度之后，道光年间"经理人"办法的施行，并逐步采由新埔街商号出任经理人，扩大到大湖口等庄士绅。不仅信徒范围在道光年间已经扩大及"十三庄"；"经理人"之出任，也跨越以褒忠亭为中心，仅周边区域地方精英的界线。

"褒忠义民亭首事"及"经理人"在褒忠亭的职事中扮演中介和经营者角色。一方面管理庙产，另一方面又透过各经理人在地区的社会关系网络，替褒忠亭买进经理人所在地方田业，当中亦包括加入投资"金广福"垦隘在新竹东南山区开发的股份。"经理人"办法在褒忠亭的管理与发展上，显现了相当的远见和前瞻性。

透过经理人制度的运作，计至日治前，褒忠亭所拥有的田地，便高达47 笔之多，范围扩及今竹北市六家，新竹县新丰、新埔、湖口、芎林、北埔、峨眉，以及桃园县的杨梅、新屋地区。地区范围已经约可包含现今整个褒忠亭祭祀活动参与轮祀的信徒范围。

3."管理人"和管理委员制度

甲午战争后，台湾被日本统治。明治二十八年（1895 年）日军登台，庙寺多为日军所占用，对于神佛像与器物多所破坏。褒忠亭即曾一度被登记为"新埔办务署"，作为官署使用，此后褒忠亭就逐步走向集体决策的"管理委员制"发展。

(1)"义民庙协议会"时期

明治三十六年（1903 年）以后，时值政权转换的多事之秋，褒忠亭也历经庙产管理人由一人出任，专断收支而致生民怨的情况。于是众议庙方在大正三年（1914 年）召集相关街庄商议，组织"义民庙协议会"，制定《义民庙协议会规约》。包括由建庙有功者林先坤、刘朝珍二人后裔固定出任协议会委员会，并选举 30 名由所属街庄选出的协议会委员，确立日治时期集体决策的管理制度。

大正三年(1914年)义民庙祭典区内相关信徒召开会议,决定变更以往的管理方式,最后并制定《义民庙协议会规约》。依据规约,"义民庙协议会"协议员共30人,其中包含由14祭典区各选出2名协议员及2位创建施主后裔议员,协议会组成后再由议员们互选3名管理人及5名监察员,任期均为3年,并采取重要事件由协议会集体协议、决策后交由管理人执行的运作模式,以彻底改变褒忠义民庙的管理组织。1947年"义民庙协议会"改组,成立"褒忠义民庙管理委员会",并通过《褒忠义民庙管理章程》,至此义民庙协议会,完成其阶段性的任务正式结束(林志龙2008)。

(2)义民庙管理委员会

二次大战结束,"训政时期"在大陆立法制定的"监督寺庙条例",就成为1970年代修正前,被沿用作为台湾主要的宗教政策。

因为严格的宗教政策,褒忠亭先在1946年四月成立义民中学董事会。1947年为符合"监督寺庙条例"第三条规定,改组日治时期的义民庙协议会为"褒忠义民庙管理委员会";同时通过《褒忠义民庙管理委员会章程》,编制含世袭施主外,包括管理委员、管理人、监察员,及正、副议长,持续日治时期协议会的运作方式,对义民庙发展发挥集体决策作用。

1948年1月设立义民中学,并在1953年2月设立财团法人褒忠亭义民中学财团。1955年确定每年农历七月二十二日中元祭典名称为"义民节"祭典。1960年修订《褒忠义民庙管理委员会组织章程》及《台湾省新竹县私立义民中学校董事会章程》。1976年决议溪北联庄划分为新屋、观音两区,14个轮值祭祀祭典区更改为15区。1980年筹组"中华民国褒忠义民庙公益事业促进协会"。1982年10月经核准,登记为"财团法人台湾省新竹县褒忠亭"。[①] 1984年修订规章为《褒忠亭管理委员会章程》。[②] 至1988年改制管理委员会为董事会。1996年6月成立"中华民

[①] 张秋满:《义民庙大事记》,载褒忠义民庙创建两百年纪念庆典筹备委员会编印:《褒忠义民庙创建两百周年纪念特刊》,褒忠亭义民庙1989年印,第27~43页。

[②] 《褒忠亭管理委员会章程》第二条。参阅褒忠义民庙创建两百年纪念庆典筹备委员会编印:《褒忠义民庙创建两百周年纪念特刊》,褒忠亭义民庙1989年印,第118~120页。

国"褒忠义民庙联谊协会,促进宫庙交流联谊,目前有40间会员庙参与,并定每年农历七月二十日的前一周六为分香庙回娘家日。

从经理人到管理人的发展,亦即新埔街商号的不特定业户管理,到四大庄特定业户轮流经管收理庙产,奠定了褒忠亭的规模和主要信徒范围。日治时期协议会的管理人办法,则是在义民庙旧有基础上作为战后改组管理委员会,以及八十年代再改制董事会的重要基石。自"管理人"的设置,历《褒忠义民庙管理委员会章程》和《褒忠亭管理委员会章程》的修订,"管理人"一职不仅沿用至今,也是褒忠亭得以持续运作的重要机制。

目前三个董事会各司其职但互相关联。

财团法人台湾省新竹县褒忠亭:负责庙务及祭祀。

财团法人褒忠亭义民中学财团:负责财务管理。

财团法人台湾省新竹县私立义民高级中学董事会:负责经营义民中学。

(四)新竹义民庙的愿景

两百多年来,无论是拓垦初期各地的垦业主、富铺殷商、文化教育者、地方领导或一般平民信士,或多或少与新竹义民庙都有交流。经过前人用心的经营管理,成了全台义民信仰的中心,不仅信众多香火盛,亦是颇具乡土情感与历史意义的庙宇。新竹义民庙传承历史承办各项义民祭典,"义民节"配合着客家人的食、衣、住、行、育、乐活动而举办,荣耀义民爷也嘉惠这一方黎民百姓。

新竹义民庙汇集多元人气,随着义民爷信仰的传布,义民祭祀圈的扩大,加上社会本土化意识的抬头,又身兼社会救济、造桥铺路、兴学教育、乐施公益,参与地方各项公共事务,充当凝聚社会力量的角色,使义民庙成为地方上宗教、政治、经济、文化等的重镇,义民庙里的义民爷从被膜拜的神,升华至超然于宗教,成为全台客家族群认同的象征。上述都是首事、经理人、管理委员会的营运功绩,以义民爷的名义光耀福民。

展望未来的任务,新竹义民庙总干事魏北沂表示:新竹义民庙各项软硬件设施均已达一定水准,祭祀仪节亦有所本,行礼如仪照表操课,只要维持法度即能传承维持香火不坠。①

新竹义民庙现阶段的要务是信仰与产业结合,照顾各分香庙附近的弱势农业,透过"依行情价协助收购",照顾弱势的农民,让全台40个分香庙附近的农民,有着"娘家祖庙"作后盾的安全感。新竹义民庙扮演着娘家的角色,各分香庙若有低价滞销或拒绝收购的农作物产品时,只要跟新竹义民庙联络,祖庙一定依行情价协助收购,一方面作为新竹义民庙的馈赠礼品,另一方面作为客家子民的靠山,不让中盘商剥削,发挥义民精神,将客家人紧紧扣团结在一起。

---

① 2012年10月10日新竹义民庙田调访谈。

十一、台湾农业谚语调研[①]

农业谚语多是农耕经验的累积,长年观察的结果,与自然融为一体的心得。不论预报或警世,多准确无误,而且言简意赅,情味隽永;对偶工整,文字优美;一旦朗朗上口,便终生难忘。难怪孔子云:"吾不如老农",老农的天机妙语,就是生活的圭臬,行事的指针,气象的预报,农业与文学的结合,自然与人文的交融。谚语本是精美的语言,而客家谚语更具情真韵美,意永味深。

农民耕作是按照廿四节气来运作的,跟着节气就知道什么时候该做什么事,便不会错过耕作时机,白忙一场。廿四节气是按照太阳历来推算的,和作物的生长有密切的关系,一定要准确掌握,不违农时才可望有好收成。而对于什么时候该做什么事也有提示,例如:"清明前好莳田,清明后好种豆",就是在提醒,清明以前一定要把秧插好,秧苗才会顺利成长,清明节以后才可以种豆,豆才能待时而生。这些都是长年下来,先民传下来的生活智慧的结晶。

节气是地球绕行太阳运动的轨道,分成廿四份,每份大约15°,所有节气轮一轮就是365又1/4天。节气的变换,反映气候的冷暖,和动物生息与作物生长密切相关,对人类的生存关系重大。节气既然按照太阳历的回归年来推算,所以和依照太阴历的朔望月来推算的元宵节、端午节、中秋节、重阳节等民俗节日性质不同。不过节气中的立春、清明、立冬、冬

---

① 本小节由谢乾桶撰写。谢先生完成此稿不久,于2014年去世,本书收录此文,以此向谢乾桶先生表示最真挚、崇高的敬意和怀念。

至，也在历史长河中逐渐成为民俗节日的一部分。

我国一直使用的是夏历，也就是农历，兼顾阴阳两种合历。所以廿四节气的日期，对照阳历比较固定，跟阴历对照时会有移动的现象，比如说，清明节时而在二月，时而在三月。如果来得早，我们会说节气比较早，来得晚就说节气比较慢，节气的来早来晚，对气候好像也有影响。

先民使用廿四节气之前，先观察物候。所谓物候，是说动植物和天气变化的征候，简称为候。五日为一候，三候为一节气，一年廿四节气，合为七十二候。节气是统称，其中奇数为节，如立春、惊蛰、清明；偶数为气，如雨水、春分、谷雨。廿四节气的命名，有一定的含意，在《礼记·月令》里有记载。

谚语是先民智慧的结晶，丰富经验的累积，通常总是简洁隽永，充满智慧，所以容易流传。先民靠着体力和智慧，和大自然、周遭环境拼搏，借以取得立足之地。在这奋斗的过程中，留下了很多宝贵的经验、教训传给后人，这种文化永垂不朽。

懵懵懂懂，立春好浸种

耕田人如果不知道廿四节气，就不知道什么时候该做什么事，恐怕会错过耕作时机，白忙一场。因为廿四节气是照太阳历来推算的，和作物的生长有密切的关系，一定要准确掌握，才可能有好收成。对于什么节气，该做什么事，也常常有所提示，比如："交春好浸种"，就是在提醒，交春到，可以浸泡穀种培育秧苗了，这些都是长年以来，先民传下来的生活智慧。①

也有农谚说："懵懵懂懂，惊蛰浸种"，是指如果你身为农民，一时糊涂记不得该在什么时候播种的话，那就在惊蛰期间浸种，浸种后做秧地，随后的农活就随着秧苗的变化而劳作就是了，错不到哪里去。

现代农技进步，科技发达，农民耕作轻松多了，就拿浸谷种来说，现代的农人，只要告诉秧苗培育中心，需要的品种、时间、数量、地点，届时就会送达田边，非常便利。不像从前，浸种需要在竹丛背风、有水沟处，用米箩浸泡，适时翻动，早冬生怕气温过低太冷，谷种没有办法发芽，要用棉被保

---

① 姜义荣先生，1931年生，住新竹县北埔乡大林村1～2号，务农60多年。交春：即立春。

温。如果还是不发芽,就要用牛粪裹谷种,使之发芽,用尽各种方法,先民的智慧发挥得淋漓尽致。

"憒憒懂懂,立春好浸种",是提醒农人,什么时候该做什么农事,这跟台湾中北部的现象相当吻合。这节气农谚,与农业的关系非常密切。客家人长久以来,都以农业为主,其中预测气象和收成,虽未必准确,但一般都习惯用作参考,就像"憒憒懂懂,立春好浸种",假使真的错过了,没关系,也可以"憒憒懂懂,惊蛰浸种",因为立春浸种,已有宽放期了,慢不到那里去,透露先民智慧的光芒。

立春落水透清明,一日落水一日晴

立春是廿四节气中的第一个,意思是说春天从此开始。立春落水透①清明,一日落水一日晴。它的意思是说,假使立春那天下雨,以后的天气,可能会阴晴不定。时而阴雨绵绵,时而晴空万里;有时乌云密布,有时山雨欲来之势,令人捉摸不定,一直下到清明才会晴天。

立春,大寒后十五日,斗指东北,维为立春,时春气始至,四时之卒始,故名立春也。在阳历二月四日或五日,太阳过黄经315°为"立春"。孟春端月,元旦晴云光霁齐天,雨雪霏霏是丰年,最喜立春晴一日,农夫不用力耕田。那么立春下雨,真的会下到清明吗?按照几年的观察,立春那一天假使下雨,往后的日子大多阴冷湿黏,虽然不一定下一日雨会晴一天,但总是阴雨多于晴天,天气不稳定,一直要到清明,天气才会真正的晴朗。

为什么立春之日下雨,往后的日子就会一直下雨呢?我们知道,立春是春天的开始,冬天的寒气渐渐散去,春风解冻,冰雪渐融,散为雨水,所以雨水接踵而来,接着南风送暖,清明也就到了。大地经过连续雨水的洗礼,一旦天气放晴,就更显得气清明丽了。

"立春落水透清明",并不是天天下雨,而是暗指雨量丰沛的意思。要及时把握春耕,这句谚语,只流行于台湾北部和大陆部分地区。事实上,立春不管是晴天还是雨天都是很好的,所以有人说:"立春晴一日,农家笑盈盈""立春天气晴,百物好收成""立春落雨到清明,一日落雨一日晴""立春东片起横云,米谷家家屯""立春节日雾,秋来水满路",由此可见,立春的晴雨,很受重视。

---

① 落水:下雨。透:一直到。

"立春落水透清明",意思是指上半年雨水充足,万物絜显清明、普降甘霖的征兆。在立春难望一日晴、春天面时时变的日子,怎样把握晴雨戮力春耕,最为重要。

立春晴,一春晴

立春晴,一春晴,这是农人凭"节"的生活智慧,来预测气象。气象报告,若再不下雨,石门水库将正式进入枯旱期。忍不住令人想起各种天象变化的预兆,可以作为未旱防灾的参考,依据诸多气象谚语的显示,2014年恐有干旱之象。

2014年农历八月初一的那一天,打了好几次雷,谚云:"八月雷声发,大旱一百八"。果真,气象局预测会有三个月的缺水期,今年恐怕有旱,供水会有问题。事实上,2014年雨量少,北、中、南各个水库进水量锐减,十一月已实施第一步减少供水措施,夜间减压供水,提醒大家节约用水,慎防火灾。

2014年春雨不多,下列谚语可以得到证明,所谓:"立春落水透清明,一日落水一日晴",偏偏2014年立春没有下雨,春天的雨水自然减少。又说:"正月雷先鸣,四十五日暗天庭",2014年农历正月,一直都没有听到雷声,下雨的概率自然少。又说:"冬至晴,元旦雨;冬至雨,元旦晴",2013年的冬至没什么雨是阴天,结果,春节一直阴晴不定,雨量少是一定的。还有"上初三,下十八"的晴天,可以预测一整个月大多是晴天。

从上面的谚语交叉对照比较,发现2014年春雨不多,一定影响春耕,一直到夏季的用水,十一月份起,南部水库已实施第一步限水措施,十二月九日,北、中、南各水库实施夜间减压供水,有识之士,应深思远虑,未旱防灾防患未然,才是上策。

雨水连绵是丰年,农夫不用力耕田

雨水,斗指壬为雨水,时东风解冻,冰雪皆散而为水,化而为雨,故名雨水之,在阳历二月十九或二十日,太阳过黄经330°为"雨水"。

立春之后东风解冻,雪水融化,此时农民开始耕种,最期盼有雨水之时,初回大地,春雨绵绵,春风好像是温暖的手,拂去寒冬的萧条,也带来了绵绵春雨,故有农谚"春寒雨若泉,冬寒雨四散""雨打元宵灯,日曝清明前"。二十四节气中的"雨水",这个时候正当初春,天气回温,空气中的水汽增加,是农人春耕播种的时节,雨水是反映雨量变化的节气,在气候湿润的"雨水"时节，预兆今年收成丰。

在台湾，到了雨水节气，春雨绵绵的特征比较明显的是在北部，而中南部地区则多为晴天，所以在中南部比较难感觉出这个时令的变化。在雨水时节，是农人最重视的事，因为稻苗播种最需要雨水来灌溉。有句农谚说："春南夏北，无水磨墨"。意思是说如果春天吹南风，夏天吹北风，是旱灾的征兆，对日后作物的生长是非常不利的。

水打五更头，行人毋使愁

意思是说如果在清晨五更时下雨，那么天亮之前，天气将逐渐转好，上班出门的行人，就不必担忧下雨而准备雨具。这五更头的雨水，也可以说是一个好兆头。

观察一天的天气，可以从"朝晨雨，半昼晴；半昼雨，落毋成；当昼雨，两头晴；临暗雨，走较赢"。意思说早晨六七点下雨，到八九点时一定会晴天；如果八九点下雨，那就不必紧张，很快就会雨霁云开的；又如中午下雨，也就是雷阵雨，很快就会转晴的；早晚都没雨，至于傍晚下雨，可能就要赶快回家避雨，因为马上天就黑啦，这是一天天气变化观察的结果。

"水打五更头，行人毋使愁"意思是说在清晨三点到五点下雨，以及轰隆雷声，那是不必愁的，因为到了天亮以后，天自然就会转晴；同样，"水打黄昏戌，韶早可外出"，意思是说晚上七点到九点下雨，明天是会好天气的。如果要看看明天是否会下雨，只需在黄昏时分，向西天望去，如果是彩霞满天，那明天可能就会好天气；否则，可能会下雨，也就是所谓"朝霞晚雨，晚霞走千里"。这些，多是由观察而得，也就"入门看面色，出门看天色"，善于观察，则胸中自有丘壑与定见。可见俚语智慧，是由日常生活观察而来，而且来源甚古。

经过长期观察天候变化而得的谚语，事实上是先民留下的经验之谈，可作为农耕种作、处事活动的参考和生活教育的重要内涵，可以了解廿四节气的变化、大自然的循环，长期关怀这片土地，可以得到许多启示与智慧。

盲到惊蛰先响雷，四十九日乌推推

斗指丁为惊蛰，雷鸣动，蛰虫皆震起而出，故名惊蛰也。仲春花月，惊蛰雷鸣未足奇，春分有雨病人稀，月内相逢三卯日，豆麦田蚕处处宜，在阳历三月六日或七日，太阳过黄经345°为"惊蛰"。

"盲到惊蛰先响雷,四十九日乌推推",意思是说未到惊蛰,雷声就响起,往后的四十九天里,差不多是雨天多于晴天,就算是没有下雨,也是阴阴晴晴,令人难以捉摸的天气。惊蛰是廿四节气之一,重要农耕指标的根据。一般来讲,惊蛰当天或惊蛰后才能听到雷响,一声春雷惊醒了蛰虫,利于松土耕种,顺利生长苗壮,而欣欣向荣,象征着一年好景,风调雨顺,国泰民安。可是还没到惊蛰而打雷,就像早产儿的出世、未康复的身体强行工作,一定会使生活秩序乱了,气候失调,恐有后遗症发生。

客家人非常重视惊蛰节气,认为惊蛰闻雷则年岁丰稔;反之,如惊蛰不闻雷声,就意味着是年要歉收。对于农耕为主的客家人来说,惊蛰闻雷即意味着春耕开始繁忙,没有停歇。但是,不是所有地方都希望在惊蛰听到雷声,在贵州一带有忌雷声的禁忌,有雷声当年会蛇虫成灾。民谚云:"惊蛰有雷鸣,虫蛇多成群"。

未到惊蛰先响雷的第一反应是,那一年的雨水会特别多。而立春时下雨,所谓"立春落水透清明,一日落水一日晴",多是阴雨多于晴天,果真是"雷打惊蛰前,四十九天不见天"(杭州)。

未到惊蛰先响雷的第二反应是,容易产生低温阴雨天气。例如2005年,从过阴历年到农历二月,温度4℃~8℃是常有之事。高山下雪,合欢山雪花飞扬,积雪甚厚,气温低以至不少人冻死,这与北方谚语"未到惊蛰一声雷,四十九日雪花飞""正月雷鸣,二月雪,三月无水做田缺,四月秧打结",真是不谋而合。

未到惊蛰先响雷的第三反应是,寒害。2005年的三月雪(阴历二月),遭殃的是正要发芽的春茶、正要收成的蔬菜。正要开花萌芽的作物,一夜之间,损失难以估计,所以说"盲到惊蛰一声雷,家家田禾无收成",这样的春雪,实际上来讲是不吉利的。

"盲到惊蛰先响雷,四十九日乌推推",除了预测气象以外,更有为人处世的启发警示作用。时机未成熟,处事未圆融,轻率躁进,随便操觚,这些都是未蛰之雷,不能不小心谨慎。

雷打惊蛰前,四十八日雨绵绵

"雷打惊蛰前,四十八日雨绵绵",意思是说,惊蛰还没到,就响起了雷声,往后的四十八天里,大概是雨量丰沛,雨天多于晴天。

还未到惊蛰就打雷,表示时序未到,打乱了农作的秩序,在正常情况下,多在惊蛰才打雷。不过,如果在惊蛰前就发生打雷的现象,表示可能会出现雨水连绵的异常天气,甚至发生灾害,所以有农谚说:"旨到惊蛰先响雷,四十五日乌暗天"。

有些地区对惊蛰前听到雷声,有所忌讳,如"惊蛰未到雷先鸣,大雨似蛟龙""旨到惊蛰一声雷,四十九日雪花飞",由此可知,节气转换对农人的重要。除此之外,对现代人来说,不论士农工商的从业人员,积累一定的物候知识,对生活或工作都会有帮助的。

"雷打惊蛰前,四十八日雨绵绵",除了预测气象以外,更有为人处世的启发警示作用,时机未成熟,切勿躁进,不加考虑,轻率从事,这些都是未蛰之雷,能够不谨慎吗?

春分有雨病人稀,五谷稻作处处宜

斗指壬为春分,日行周天,南北两半球昼夜均分,又适当春之半,故名也。

春分在阳历三月廿一日或廿二日,太阳过黄经360°,这天刚好在"立春"与"立夏"的中间,所以称为"春分"。既是日夜平分,日出上午5时58分,日没下午6时6分。犹记得2009年10月在台湾高等法院检察部门接受通译训练时上法律常识及侦查程序概要课程,讲师林锦村检察官说,夜间不得侦讯,夜间的认定标准是以气象局发布日没的时间为准。

地球自转,太阳直射地球的位置会有所改变,各地区太阳照射的时间长短会有所不同。春分是说春天已经过了一半,夏天的脚步渐渐近了;春分日夜平分,是说春分当天太阳直射赤道,使南北半球各地日夜一样长,各为十二小时,而且渐渐向北半球走。春分过后,太阳照射的位置会逐渐向北回归线,北半球受到日晒的时间会愈来愈长,气候愈来愈温暖,西方人称"春分"是春天的开始,我国是将阳历三月廿一日定为"气象节"。因为气温回暖,惊蛰过后,冬眠的虫、鼠、蛇等开始出来活动,所以农夫要更加注意刚种植的农作物受到虫害,再加上气候变化大,植物也容易受冻,所以春分是农人最忙碌的时候。

"春分有雨病人稀,五谷稻作处处宜",意思是说春分如果下雨,人们才会注意到天气的变化而增减衣物不至于生病。春分的时候,气候变化大,气温不稳定,这个时候人容易生病,农作物容易感染病虫害;而春分前后下雨,这时的气候最适合播种插秧,此时农作物成长,正需雨水滋润,如果春分前后都是雨天,表示今年的收成会相当丰富。谚语说:"二月惊蛰又春分,种树施肥耕地深",告诉人们这个时候,最适合耕作插秧,处处充满春天的气息,虫鸣、鸟叫,万物绿意盎然欣欣向荣。

春分在社前,一斗米一斗钱;春分在社后,一斗米一斗豆

中国古代以农立国,天文知识十分发达。古人把寒来暑往一个周期,分成二十四个节气,作为农事的准则。其中,"春分"是日夜等长。以西历来说:"春分"是在每年的三月廿一日或廿二日。"春分"也称"升分",用西方的科学来说,春分时太阳直射点在赤道上,随后太阳直射点继续北移,北半球各地昼渐长夜渐短,南半球各地夜渐长昼渐短,所以春分也称升分。

用中国的天文学来说,古人仰观天空,春分时太阳位于黄经360°。而"春分"正当春季90天的中分点,平分了春季三个月,当天昼夜也平分各为12小时,所以"春分"因此得名。"春分者,阴阳相半也。故昼夜均而寒暑平。"

"雨水""惊蛰"过后,农民开始忙碌。农谚说:"二月惊蛰又春分,种树施肥耕地深",古诗也有"夜半饭牛呼妇起,明朝种树是春分",都是形容这段时候最适合耕作插秧。

春分在社前,一斗米一斗钱;春分在社后,一斗米一斗豆。春社是春季的社日,祭祀社神,祈祷好年冬。立春后第五戊日为春社,如春分在春社之前,米价昂贵,一斗米一斗钱;如果春分在春社之后,米价会像一斗豆一样便宜。

在传统习俗上,春分前后有个"春社日"。古人在春社日祭拜社稷,社就是土地,稷就是五谷。古代天子以五色土祭社,以五色谷祭稷,祈求五谷丰收,国泰民安。随着时代的演变,社神变成土地公,社稷变成国家的代称,2014年的立春是二月四日,春社日是三月十八日。

清明前,好莳田;清明后,好种豆

斗指丁为清明,时万物絜显而清明,盖时当气清景明,万物皆齐,故名也。

在阳历四月四日、五日或六日中的一天,太阳过黄经15°为"清明"。

清明前，好莳田；①清明后，好种豆。意思也是说为人处事，一定要把握时机点。清明以前，必须把秧插好，秧苗才会顺利生长；清明以后，才可以种豆，豆才能等待时而生。做任何事，都不可太早或太迟。比如说，要搭10：10分的火车，在正常情况下，必须在十分前到达火车站，太早到，需多等；过时到，火车开走了。所以掌握最适当的时机，"时"，是最重要的关键。

一年的廿四节气里头，每一个节气都可作为生活的指针、耕种的参考，清明也一样，我们经常把它当成莳禾种豆的分水岭。春分过后，天气逐渐温和，春风解冻，雨水丰沛，正是莳田的好时机。清明过后，天气清朗，各种豆类植物就可以开始种植了。此乃一大原则，时机未到，不可以种植。譬如说在寒冷的冬天，没有办法插秧，因为谷种没有办法发芽。时机已过，也不可以种植，因为那是事倍功半的事。谚语说："莳田到谷雨，一条禾苗少一粒米"，可见"时"的重要。古人说："纵有智慧，不如乘势；纵有器具，不如待时"，要等待水到渠成，收事半功倍之效。

以"清明前，好莳田；清明后，好种豆"应之于人事，其道理也是一样的，也是需要待时而动。我们知道，中国人林书豪投身美国职篮。未成名时，不被人注意；当成名之后，不以为意，虚心接受批评指教，成为举世的林来疯 Linsanity，他等待、把握时机，时机成熟，尼克队自然找他签约，时间点真是太重要了。

我们以天地为师，以自然为法，不单是莳田种豆而已，要掌握时机，以逸待劳，争取绩效。人生也一样，套两句客家谚语："后生多劳碌，老来好享福"，"老来正学喷笛，喷到眼白白"，告诉人们积极进取在少年。

清明晴，鱼仔上高坪；清明雨，鱼仔杈下死

清明晴，鱼仔上高坪；清明雨，鱼仔杈下死。这是依清明当天的晴雨，预测一年气象概况的客谚。意思是说，清明当天，假使天气清朗，万里无云，今年不愁没有雨水，鱼儿可以随着水位高涨，悠游于高地；假使清明阴雨绵绵，以后的日子可能旱魃降至，河涸木死，水落石出，在枯枝树杈之下，鱼儿失水而死，捕鱼如反掌。这是以清明的晴雨，作为一年气象的参考，有及早筹谋、祈福消灾的意思。

---

① 莳田：插秧。

那是不是清明晴,鱼儿真的会上高坪,清明雨,鱼儿真的会权下死呢?按照近几年的气象资料发现,清明当天假使艳阳高照,长烟一空,到了夏秋的时候,浓云密布,台风夹杂大量雨水,雨水丰富,山川河渠,洪水滔天,路边土坪有捡到大鱼、毛蟹的惊喜,各地水库泄洪,犹如千军万马奔腾,可见清明之晴,系雨水丰富的征兆;而清明时节雨纷纷,到秋冬的时候,饱受干旱之苦,不单没水耕作,就连民生用水也会设限,分区供水,洗车业、游泳池等大量用水的行业更须停止营业,沟圳窝窟水位下降,权下水边,清浅池塘,摸蚬捉鱼,就像探囊取物一般,此谚语也适用于大陆各地,如"清明晴,鱼仔上高坪;清明雨,鱼仔权下死""雨打清明节,大旱三个月",由此看出,清明晴雨,预测一年的天气,是有其共通的可信度的。

那么是不是人们欢喜清明晴,而讨厌清明雨呢?事实上,清明的晴雨,是大自然的一种变化,不论晴雨,都富有意义与价值,因此有说:"清明前后一场雨,胜似秀才中了举",又有说:"清明要晴,谷雨要阴""清明要雨,谷雨要晴"。不管清明晴雨,皆有其正面意义,也就是说,该在清明前后完成的工作,必须完成,也就是谚语所说的,"清明前,好莳田;清明后,好种豆",可见其重要性。

清明晴,鱼仔上高坪,可以体会鱼儿得水之乐;清明雨,鱼仔权下死,在沟渠浅河,鱼儿、虾蟹任意捕捉、大快朵颐,不是有益鱼类,就是益于人类,实乃旷达乐观的人生。

在天气清朗的清明,不单是祈求"清明晴,鱼仔上高坪;晴明雨,鱼仔权下取",更是祭祖扫墓的时候。所以说"三月清明天气新"尽是"陇头陌上挂纸人"。

清明田,谷雨豆

"清明田,谷雨豆",这个时候,农人春耕已完毕,水稻形成幼穗期,农田需要较多的雨水来滋润。其实这个时候,不论黄河流域或华南地区,雨量都相当丰沛,所以"谷雨"是很写实的名称。而"清明田,谷雨豆"是指农人耕作特别注重时间点,最慢要在清明把秧插完,谷雨时豆类都要播种结束,才不会错过植物生长的时机。

清明田,就是要在清明以前将秧苗插完,插秧客家话叫做莳田。莳,就是种植的意思;莳田,就是把秧苗种在田里,成语有"莳花种草"的句子,客家话的插秧叫做"莳田",太有文化素养了。

高手莳田师傅,莳一丛禾秧苗五小株,采深耕浅植、宽行密植方式,秧的行距为30厘米,株距18厘米,一次插五丛。马英九先生竞选期间,在农民家中"long stay",电视播出,他插的秧仅两小株,在二期稻作中是不容易长的,因根部不易遭根。高手莳田师傅,凭目测与经验,插的秧就像有治具辅助一般,直行横列整整齐齐。普通的人插一天秧,要休息三天才能恢复体力;高手莳田师傅,经过一个晚上的调息,第二天又继续上工,所以他们的身价很高,而且很受尊敬。

布袋和尚曾受田家斋饭布施,田家向他求问:"何谓道?"答曰:"手把青秧插满田,低头便见水中天。六根清净方为道,退步原来是向前。"布袋和尚这首偈的末句,借插秧时以"退"为"进",暗指为人处世,处处谦让忍受,行"退一步"之法,在求道的路途上向前迈进了。从表面看,是描写农人从事农作插秧的情景,事实上是讲,似退而实进,退步原来是向前,是很有哲理的。这首偈看起来很浅白,其实深藏丰富的人生哲理、禅机,对常人来说,这首偈亦禅亦道,真是比喻贴切,要言不烦。

插秧的工具有秧铲、秧批仔、秧盆、莳田笐,其中最主要的是"莳田笐",从前是用桂竹篾做的,比较不耐用,后来渐次改用铜、不锈钢制,在笐片的地方用点焊点三点,以保护大拇指。

农谚说:"清明前好莳田,清明后好种豆""莳田到谷雨,有谷就无米""莳田爱抢光,割禾爱抢天",就是告诉人们,耕作要选对时机,而这些口语相传的方法也是一种教育。

莳田到谷雨,有谷就无米

莳田到谷雨,有谷就无米,这是农人凭着"气"的生活智慧,提醒农事的工序。农谚:"清明田,谷雨豆",告诉人们清明以前要把秧插完毕,秧苗才会顺利成长,如今到了谷雨才把秧插好,离插秧的最末期限"清明",已经慢了十五天,就算结穗有谷也是二槽冇①。

农人凭着节气,作为生活的指针、耕作的参考,所谓:"清明前,好莳田",清明前一定要把秧插完毕,待谷雨下雨滋长,这是一个大原则;时机过了不可种植,所谓:"莳田到谷雨,一条禾苗减一粒米",这是事倍功半,可见时的重要。

---

① 二槽冇:风车上谷子的第二个出口出来的较不精实的谷。

用谷雨应之于其他节气也是一样的,所谓:"处暑定犁耙,再莳总过差",是说处暑过后插的秧,收成不好。以之应于人,其道理是一样的,人生四件事使人后悔,那是"说错话、做错事、认错人、错失机会",都须待时而动。所以说立秋前,好莳田;清明前,好莳田,才是适时,可收事半功倍之效。

顺应天时,才能够欣欣向荣,我们师法自然,不单是莳田而已,应安时而处顺,掌握时机以逸待劳,争取效率。

到谷雨,补阿姆;到立夏,补阿爸

斗指癸为谷雨,言雨生百谷也,时必雨下降,百谷滋长之意,盖本于此。

在阳历四月廿日或廿一日,太阳过黄经30°为"谷雨"。客家谚语说:"到谷雨,补阿姆;到立夏,补阿爸",意思是说,从谷雨到立夏这十五天里,是暮春进入初夏之际,气候乍暖还寒,有谓"谷雨寒死母老虎"。春夏之交,气候不稳定,一般人都不太适应,更何况高龄父母,所以要多注意父母的健康。特别是闰月就像2014年闰九月,时序进入立冬了,时而高温30℃,时而低温17℃,温差太大,长者难以适应,为人子女者一定要买猪脚、长面线,回家探望双亲(出嫁女儿尤甚),以慰亲心。

到了新历五月,农历正好是四月,此时天气渐渐转热,各种细菌开始滋生蔓延,客谚有说:"五月毋食蒜,鬼在唇头钻",而在此时,客家人的青草粄也都适时推出。除了注重卫生保健,更要多吃些大蒜、青草粄,预防厉鬼、毒虫细菌徘徊身边入侵身体。

所谓"断油毋断醋,断醋毋断外家路",不论情况如何,都不可以忘记娘家,所带回的猪脚,要剁但不可以剁断,象征母女连心不会断;面线要买长面线,代表亲恩福泽绵长,子女孝思无限。

那是不是只有闰月才回家探亲呢?其实不然,我们是重视孝道的民族,侍奉父母,并不限定于某一天或某一段时间而已。否则,那父母贮候引颈企望子女猪脚面线,恐早已饿死矣!所以从谷雨到立夏这段时间,要多注意父母的健康。

为人子女者,在农历四五月天气逐渐转热之际,为年迈双亲多做预防调理,在多雨等气候变化无常容易染病的时候,多注意父母的健康。

雷打立夏,田开裂

雷打立夏,田开裂,意思是说,立夏打雷田地将会崩裂,不是水灾田地流失,就是旱灾田地龟裂,不能不及早种树防洪,蓄水防旱多做准备,以防不测。

1997年5月5日是立夏,没料到新竹地区忽然响起了轰天大雷,造成地区大停电,200多家厂商损失惨重,23万用户停电,1500头猪遭电殛死亡,瞬间损失高达10亿元以上,正是客谚所说:"雷打立夏田开裂"的祸从天降。

到现在想起,"田"可包含有形、无形的田地财产,扩展到我们的生活空间,做人处事应脚踏实地,多方设想防患未然。古人仰观俯察频获启示,实在不可以事小而轻弃,就像"十二月打雷,猪子不用棰",是口蹄疫的预告,证之今日非常明甚。而现在又"雷打立夏田开裂",造成不可计数的损失,前人长期观察的经验智慧,又怎么能说是巧合呢?

此事虽小,可以喻大,众人之事何尝不是呢?凡对百姓有益者,则雷打立夏,真应戒惕恻隐,宁可信其有,立刻加速心灵改革,进行道德教育和传统文化的扎根工程,而非单求经济利益而已。如此,才可以力避广义的田间崩裂,人力流失,以达到和谐安全的生活环境,那雷打立夏田开裂,就可以作为全民的座右铭了。

立夏起北风,十口鱼塘九口空

斗指东南,维为立夏,万物至此,皆已长大,故名立夏也。孟夏梅月,立夏东风熟稻禾,时逢初八果成多,雷鸣甲子庚辰日,定主蝗虫损稻禾,在阳历五月五日或六日,太阳过黄经45°为"立夏",客家人通常会到野外采"鼠曲草"制作成"艾粄"或擦①"米筛目"供大家食用,据说可以减少夏天生疔长疮。

立夏是夏天的第一个节气。《礼记·月令》记述:"立夏之日,天子亲率三公九卿大夫,以迎夏于南郊。"因夏天吹南风,所以"迎于南方",皇帝亲自迎接夏神,可见这个节气之重要性。其实立夏是告诉我们夏天快到了,这时春天也到了尾声,播种的农作物都已长大,但是离真正的夏天还有一段时间。

---

① 擦:刷。

"立夏"这一天也是预测夏季天气的关键日子。"立夏之日青蛙鸣,青蛙不鸣水潦淫漫"是指青蛙若不叫,恐易闹水灾。"立夏起东风,十塘九塘空""立夏北,无水通磨墨""立夏起北风,十口鱼塘九口空",是说立夏日若起东风或刮北风,就不下雨,主干旱,与"立夏不下,犁耙高挂"相同意义;相反的"立夏的雨水潺潺,米粒割到无处置"表示立夏日下雨,五谷丰收。

古代伏羲氏治理天下,靠着仰观象于天,俯观法于地,取法天象风雨明晦变化,裨益施政指针,虽是丝毫天象的异兆,果有益于天下,岂忍斥为无稽之谈!此为见微知著,洞察先河。

立夏吹北风,地动①疾疫泉水涌

1999年9月21日凌晨1时47分15.9秒,台湾发生战后近百年来,最惨重的天灾,也就是南投县集集镇内的集集大地震(921大地震),震了102秒。说也奇怪,在921大地震前夕,有大量马陆出现。2007年彰化出现大量马陆入侵民宅,随即也发生了地震。马陆的出现,当然不一定会发生地震,可是凡事定有征兆,如果不加注意,错失研判的良好时机,恐怕将会与苍生福祉理念背道而驰。

无独有偶,报载大陆地震前夕,曾经出现大规模的蟾蜍迁徙现象,这是地震的征象吗?假使能见微知著,或可稍加预做防震。

同理,台湾的水旱之灾,亦可从许多前人的经验得到启示。2008年5月突然刮北风,凉飕飕的,跟以往大不相同。谚云:"四月初一吹北风,山空海也空""立夏吹北风,地动疾疫泉水涌",2008年四月初一正巧是立夏,可能会有地震或疾疫蔓延,谁知道2008年5月12日14时28分4.1秒地震竟然发生在大陆四川汶川县映秀镇,造成大陆成立中华人民共和国以来,破坏力最大的地震,也是唐山大地震以后伤亡最惨重的一次,而同期台湾在防肠病毒。那这种凉夏还要多久呢?谚云:"立夏北风起,连刮四十天",又云:"立夏刮北风,十个鱼塘九个空",恐怕暗示2008年夏天雨量将甚丰沛。

有不少谚语可资佐证,如"四月初一雨水多,六七月里水滂沱",2008年农历四月初一正巧立夏又下雨,又云:"立夏雨,打烂鼓""立夏雨,多云

---

① 地动:地震。

天""立夏雨,蓑衣会臭馊"①

汶川大地震,刚好农历四月初八,所谓"四月初八,水打菩萨""四月初八,大水冲菩萨""四月初八晴,鲤鱼上高坪""清明晴,鱼仔上高坪""四月北风水打杈",都说四月北风,象征水灾。

伏羲氏仰观于天,俯观于地,取法天象风雨明晦变化,以为施政指针治理天下,虽似丝毫天象的异兆,果真有益于天下,不忍斥为无稽之谈。见微知著,慎防水患,实是以马陆、蟾蜍、北风为师矣!

小满蛄,爽番薯

斗指甲为小满,万物长此于少得盈满,麦至此方,小满而未全熟,故名也。在阳历五月廿一日或廿二日,太阳过黄经60°为"小满"。小满是夏季的第二个节气,这个时候,大陆黄河流域一带积雪融化,前一年种植的"冬小麦"麦苗受到灌溉,慢慢地结穗、饱满,农夫们这时开始期待着丰收季节的来临,所以把这个节气称为"小满"。而此时,台湾中南部的水稻已进入了黄熟期,由于适逢梅雨季,所以要特别注意排水沟渠的疏通,减少梅雨季大量雨水所可能带来的农作损失。

由于进入初夏,天气愈来愈热,小满的蝼蛄,是稻麦的害虫,连番薯也不放过,造成损失。它体圆长,头圆,长寸余,足三对,第一对强大,适于掘地,昼伏夜出,就在谷麦的发芽处穿孔产卵。

有句俗谚说:"小满梅雨在本岛,种植花木皆成宝",这句话的意思是,小满节气适逢梅雨季,如果在这个时候种植花草树木等植物或进行扦插、嫁接等工作,植物的成长速度会比较快,花木都可以长得像宝一样的好!

"小满天难做,蚕要温和麦要寒"这句谚语的意思是,这个时节是蚕结茧的时候,蚕喜欢温暖的天气,但是麦结穗时却喜欢寒冷的天气,这对老天爷来说真是左右为难。

不管天气的温暖寒冷,此时,台湾中南部的水稻已进入了黄熟期,由于适逢梅雨季,所以要特别注意排水沟渠的疏通,减少梅雨季大量雨水所可能带来的农作损失,要未雨绸缪,及早做好预防准备,犹如防小满蛄爽番薯一样。

---

① 臭馊:菜蔬腐败味道;蓑衣被淋得有臭味了。

小满不满,无水洗碗

小满是指夏熟作物的籽粒开始灌浆饱满,可是还未成熟,只是小满还未大满,耕作的人,从庄稼的小满里,憧憬着夏收的殷实。

小满是夏季的第二个节气,小满和惊蛰、清明一样,是反映生物受气候变化的影响,而出现生长发育的节令。意思是说,自然界植物到了这个节令,比较茂盛丰满了,以麦类为主的夏收作物,籽粒逐渐饱满,可是还没有到达最饱满的时候。

小满前后天气的特点是高温高湿多雨,冷暖空气交会频繁,气流强烈对流也时有发生,要特别注意暴雨、狂风、雷电的侵害。一般来讲,这个时候,北方冷空气,可以深入南部地区,南方暖湿气气流也强盛的话,很容易在华南一带造成暴雨或豪雨。所以,小满节气的后期,经常是这些地区防汛的紧张阶段。

还有,小满期间江南地区经常是江河满。假使不满,定是遇上旱魃少雨了,所谓:"小满不满,无水洗碗""小满不下,犁耙高挂"。而这里所说的"满",是雨水多的意思,而不是指农作物颗粒饱满。

小满农作物需要雨水滋润生长,才能颗粒饱满。可是如果"小满不满,无水洗碗",旱魃降临,作物遭殃不熟加上强烈气流对流,造成暴雨、豪雨甚至豪大雨,会导致作物损失。所以要凭着先人的智慧,吸取经验,作为对应涝旱及早做好准备,顺应大自然才是上策。

芒种火烧山,大水十八番

斗指已为芒种,此时可芒有种之谷,过此即失效,故名芒种也。仲夏蒲月,端阳有雨是丰年,芒种逢雷美亦然,夏至风从西北起,瓜蔬园内受煎熬,在阳历六月六日或七日,太阳过黄经75°为"芒种"。此时稻子已结实成种,而吐穗结实的稻子谷粒上会长出细芒,是为"芒种"。有芒作物开始成熟,此时亦是秋季作物播种的最适当时期。农历四月底正当雨季入梅、雨水特别旺盛,五月又是梅雨季节,没有一处干燥泥土,到六月天气一放晴,正值盛夏热得不得了,所以有农谚"四月芒种雨、五月无干土,六月火烧埔""盲食五月粽,袄婆毋入瓮"。

台湾种的稻,有野生稻与栽培稻,既然讲到芒,经访问,姜义荣老先生说:"野生稻长芒刺,栽培稻不具芒刺"。现今所播种的都是栽培稻,野生稻比较少见了,野生稻稻谷会自动落下,栽培稻需打谷。

节气作为间隔时间点,往往也用来预测往后的天气气象,也就是说,芒种当日的天气,与其日后的天气正好相反。比如说:"芒种火烧山,大水十八番""芒种下雨火烧鸡,夏至下雨烂草鞋",都是说芒种当天气热的话,接下来就会下大雨,甚至造成灾害,的确不可轻忽。

台湾的芒种时节,稻子已接近成熟,甚至已经收割,田里也没有作物,所以谚语云:"芒种蝶仔讨无食。"

其实,五月本是夏天,尤其吃过五月的粽子,天气开始热了,大水十八番,表示五月会做大水,要居安思危、未雨绸缪。

芒种夏至,有好食也懒去

斗指乙为夏至,万物于此,皆假大而极至,时夏将至,故名也。在阳历六月廿一日或廿二日,太阳过黄经 90°为"夏至"。至者,到达、来到之意,夏天已来到了,就像人来到青壮之年,精力旺盛到达巅峰,而夏至就是夏天到达最炎热的季节。

芒种夏至,有好食也懒去,这是一首节气谚语。意思是说,在仲夏之后火伞高张,天气炎热难当,就算是有佳肴美食可以享受,因为燠热难当,所以也懒得去了。这句谚语用于现代,可能适合,即使有丰盛美食,在农村,办筵席都是外烩,没有冷气,做完工也只请助割师傅,亲朋懒得出门,可以理解。但是,在从前难得有机会可以打牙祭,因何在夏至,有好食也懒去呢?经访问,詹清水①老先生说:"夏至,酷热难当,从前交通不便,甲乙两地往返,都靠双脚,为了吃一餐,冒炎暑大汗淋漓,食毕返家又是汗流浃背,有食肥走瘦②、得不偿失之感,所以,有好食也懒去"。

到了夏至以后,天气炎热懒得出门,就算有佳肴美酒,也缺少兴趣,没有丝毫食欲。倒是希望此时普降甘霖,清凉舒爽,消消暑意,所谓"夏至日得雨,一滴值千金"。夏雨,不只对人有益,对万物更有裨益,所以又说"夏至日得雨,其年必丰"。夏至,亦是作物收成,气象预测的指针。

夏至日下雨,心里欢喜;夏至日不下雨,酷热令人浮躁。夏至日不下雨,炎热的三伏天提早报到,三伏就是初伏、中伏、末伏,夏至以后第三庚

---

① 詹清水先生,1924 年生,住桃园市永美街 60 巷 3 号,幼时务农,自学考取公务员,任职土地银行科长退休。

② 走:跑。

日为初伏,夏至以后第四庚日为中伏,立秋后第一庚日为末伏,十日为一庚日,夏至到末伏之间,实际上已过了一个多月,这期间是炎热的三伏天,所以说:"夏至无雨三伏热"。

2014年,六月廿一日夏至,全省除少数地区,多为晴天。所以在往后的一个多月里,都没有下雨,炎热无比,气温居高不下,有谚云:"六月日头七月火,八月晒死草",莫怪有丰富筵席,也懒得去了。

芒种前十日,后十日,膨风茶青打第一

"膨风茶"是客家人勤俭个性下的产物,是垃圾变黄金的最佳典范,是由国外红回台湾的明星级茶品,名称也由原本带有贬义的"膨风茶",一跃成为高贵,拥有着宛如大家闺秀气质的"东方美人茶",名称附带着高贵在其中,是台湾独有的名茶。

"膨风茶"要靠功夫慢磨,才能慢工出细活,而登峰造极。"膨风茶"的"茶青",采收后要经过一道又一道的工序,从阳光下晒红、手工拢茶、入锅炒熟后手工卷曲、"火炭"火"焙茶",用时间换取令人惊艳的茶品。

"膨风茶"的别名众多,又名为"椪风茶"、"东方美人茶"、"白毫乌龙茶"和"番庄乌龙"、"福寿茶"等名称,客家人亦称其为"冰风茶"、"烟风茶"或称为"蜒仔茶"。其名称不一而足,指称的是受到虫害受损的茶叶,在客家人的巧手和高超制茶技术下,无意中创造出来的高质量重发酵的茶品。膨风茶的命名,不论说法为何,似乎都与这种被虫叮咬的茶叶竟卖出惊人的高价有关,让人不敢相信它价值连城,只能以"膨风茶"来称呼这种异军突起的名茶。

"膨风茶"是一种奇特的台湾初夏茶,每年端午节的前后为产季,需要在无空气污染、背风、高温、潮湿、日照充足的多重条件下生长,且栽种过程中完全不能施予化学肥料及农药,以利"茶小绿叶蝉"(小绿浮尘子)附着吸吮,使茶叶片自然变质,才能制造出拥有果香奇特风味的茶。

"膨风茶"是老天爷的赐予,借由客家人勤俭惜物不浪费,加以废物利用的发挥,意外创造出来的珍品。客家人不舍辛勤耕作的茶叶因虫害而丢弃,在惜物爱物、能用尽量食用的想法下,将遭受"茶小绿叶蝉"蛀食的"茶青",以高超的制茶技术制成乌龙茶,原本只是要试图尽量减少农损,专供自家冲泡饮用。

出乎意料的是,原本仅供自家茶农饮用的茶,却因泡出的茶汤水色较偏红，不像传统的乌龙茶，反倒较接近红茶的颜色，且有较特殊的蜂蜜香，有别于传统的乌龙茶滋味。茶农因爱物惜物的惜福观念，瞎打误撞造就出高质量的乌龙茶。这种本想自家饮用的茶品，有着不凡的茶汤色及香味，在茶的排名谱里，身价扶摇直上，成了出口乌龙茶中等级最高的上品。

虽然没有明确的文献，证明"膨风茶"是客家人发明独创的。可是依照"膨风茶"产地集中于新竹、苗栗两县的客家庄，可以合理推论"膨风茶"应是由客家人所制造出来的，发源地应是在客家人所居住的客家庄。

名列茶叶排行榜贵族之列的"膨风茶"，可说是举世平均单价最昂贵的特色茶，被叮咬愈严重的茶叶质量愈好，制作完成时会呈现茶芽愈白、茶叶愈红的特色。"着蜒"严重的膨风茶，泡起来茶形漂亮，茶汤红润、茶味甘甜，非常受到爱茶人士的欢迎，顶级的甚至一斤要价高达数十万新台币。

具独特天然水果香，滋味带显著的蜂蜜味，甘甜后韵，外观极尽艳丽多彩，夹杂红、白、黄、绿、褐五色相间，形状宛如花朵，称得上是全世界绝无仅有。茶汤水呈鲜艳琥珀色，是特产茶叶中的特产，名茶中的名茶。

除了制成的茶汤风味独具，"膨风茶"的做工烦琐费时，以及需要多种条件搭配，才能成就这一举世闻名的名茶。"膨风茶"的采收必须在炎夏六七月，茶树嫩芽经茶小绿叶蝉吸食后长成的"茶芯"，称为"着蜒"的茶青。经手工采摘一心二叶，再以传统技术精制而成高级乌龙茶。采收后的茶青，直接在阳光下晒红，晒红以后以手工直接拢茶数十遍，茶香喷鼻后入锅炒熟，在制茶过程中炒青后，需多一道以布包裹，置入竹篓或铁桶内"静置回润"或称"回软"的二度发酵程序，再进行揉捻、解块、烘干而制成毛茶。烘制也甚讲究，一定要用木炭火烘干，只有微温徐火，烘出来的膨风茶才是极品。

要成就"膨风茶"的风华，需要多项条件的配合，自然和人工的调和，才能制成高贵、珍稀的茶品。除了最基本的茶青原料，一定要茶芯经过小绿叶蝉危害过，而且危害越严重越好。受小绿叶蝉危害的茶树品种中，以青心大冇制造的质量最佳，以产于夏季的质量最优；只能采一心二叶或二叶未开面之幼嫩芽叶制作，且必须用手采，采摘茶芯肥大具白毫者佳；产地以新竹县北埔及峨眉乡、苗栗县的头份和头屋等地，质量最佳。

除了种种条件限制，包括产季限制、产区限制、品种限制、原料限制且只能限定手采,还要拥有高度制茶艺术,这些条件的搭配调制,才能造就出令人激赏且价格高贵的"膨风茶"。如果你有机会品尝"膨风茶",千万别囫囵吞枣大口吞下,要细细品尝,体会茶汤在舌尖口中窜流的美妙感觉,领略汤水中飘散着的淡雅果香及蜜似的茶香,享受后韵无穷的甘甜。

芒种前十日、后十日,膨风茶青打第一。意思说制作膨风茶,芒种前十日、后十日的膨风茶青最好,采摘的时间点非常重要,过了这廿天,制作出的膨风茶先天茶青就不好了,成品定受影响,"时"真是太重要了,推及其他事物亦然。

夏至端午前,农人泪涟涟

"夏至端午前,农人泪涟涟",这是一首节气谚语。夏至和端阳节气时令是临近的,民间凭着节气生活丰富的体验,对未来的收成做提示和预测。

夏至是按照太阳历的回归年来推算的,端午节是依照太阴历的朔望月来推算,所以性质不同,时而夏至在端午前,时而夏至在端午后,有时夏至端午出现重合,农民对这一谚语有特别注意。如山东谚语"夏至临端午,三年不收麦""夏至在端午头,一边吃一边愁""夏至端午前,农人泪涟涟""夏至在正当午,种田人白受苦""夏至在端午后,提猪头又买肉"。

农民们认为夏至在端午之前或正逢端午,预期庄稼收成不好,夏至在端午之后,意味着将是一个丰收年,农民根据夏至端午的提示,安排农事生产活动。

2004年夏至在农历五月初四,是在端午之前,果然,在农历七月二日(五月十五日),台风暴雨来袭,重创台湾,农民欲哭无泪。

夏至不论在端午之前、之后或重合,夏至在端午之前,都可能有水灾之虞。不论结果如何,要有未雨绸缪预做准备,深谋远虑。

夏至见晴天,有雨在秋边

夏至这一天的太阳会直射北回归线,北半球受光最多,是一年当中白昼最长、夜间最短的一天,真是"夏日炎炎,长夏漫漫"。其实,夏至并不是最炎热的一天,真正的炎热是"小暑""大暑",这才是北半球最热的时候。

"夏至台风就出世",这是告诉人们台风季节即将来临。夏至时节,梅雨季已经结束,而紧接着来的是台风的旺季,北部水稻正在结实期间,假使刮大风,便会白穗而成"禾头空",南部一期稻作,已经开始收割。

夏至的到来,下雨的范围也缩小了。"夏至见晴天,有雨在秋边",意思是说,夏至如果没有下雨,往后的四十五天都不会下雨,必须等到立秋之日才会下雨。

不管刮大风稻穗会变禾头空、南部一期稻作防台的抢割或是渴望及时雨消暑的煎熬,人们一定要收听气象报告,做好防台准备,减少台风带来的损失。

小暑过,一日热三分

斗指辛为小暑,斯时天气已热,尚未达于极点,故名小暑也。季夏荔月,三伏之中逢酷热,五谷田中秋下结,此时若不逢灾厄,定是三冬多雨雪。在阳历七月七日或八日,太阳过黄经105°为"小暑"。顾名思义,"小暑"这个节气名称中的小,是指暑热之气尚未至于极,而渐趋炎热,但还不是最热的时候。不过,近年来,由于"温室效应",在这个节气,也经常出现35℃以上的高温,令人热得难受。

这个时候,台湾已经是典型的夏季型气候,特别是在没有风的日子里,让人感到闷热难当,希望有及时雨来消暑。当下过一阵雷阵雨后,顿觉凉爽。这种雷阵雨,一般下不会超过两个小时。但是,下过一阵雨,就渐热一次,所以说:"小暑过,一日热三分"。

由于六月份四周海域随时有低气压形成,台风说来就来,"六月防初,七月防半"就是形容六月初与七月中旬是台风最多的时候。民众必须严防灾害,老一辈的人,会看别名为"台风草"的"棕叶狗尾草",叶片上褶痕的多寡,来预测今年台风的数量。除此之外,也会借由观察"小暑"节气的变化来预测台风。像是俗谚说:"小暑惊东风",就是表示"小暑"时节吹东风,即是台风来袭的前兆。"六月初一,一雷压九台,无雷便是台",则说明若是"小暑"所在的农历六月初一没有打雷,则当年会有台风来袭。

有句农谚:"小暑小禾黄",意思是说,这个时候是第二期稻作秧苗期,第一期稻作黄熟的时候,农人一方面要收割,收割后要赶快犁田耙田,准备第二期播种插秧,时间紧凑忙碌可见一斑。

俗谚云:"小暑惊东风,大暑惊红霞",意思是说,小暑的时候,如果吹东风,大暑傍晚的时候红霞满天,都是台风来临前的征兆,在收割、准备插秧之余,要做好防台风准备。

小暑小禾黄,大暑满田光

"小暑小禾黄,大暑满田光",意思是说,每年的一期稻作,到小暑季节时就渐渐成熟,变成美丽金黄的稻穗,可以开始看实际情形收割。一旦到了大暑,大概就全部收割完毕。引申做事要审时、知时、待时、及时,切勿失时的含义在内。

小暑是在国历的七月七日或八日,一般多在农历六月上旬,此时斗指辛为小暑。所谓小者,是指暑热之气尚未至于极,而渐趋炎热。刚好此时经历了三个月的稻子开始成熟,慢慢转为金黄,可以准备收割了,一直到大暑期间,正是农忙收割的季节。

大暑,是指每年的国历七月廿三日或廿四日,一般多在六月下旬,但不固定。此时斗指丙为大暑,太阳过黄经120°为"大暑"。所谓大暑,是指天气极为炎热,气温飙到37℃以上。"人在屋里气得跳,禾在田里直发笑",说明了热则热矣,田里的金黄稻子已结实累累,随风摇曳,早就可以收割了。所以,从小暑开始准备收成,直到大暑的忙碌,就有所谓:"小暑小割,大暑大割"的喜悦。

"大割"是指大暑时,田里的稻子也快割完了,再不收割,就可能有失时之虞,就是所谓的"大暑满田光"。不过,2014年是三月清明和七月立秋,所谓"六月秋,紧啾啾;七月秋,宽悠悠",季节较慢,收割也慢。大暑时,却不一定满田光。所以,2014年虽过大暑,却有许多稻子尚未收割,是正常的。

事实上,在小暑之前,是一种"四五六月日头长,农人毋得到禾黄"的期盼时光,等待稻子成熟的渴望,一旦小暑到来,就知道稻子可以准备收成了。虽然天气炎热,也是满心欢喜的,因为,马上就要"六月食新,拜土地公",并且还有"六月六,仙草水,米筛目"这么美味的点心。在这喜悦忙碌之间,很快就满田都收割完毕。第一期的稻作,称之为"六月冬",冬者,终也,是一期稻作终了的意思。

"小暑小禾黄,大暑满田光",是充满着关怀的待时,有经验的审时度势而知时,要剑及履及、及时收割,才不会失时,影响收成。所谓"大暑毋割禾,一日少一箩,"万事皆如此,该及时者就要及时,该斟酌就要斟酌,否则"过时而不采,将随秋草萎",前功尽弃,殊为可惜。

大暑热不透,大水风搓^①到

斗指丙为大暑,斯时天气甚热于小暑,故名大暑。在阳历七月廿三日或廿四日,太阳过黄经120°为"大暑"。天气最热的时候,第二期水稻开始插秧,田里需水量大增,如果雨水不足发生干旱,有休耕之虞。可是因为台风季节来临,狂风暴雨经常会毁掉农民半年所得,所谓:"大暑大落大死,无落无死",表示大暑下雨之大小,对水稻生育影响很大。所谓:"大暑热不透,大水风搓到",以大暑的够不够热,来预测台风数量的多寡。

所谓大暑,是指天气极为炎热,气温直飙,有谓:"人在屋里热得跳,稻在田里直发笑"。因为稻子经过了三个月开始成熟,慢慢转为金黄,煞是美丽,可以准备收割了。虽然热是很热,但是田里黄金稻子结实累累,早就可以收割了,所以,从小暑开始准备收割,到大暑收割的忙碌,就有所谓:"小暑小割,大暑大割"的欢喜。

"大割"是指大暑的时候,田里的稻子也快割完了,要是再不收割,就有所谓:"大暑毋割禾,一日少一箩。"虽然天气很热,但是收成的心情是欢喜的,从等待、成长、收割,该待时就待时,该及时就及时,才不至于错失时机,蒙受损失。

大暑热不透,大水风搓到,大暑不热,表示气候不顺,会有水灾或风灾,要预先做好防台准备。

六月天公脚痛痛到笑,卅暗晡嘴痛痛到噭

痛,不管牙痛、手伤痛、发蛇^②痛,那是椎心痛抽痛,痛到连心,难以忍受的。一样是痛,六月天公时的脚痛却痛到笑,卅暗晡^③嘴痛竟然痛到哭,这是以前农业社会辛苦生活真实的写照,不可以以词害意。

为什么六月天公脚痛会笑,而卅暗晡嘴痛会哭呢?因为炎热的六月,正是一期稻作收获的季节,不论男女老少,顶着艳阳在田里收割挑担,个个汗流浃背,闷热难当,衣衫尽湿,工作之辛劳尽人皆知。这时是全家总动员,少有例外,俗谚说:"六月天公,家神牌都会停动"^④,除非卧病、脚痛

---

① 风搓:台风。
② 发蛇:带状疱疹,椎心之痛。
③ 卅暗晡:除夕夜。
④ 六月天公,家神牌都会停动:六月天,农事繁忙,大家不得闲暇,连祖先们也像要来帮忙的样子。

之人,才有特权免除工作,坐在阴凉树下,迎着习习南风,可以名正言顺暂时喘息,这不是痛到嘴角泛起微笑吗?

一年辛劳,好不容易要过年了,团圆的年夜饭,丰富的年菜,想那鸡鸭鱼肉,美食当前,不到年节是难得见的。平日三餐,都在腌萝卜、咸菜、豆豉中度过,能不垂涎三尺吗?偏偏此时嘴巴不争气,嘴痛牙痛,口失前蹄,在欢乐气氛里,欲语无言,欲哭无泪,面对齿颊留香的山珍海味,养齿千日,紧要关头又不能用,怎不痛到哭呢?

立秋前,好莳田;立秋后,好种豆

一年廿四节气,每一节气都可以作为生活的指针、耕作的参考。立秋也不例外,我们把它当作插秧种豆的分水岭。大暑酷热的气候过后,夏去秋来,以立秋为准,表示秋天开始了,天气开始凉爽舒适。黄振力[①]先生说:"立秋前好莳田,立秋后无收成",农民要赶在立秋前,把插秧工作完成,再慢的话,天气渐冷不适合稻作生长,就会没有好收成。

斗指西南,维为立秋,阴意出地,始杀万物,按秋训,禾谷熟也。孟秋瓜月,立秋无雨最堪愁,万物从来只半收,处暑若逢天下雨,纵然结实也悲忧。在阳历八月七日或八日,太阳过黄经135°为"立秋"。"立秋前,好莳田;立秋后,好种豆",意思是说,为人处世,要把握时间点,就像在立秋前,必须把秧插好,秧苗才会顺利成长茁壮;立秋以后,才可以种豆,豆才可以待时而生。一切事物,切忌过早或过晚。要掌握最适当的时间点,禾豆欣欣以向荣,羡万物之得时,时间点,是最重要的关键,也是中庸之道的发扬。

以立秋应之于其他节气也一样,所谓"清明前,好莳田;清明后,好种豆",其道理是一样的,以之应于人事,也是需要待时而动。旅美职棒大联盟投手陈伟殷,投了十几场的胜投,打入季后赛,不用自己急着与球队谈价码,时间一到球队主动加薪并续约,可见时机一到,水到渠成,收事半功倍之效。

万物顺应天时,才能够欣欣向荣,以天地为师,以自然为法则,不单是莳田种豆而已,掌握时间点,可以以逸待劳,取得效果。

---

① 黄振力先生,1949年生,住桃园县新屋乡,务农40多年,任台裕橡胶开发课长。

六月秋,紧啾啾;七月秋,宽悠悠

"六月秋,紧啾啾;七月秋,宽悠悠",这句客谚意思是说,立秋假如是落在农历六月,将会使原本就十分忙碌的农事,忙得更不可开交;立秋如果是在农历七月的话,那时序工作可以正常运作,可以有比较宽裕的时间,农事不必那么急迫,可以从容有余。

六月立秋和七月立秋,有什么紧宽区别呢?依四季时序,六月是季夏,正是一期稻作成熟时,忙于收割、晒谷、扎秆等农事,所谓:"小暑小禾黄,大暑满田光",而小暑、大暑一般都在六月。可是节气一旦提前,六月就要立秋,秋凉之气提早到来,一定会影响稻作生长。所以,最迟一定要在立秋之前把秧插好,将来才会有好收成,所以说:"立秋前,好莳田;立秋后,好种豆"。既然立秋前要把田莳好,偏偏立秋又落在六月,六月根本没得空闲,所以农作工序要紧凑以免"六月秋,样样丢"。

如果七月才立秋,一期收割和二期播种的时间显然有一段距离,只要按部就班,就有充裕的时间,而不会忙得人仰马翻,所谓"七月秋,样样收",和"年前交春紧啾啾,年后交春宽悠悠",意思是一样的。

今年2014年,立秋是七月十二日,举目所望,所有稻田都是一片绿油油了,六月的忙碌,也总算告一段落。可是,一想到"水浅怕秧枯,水深愁秧腐",不免毛发耸然,用了天时之后,也要尽地利,不管是六月秋还是七月秋,都疏忽不得。

处暑若逢天落雨,纵然结实也难留

斗指戊为处暑,暑将退,伏而潜处,故名也。在阳历八月廿三日或廿四日,太阳过黄经150°为"处暑"。处有躲藏、终止、结束的意思,处暑即处决了夏天。虽然处暑是在立秋过后的15日,奇怪的是在秋天已经来了15天,夏天才真的结束。处暑时夏天虽然结束,但暑气却仍在天地之间弥漫,慢慢离去,就好像烤箱的余温也要慢慢散发一般。有俗谚"处暑十八盆",指的是处暑后天气仍暄,暑气仍蒸腾,要再洗身十八日后天气才会真的凉,不再流汗。

处暑后下雨的机会少了,天气也逐渐干燥,所以,灌溉要勤。农业有一诗说:"处暑优尽秋色美,玉主甜菜要灌水",处暑干燥加上高温,有谚语谓:"处暑,暴死老鼠"。

此时二期稻作进入孕穗期,已非插秧适期,所以说此暑不可种。而作物最怕雨水过多,若遇台风来袭,灾情更是惨重,农谚云:"处暑若逢天下雨,纵然结实亦难留"。农人最怕处暑落雨,一年辛苦等收成,若偏遇雨打作物真是叫天天不应,所以才有"处暑下雨万人愁"之说;如果遇到好天气,"谷到处暑黄,家家场中打稻忙",就是农人最盼望的秋和、秋日好的农收欢乐时光。

处是住的意思,也就是说暑气到此打住,暑气慢慢消除。可是,有时午后的炎热,不输大暑,就像是夏日的回光返照。处暑若逢天下雨,纵然结实也难留,也就是说,处暑当天下雨,砚年成歉收。

处暑定犁耙,再莳总过差

"处暑定犁耙,再莳总过差",这是耕田人长年以来,生活的智慧提醒耕田人要懂得节气,什么时候,该做什么事,才不会错过耕作时机,白忙一场。

时序进入处暑这个节气,水田全部都已经插秧完毕,犁和耙两样农具可以暂时不用了,到了处暑才犁田翻土,已经太晚,即使勉为插秧,秋收也不会好。

这是再度提醒人们,"时"的重要,意指为人处世,一定要把握时机。吕蒙正作破窑赋云:"天不得时,日月无光,地不得时,草木不长,水不得时,风浪不平,人不得时,利运不通",大大感叹时的重要,在未成功之前,必须藏器努力俟时而动,以免时机之流逝,后悔不及。人生会有四件事使你后悔,那就是说错话、做错事、认错人、错失机会,山歌有谓:"爱连阿妹赶后生,黄秧莳田难转青",实宜及早在清明、立秋前把田莳完,才是把握时机。

七月半个鸭仔——毋知死

台湾客家谚语:"七月半个鸭仔——毋知死",七月半就是中元节,拜祖先、普度众生,有供奉神猪、拜鸡又拜鸭,为什么说鸭子毋知死呢?

客家人祭拜神明祖先,一般都用公鸡,牝鸡不可(要传小鸡)。可是公鸡体力消耗多,饲养耗时费日,不易肥大,于是改用阉鸡,一般都养到十多斤,雄赳赳气昂昂。农业社会,鸡都户外饲养,放走自由活动,在竹林、树下讨食虫蚁,一天补充两次的稻谷、麦皮、玉米,饲养容易肉质鲜嫩,味道甜美,是饮食滋补良品,质量精良令人垂涎,今日之饲料鸡,无以比拟,讲到鸭子,也难以望其项背。

容易养的鸭子,在农业社会,比起鸡来是低了一等,不但上不了供桌,对于出过麻疹、开过刀、动过手术的病者,都不宜食用,很显然鸭子是不被重视的。但是小鸭自春天出生以来,自己讨生活,也没有母鸭带,自己长大,到了七月早已丰姿翩翩,肥美壮硕,引起人们的注意。鸭子虽然不可以拜神,但七月要拜好兄弟,普度孤魂野鬼,而土鸡经过上元节、头牙、清明节、端午节,土鸡都快杀光了,肥美的阉鸡实在不舍拿来拜鬼神,这时,鸭子正好派上用场。

而天真无邪的鸭子,成群结队在树荫下休息,或在池塘里悠游逍遥,碰到主人还呱呱呱热情地打招呼,根本没存戒心,更没有大祸临头的征兆,看在眼里,真是不忍又无奈,只好说:"七月半个鸭仔——毋知死"。

从这句谚语,发觉善良的鸭子,被最亲近的人类出卖、宰杀都不知道,还不断向他的主人示好,当他是最亲密的朋友。除了不知人间险恶,寄予同情之外,更寄语大家要居安思危,洞察厉害。

白露淋禾,丢肥落河

斗指癸为白露,阴气渐重,露凝而白,故名白露也。仲秋桂月,秋分天气白云多,处处欢声歌好禾,只怕此日雷电闪,冬来米贵价如何。在阳历九月八日或九日,太阳过黄经165°为"白露"。在白露节气里,在清晨的时候,我们会发现户外的地面和叶子上面会有许多露珠,这是因为白天、夜晚气温相差大,到了夜间,空气中的水汽遇冷凝结成细小的水滴,密集附着在花草树木的茎叶或花瓣上,呈白色,所以称作白露。

进入白露节气,在夜晚会感到凉意,意思是告诉大家秋天来了。因为日夜温差大,要记得适时添加衣服,尤其是早出晚归的人,记得多带一件衣服,小心别着凉了。

白露时节,正值稻作第二期,这时的稻作属于"孕穗期"。这时雨季刚过,所以更需要露水提供足够的水分,让稻子顺利成长。所以说白露如果下雨,对稻子来说是及时的肥料,因此有"白露淋禾,丢肥落河",意思是说,白露下雨,有如施肥。

白露是收获的季节,也是播种的季节,富庶辽阔的东北平原,开始收割稻子,华北地区的秋收作物成熟,如大豆、高粱,大江南北的棉花正在吐絮,进入全面分批采收的季节。白露下雨,是预测收成,所以说:"白露淋禾,丢肥落河",注定收获丰硕。

谚语说:"过了白露节,夜寒日里热",便是说白露时白天夜里的温差很大。古语说:"白露节气勿露身,早晚要叮咛。"意在提醒人们此时白天虽然温和,但早晚已凉,打赤膊容易着凉。

白露时节,我国大部分地区天高气爽,云淡风轻。俗话说:"白露秋分夜,一夜冷一夜"。这时,夏季季风逐渐被冬季季风所替代,多吹偏北风,冷空气南下逐渐频繁,加上太阳直射地面的位置南移,北半球日照时间变短,日照强度减弱,夜间常晴朗少云,地面辐射散热快,所以温度下降速度也逐渐加快,天气也就越来越凉。

白露白茫茫,稻谷满田黄

"白露白茫茫,稻谷满田黄",意思是说,当白露节气来临时,天气逐渐转凉,夜间,水气遇冷即凝结成白露,当在白露时序,暑气刚消寒意正起,所以露水一天比一天凝重。一大早到田间田塍走走,会看到草木上许多晶莹剔透的露珠,二期稻作正在孕穗,早播的稻子将进入抽穗期,清晨看到树草白茫茫一片,田里却是一片金黄的稻谷,尽是农人等着收割的喜悦。

俗话说:"白露南十日九日湿""白露南四工三工湿",表示天气逐渐转凉,假使刮南风,会有多雨的现象。南风是从海面上吹向陆地,自然带来了湿气,农谚说:"白露大落大白",如果在这节气下雨,二期稻作会受到严重的破坏,所以农夫最怕白露下大雨,收成会大大受到影响。

中秋节是依照太阴历的朔望来推算的,普通出现在太阳历的九月中旬到十月上旬,2014年的中秋是在(阳历九月八日)很特殊。首先,这是近38年来最早的中秋(1976年中秋也在9月8日);其次,2014年的"中秋"和"白露"节气是同一天,这样履历的年份有1862年、1900年、1957年,推算下去的话,下一个"中秋"和"白露"节气同一天应是2052年或2071年。一个人的一生,可以说只能遇到一次。

不管是等待金黄稻谷收割的喜悦,或是担心白露的大落大白,做好预防准备工作,尽人事听天命,也是豁达乐观的人生。

秋分秋分,日夜平分

斗指已为秋分,南北两半球昼夜均分,又适当秋之半,故名也。在阳历九月廿三日或廿四日,太阳过黄经180°为"秋分"。秋季过了一半,太阳光直射赤道上,地球南北两半球受光相等,从此开始,昼渐短夜渐长,二期稻作已到抽穗末期，稻已进入成熟期，而按四季的算法，七、八、九月为秋，此月三秋恰半，所以叫做"中秋"。农谚说："八月半，田头看"，表示此季已可看出，将来稻作的收获丰歉与否。

中秋成为节日，因为中秋是在农产收成期之外，主要取月圆人团圆的象征意义。从前交通不便，游子返家不易，为了一家的团聚，就选定一些日子，借机团圆。记得小时候，中秋有拜月亮的习俗，相传是太阴娘娘的生日，崇祀月神，这是在普遍拜月亮的习俗之外，更具有民间信仰特色的崇拜。

在秋分前后，从前有秋社，是祭祀土地神的，如今中秋节也拜土地公。现在中秋前后，可以看到农田中、田头、田尾，竖立着"土地公拐杖"，他是用一根竹子，竹子顶端对半剖约十厘米，中间夹着五张土地公金纸，以资礼谢土地，祈求保佑，这是古时遗留下来的社祭遗迹。

2014年7月12日看到谢在鉴①父子替先母捡骨，在他的田塍看到"土地公拐杖"，赶紧做田野调查。他说，竹子头要朝下，竹尾朝上，竹尾顶端对半剖，中间夹着五张土地公金，谢谢土地公，将害虫赶走，稻子得以成长，感谢土地公赶走小鸟吃稻子，减少农人损失，与社祭遗迹吻合。

谚云："早冬雨"，意思说，一期稻作要靠春雨灌溉，二期稻作则有赖露水滋润。月半看田头，此时二期稻作的丰歉，已经可以看出来了。

天怕八月旱，人怕老里穷

"天怕八月旱，人怕老里穷"，意思说，一年中的八月最怕旱魃降临，所造成的粮断草绝、衣食堪忧的窘境，就像到了风烛残年，伛偻衰迈的老人，依然无依无靠，贫穷得捉襟见肘，晚景凄凉。奉劝大家慎防八月之旱及衰老贫穷，应及时努力。

只要讲到旱灾，不管发生在哪一个月份，都令人害怕，为什么就说天怕八月旱呢？试想一年四季，"春"水满四泽，"夏"多云雷雨，"冬"日雨雪丰，雨量总是丰沛的，唯独"秋"热如火，雨水缺乏，除了孟秋有台风带来雨水之外，最关键的就是八月份了。假使八月一旱，直接影响二期稻作的生长收成，日常饮用水也都缺乏了。想想那旱魃降临，河水干涸，稻田龟裂，

---

① 谢在鉴，1927年生，住新竹县新丰乡中仑村，终身务农。

偏偏又取水不易,要挑水供灌溉或饮用,最是伤痛,到处都是"八月旱,担竿断"①的苦痛,担竿挑断了旱象依然未除,真是"八月旱,农夫心肝痛",生活如此苦,能不害怕八月旱吗?

八月虽旱,可以深浚陂塘,筑坝以蓄水源,开圳凿渠引水,种树绿化防旱,兴建水库蓄水,总可获得解决。可是人的一生,年轻时期贫穷无所谓,如果气血衰老还一贫如洗,又或疾病缠身,真像冬天饮冰水,点滴在心头,想要东山再起,自己已如日落西山、雨中黄叶,那老里的穷,只怕像凄凄夜雨,一任阶前点滴到天明了。

所以八月旱可怕,老里穷更可怕,这都是人民的不幸,为人子女应孝养双亲,为政者应高瞻远瞩,远追古人"颁白者不负戴于道路",老者安之才是。

九月九日种韭菜,两人交情久久长

斗指甲为寒露,斯时露寒冷而将欲凝结,故名寒露也。季秋菊月,初一霜飞侵害民,重阳无雨一冬晴,月中红色人多病,更遇雷鸣米价增。在阳历十月八日或九日,太阳过黄经195°为"寒露"。

客家谚语:"九月九日种韭菜,两人交情久久长",意思是说在九月九日重阳佳日,夫妻或情人,共同种下韭菜,希望两人交情白首偕老,长长久久,享受优质文化熏陶的祥和社会。

为什么九月九日要种韭菜呢?我们知道韭菜根茎肥白而嫩,根茎叶皆可食,整棵都可以做菜,采割以后,复生很快,生生不息,越生越嫩,越嫩越好吃,种一次菜,可以采收无数次,一举数得。而韭菜在四季时的味道不同,春冬季香甜,夏季次之,秋天最差,所以韭菜四季味道有"春香夏辣秋苦冬甜"②的说法。既然想要吃甜的韭菜,就得赶在秋天过了一半的时候种了。难怪韭菜谐音九菜,义音都通,一语双关,一见韭菜,就久久难忘了。又在九九重阳老人节日种韭菜,一方面登高,一方面长久,不单是登上高山,也是登上高寿,不只是种下韭菜,更象征白首偕老,天长地久。重阳种韭,不正是重阳重九,交情长久吗?

客家经典美食四炆四炒,其中四炒有一道鹅肠炒韭菜,闻香令人醺

---

① 担竿:扁担。
② 徐兆泉:《台湾客家话辞典》,台北南天出版有限责任公司2001年版,第96页。

然,色香味俱全,而意义深长。四炒另有一道猪肠炒姜丝,这是脍炙人口的名菜,不单只菜的营养价值高,内容丰富,也象征着人长久相处,更要长久相思,如客家"病子歌"①歌词:"正月里来新年时,娘今病子无人知,阿哥问娘食乜个?② 爱食猪肠炒姜丝",想想那是多么幸福而意义深长的画面啊!

九月九日种韭菜,两人交情久久长,不是空想主义,而是婚姻与爱情实践,重九登高与种韭,盼望白首偕老,鹣鲽情深,就像鹅肠炒韭菜、猪肠炒姜丝一样,内含丰富,地久天长、长思无尽。

头阳水,二阳风,三阳无水好收冬

头阳,农历九月九日,九为阳数,初九日是第一个与九月相同的阳数,所以叫做头阳。二阳是九月十九日,三阳指九月廿九日。

头阳水,二阳风,三阳无水好收冬,意思是说,九月重阳日如果下雨,九月十九日的二阳就会刮风,到了九月廿九日的三阳大概会晴天,正好可以协助收割稻谷,不至淋雨受影响,这是好兆头。看起来九月九日下雨像珠粒,稻作收成像珍珠了。

九九重阳,不单是敬老的节日,也是气象预报的观测站,可以略窥九月份的天气。例如:"重阳有雨收干稻,重阳无雨收湿稻""重阳湿漉漉,粮草千钱束",头阳水,二阳不管是否真的刮风,三阳无水好收冬,也说明了重阳下雨是受欢迎的。所以都希望重阳下雨,例如:"重阳无雨望十三,十三无雨一冬情""重阳无雨望十三,十三不雨一冬干"。可见重阳下雨,皆大欢喜,当然,不必以词害意,二阳刮风,三阳无雨,是象征风调雨顺之意。

重阳下雨,除了可以预测九月份的天气之外,也可以预测冬天的晴雨冷暖,如"重阳无雨一冬晴,重阳有雨一冬阴""九月九日晴,一冬冷;九月九日阴,一冬暖",这些谚语的流传也是不孤立的,且环环相扣,头阳水,二阳风,三阳无水好收冬,象征今年稻作将会丰收,和"重九雨,米成脯"是遥相呼应的。

霜降,风搓走去园

秋天的最后一个节气是霜降,进入秋天以后,暑气慢慢消退,在夜晚

---

① 病子,即怀孕之意。
② 乜个,什么之意。

和早晨,地面水蒸气遇冷就凝结成露珠,如果遇到更冷的空气就会结霜,所以称秋季的最后一个节气叫做"霜降"。

斗指己为霜降,气啸,露凝结为霜而下降,故名霜降也。在阳历十月廿三日或廿四日,太阳过黄经210°为"霜降"。霜降,台湾之平地并无发生结霜之纪录。此时二期稻作已至收割期,"二期稻霜降,冬禾不受三朝降",表示水稻成熟收获工作应在霜降完成。"霜降,风搓走去囝",[①]表示进入"霜降"节气,台风已经躲起来了,台风不会再发生,一直要到明年台风季节来临时,台风才会再出现。但实际上一直到十一月,台湾仍有台风侵袭的纪录。

到了这个节气,可以明显感受到天气一天比一天还要冷,冬天的脚步似乎近了,太阳的行径比较偏向南半球,所以位于北半球的台湾,就会开始感受到天气渐渐变冷,草木也开始凋零,枫树的叶子由绿转红,充分显现出秋天萧瑟的景象。

霜降,风搓走去囝,虽然感觉上,台风肆虐已经不再来了,可是台湾就有十一月还有台风进入的纪录。所以,要有居安思危的准备,真的台风来时,有因应之道,把损失降到最低。

立冬晴,一冬晴

"立冬晴,一冬晴",意思说假如立冬之日是晴天,可能一整个冬天都是晴天;反之,如果当天下雨,可能整个冬天多会下雨。这是先民用廿四节气的晴雨,预测整个冬天的晴雨,可以作为参考。

立冬,冬有"终""冻"的意思,"立冬"的到来代表冬天的来临。到了这个节气,农作活动已经告一段落。所谓秋收冬藏,许多动物也开始以冬眠的方式,度过寒冷的冬天。立冬开始,西北阴冷之气开始向南推移,花草树木开始落叶、凋谢,有的甚至死亡。在这一关键时刻,假使是晴天,象征整个冬天大多晴天,如果下雨,则整个冬天大多是下雨,这是否准确?也需要其他条件的配合,是很值得参考的。

斗指西北,维为立冬,冬者终也,立冬之时万物终成,故名立冬也。孟冬阳月,立冬之日怕逢壬,来岁高田柱用心,此日更逢壬子日,人民又受病灾临。

---

① 风搓:台风;走:跑;囝:藏之意。

在阳历十一月七日或八日,太阳过黄经225°为"立冬"。立冬晴,是否会一冬晴,以今年2014年而言,立冬是晴天,使得今年形成暖冬,雨量少,各个水库开始实施夜间减压供水。有关部门呼吁民众节约用水,若再不下雨,需进行第二阶段的限水措施。然入冬至今,冬天雨量少,气象报告没有下雨的迹象,即使有下雨,雨量也太小对旱象助益不大,可见立冬是一个关键的日子。

立冬,是冬天的开始,阴气极盛,要在立冬前将田里的泥土,做好犁松泥土的工作。语云:"立冬前犁金,立冬后犁银,立春后犁铁",是说在二期冬禾收割后,赶紧把田翻土挖松,把握愈来愈少的日照,方便人们种菜,使土地肥沃,假使在立冬前就翻土,吸取日照的时间就长,来年土地必肥沃。在立冬前好比拿金一样,愈往后延,日照时间愈来愈短,效果就愈不好。

"立冬晴,一冬晴",又有一说:"立冬出日头,春天冷死牛",要度过漫长的冬天,用立冬的晴雨,先来做整个冬天的因应措施,应该是计划周详、有智慧的见解。

小雪大雪,煮饭无停歇

斗指己,斯时天已积阴,寒未深而雪未大,故名小雪也。在阳历十一月廿二日或廿三日,太阳过黄经240°为"小雪"。台湾气候暖和,一期稻作可进行播种育苗,杂粮作物也可栽培,台湾唯有高山才有可能降雪,本月份也不可能打雷下雨,所以有农谚说:"月内若响雷,猪牛畜毋肥",意思说如果打雷表示气候不顺,占猪牛六畜有灾疫。

小雪大雪,煮饭无停歇,是说农忙时节,大家都累得没力气煮饭和吃饭了,就算是有人请客吃饭,连走路去的力气都没有了。可见客家人为了生存,在农忙时节,不分男女老少都得上场,虽然农忙时无暇吃饭,但是客家妇女还是会按时煮饭的。

为什么小雪大雪,煮饭无停歇呢?农忙收割的季节,放眼望去一片平畴沃野,金黄稻穗,丰盈的喜悦,溢于农民的脸上,可是,这正是忙碌的开始。收割、打穗、装谷、挑担、晒谷、扎秆、①整地,一连串的工作都没有间断;紧凑地收割、挑担、晒谷、犁田、播种、培苗、插秧,自室外粗重的工作,到厨房灶下妇女准备正餐、点心,晒谷场谷子的拖匀,鸡群、鸟儿的驱赶,

---

① 把稻草束起来。

风车的去芜存菁,全家总动员,这种忙碌,岂是今日用机器收割的便利,所能比拟的?

虽然忙碌归忙碌,语云:"人是铁,饭是钢",即使没时间、力气吃饭,大量使用体力之余,还是需要替身体补充体力,吃些饭菜来充电。所以妇女一会儿正餐,一会儿点心没得闲准备着,也形容白昼短到农妇们几乎要连着做三顿饭,真是辛苦。

大雪冬至,煮饭毋赴

入冬以后,人们觉得天气愈来愈冷了,一波波的寒流紧接而来,外出的人们大衣、围巾纷纷出笼,廿四节气由"小雪"到"大雪",明显感受到温度的变化。在台湾"小雪""大雪"的节气名,与实际状况不大相符,平地是看不到雪的,除非在高山上。

斗指甲,斯时积阴为雪,至此栗烈而大,过于小雪,故名大雪也。仲冬葭月,初一西风盗贼多,更兼大雪有灾魔,冬至天阴无日色,来年定唱太平歌。

在阳历十二月七日或八日,太阳过黄经255°为"大雪"。为什么大雪冬至,煮饭毋赴?① 因为冬天给人大地萧条的感觉,天气冷,如果柴火又不够干燥,火不热,饭不容易熟,自然而然就耽误开饭的时间。

烧柴的好处,在于便宜易得,利用秸秆等农业原料生产肥料,实现了物质的充分利用。一般柴取自树木秸秆,是一种可再生能源,有限度、有选择、适量地砍树取柴,可以持续使用这种能源原料。

就算大雪冬至,煮饭毋赴,客家人会及早规划,未雨绸缪,事前准备,及早晒柴秸秆、草蘂,准备好燃料。虽然气温低,火不容易猛烈,但终归是要克服,就再提早炊煮,将做饭时间拉长些,就不会三餐不继了,发挥客家人与大自然争生存的本领。

冬至晴,元旦雨,冬至雨,元旦晴

斯时阴极之至,明阳气始至,日行南至北半球,昼最短而夜最长是也。在阳历十二月廿二日或廿三日,太阳过黄经270°为"冬至"。冬至晴,元旦雨,冬至雨,元旦晴,这是利用冬至的晴雨来预测春节的气象。意思是说,冬至如果晴天,春节就会下雨;假使冬至下雨,春节就会晴天,冬至成了春

---

① 毋赴:来不及。

节晴雨的指标。

果真"冬至晴,春节会下雨,冬至雨,春节晴天"吗?说来真的令人惊讶不已,2011年冬至晴天,2012年春节前后,竟然阴雨绵绵,又湿又冷,出入不便,风景区名胜景点冷清,大街小巷寂寞,这个年过得真没意思;2012年冬至阴雨,2013年春节艳阳高照,风景区游览名胜,人山人海,游乐业者笑逐颜开,钞票数到手抽筋;2013年冬至阴天,2014年春节是晴是雨,留待见证啰。

春节下雨虽然影响过春节的气氛,可是春雨提早降临,雨水充足,万物得以欣欣向荣,所以又说:"冬至天气晴,来年果木成;冬至天气爽,来年果木广。"大陆北方谚语也说:"冬至天气晴,来年果木成;冬至遇大雪,半年果不结",这是用冬至天气,定主农夫收成。

冬至的晴雨,不单影响春节的晴雨而已,时而春节前后也都受影响,如"晴到冬至落到年""晴过冬至落过年",可见冬至晴,连十二月底下雨的机会都很大。

冬至在月头,掌牛阿哥毋知愁

冬至,也叫做冬节,是一年将要终了,家人都要团圆的日子,品尝那热腾腾的粄圆,配那香喷喷的佳肴美味。从前的人们,冬至是一个重要的节日,虽然没有杀猪宰羊,但至少都会杀一只鸡,割一料猪肉,准备三牲礼,祭祀神明,祈求阖家平安,就是在外工作的游子,也都纷纷赶回家园。只有那掌牛阿哥,①还不知道冬至的到来,更不知道冬至在月头。

冬至在月头,掌牛阿哥,无忧无虑地在工作,平日牧放牛羊,徜徉青山绿水间。虽然冬至到了,仍然努力工作乐在其中,充分道尽客家人乐天知命、天性豁达的一面。

冬至在月头,掌牛阿哥毋知愁,这是以冬至在月头,预测今年冬天的气候主暖,所以有谚语说:"冬至在月头,无被毋使愁"②,也有人说:"冬至在月头,无衣毋使愁"。冬天温暖,掌牛阿哥非常愉快,无忧无愁,掌牛阿哥为人看牛,或许他的敦厚老实、勤奋节俭,获得主人赏识,拥有自己一片天空。

---

① 掌牛阿哥:牧童。
② 毋使愁:不用愁。

为什么冬至在月头,掌牛阿哥毋知愁,预测今年的冬天会主暖呢? 2014 年的冬至是十二月廿二日(农历十一月初一日),究竟今年的冬天是"无被毋使愁",还是"卖牛来买被",拭目以待!

冬至在月尾,卖牛来买被

2002 年 12 月 28 日报纸报道,台湾马祖,宜兰县大同乡太平山,桃园县复兴乡拉拉山、玉山、合欢山等台湾高山等地大雪纷飞,特别是马祖,近十多年来第一次下雪,引起民众阵阵惊喜。据报道,受到强烈大陆冷气团影响,玉山今天清晨出现雨夹雪现象,积雪从昨天的十六厘米,跃升为十七厘米。由于这波冷气团水气丰沛,气象局预测台湾高山今天仍有飘雪的机会,平地气温骤降,为什么今年特别冷呢?

客谚说:"冬至在月尾,卖牛来买被"①。2002 年冬至在 12 月 22 日(农历十一月十九日),因此,冬至以后,天气渐渐寒冷,先是阴雨,接着气温渐降,各地湿冷。电视新闻报道,中国香港、印度有 18 人冻死,北京积雪极厚,阿尔卑斯山雪崩,有两人死亡,莫斯科有 120 人冻死,可以看出 2002 年的冬天,确实冷极了。这一现象若从气象谚语看,2002 年的严冬却是意料中,从冬至在月头月尾,可以预测天气的冷暖。

谚语说:"冬至在月头,无被毋使愁",2001 年的冬至在农历十一月初八,因此,2001 年的冬天,都是温暖如春,没有下雪,所以形成了旱灾。2002 年的冬天寒冷下雪,事实上是个好兆头,所谓冬雪抵黄金,冬雪将带来明年的春雨,虽然要卖牛来买被子,却为明年带来生机。

2002 年的冬天寒冷,各地飘雪,预期 2003 年将是瑞雪兆丰年,旱象应该可以减轻了。

小寒大冷,人马安

小寒大冷,人马安,冬至后,时序到了小寒,天气应寒冷,人畜才不会有灾疫。气候稍冷,太阳渐向北移,北半球的白昼逐渐增长,农耕社会的脚步,总是缓慢而温驯的,台湾中北部地区,农作物此时发生低温寒害的机会很高。

斗指戊为小寒,时天气渐寒,尚未大冷,故名小寒。季冬腊月,朔日西风六畜灾,棉丝五谷总成堆,最喜大寒无雨雪,太平冬尽贺春来。在阳历

---

① 被:棉被、被子。

正月五日或六日,太阳过黄经285°为"小寒"。冬至过后十五天是小寒,属农历十二月初的节气,假使当年有闰月,则会挪到十一月,如2014年小寒是在农历十一月十六日。

在气象纪录中,小寒是廿四节气中最冷的节气,所以民间有谚语说:"小寒大冷,冷成冰团""小寒大冷,无风水都冷"。传说早年黄河流域的农家,每到小寒,家家户户流行用九九清寒图来避寒,就是说从冬至开始,每过一天画一红格,过完九九八十一天,这个时候季节已经到了惊蛰、春分间了,这时才算寒已尽,春到来。

"冬寒雨四散,春寒雨若泉",是台闽地区的农谚,特别是西部滨海地区,更是寒风刺骨。不过,这季节若不冷,反而有害,台湾谚语有云:"小寒大寒人马安"就是这个意思,小寒大冷,才符合季节变化,人畜才会平安没灾害。

大寒不寒,人马不安

小寒后十五日,斗指癸为大寒,时大寒栗烈已极,故名大寒也。在阳历正月廿日或廿一日,太阳过黄经300°为"大寒"。"大寒不寒,人马不安",意思是说,时序到了大寒,如果天气仍然温暖如春,没有任何寒意,固然是怕冷人士的一大福音。但就整个环境而言,这样反常的天气,将会造成生活的失常,人马的不安。就好像日夜颠倒,阴阳错位,日月失序,流水逆行一般,甚至疾病蔓延,怎能安心生活?实有正确把握时机,警惕戒慎,防患未然的含义在内。

大寒,是一年廿四节气中的最后一个节气,此时北风呼啸,栗烈已极,天寒地冻,手脚皲裂,所以叫做大寒。大寒而寒,本是极为正常的事,就像日月往来,四季照轮,该冷该热,天行有常,井然不乱。所以春耕夏耘秋收冬藏,都象征着师法自然,期盼风调雨顺,五谷丰登,六畜兴旺,国泰民安,太平盛世的生活。所以,寒冷的冬天,是正常而有益的,所谓:"寒冬飘瑞雪,瑞雪兆丰年""冬有三尺雪,人道十年丰""冬有大雪是祥瑞,大寒三白定丰年",都是说冬天下雪结霜,大寒霜雪洁白亮丽,来年必将是平安幸福,人和年丰的年岁。霜雪铺地,就像是天然的冷冻库低温杀菌,大地进入禅修入定状态,各种动植物蕴蓄沉潜,休养生息,且来年蚊蝇必然不易滋生,春耕雨水一定丰沛,这不就是"大寒而寒,人马平安"吗?

假使大寒该寒不寒,就是寒暑失时,万物未经蛰伏蓄养,就像人类入夜而不休息,必将透支体力,冬日高温,病菌容易繁殖蔓延,导致口蹄疫、鸡瘟泛滥,生活大受影响。有人说:"大寒像春天,家家哭少年",那是因为该寒不寒,冬日高温,青少年缺乏容忍耐性,易生冲突,意外连连,生活失序,天气失常,这大概就是"大寒不寒,人马不安"的写照。

该寒不寒,就像该热不热,这都是自然失序,运作失常,就像人一样,该读书的时候读书,该做事的时候做事,该做而不做,蹉跎岁月,浪费人生,不能掌握时序时义,能不戒慎吗!

参考文献

1. 褒忠义民节新埔联庄祭典委员会出版:《义祖裔孙》,褒忠亭义民庙 2007 年印。

2. 褒忠义民庙创建两百二十周年庆典筹备委员会编印:《褒忠义民庙创建两百二十周年纪念特刊》,褒忠亭义民庙 2008 年印。

3. 褒忠义民庙创建两百年纪念庆典筹备委员会编印:《褒忠义民庙创建两百周年纪念特刊》,褒忠亭义民庙 1989 年印。

4. 陈来生:《中国旅游文化》,南开大学出版社 2008 年版。

5. 陈运栋:《枋寮褒忠义民庙沿革初稿》,《枋寮褒忠亭丁卯岁义民节专辑》,第十二届六家联庄祭典委员会 1987 年敬印。

6. 邓辉:《浅谈旅游资源市场化开发》,《兰州学刊》,2003 年第 6 期。

7. 高峻:《旅游资源规划与开发》,清华大学出版社 2007 年版。

8. 郭桂香:《第八届中国文化遗产保护无锡论坛举行》,《中国文物报》,2013 年 4 月 12 日。

9. 何忠伟,隋文香主编:《农业知识产权教程》,知识产权出版社 2009 年版

10. 华觉明:《传统手工技艺保护、传承和振兴的探讨》,《广西民族大学学报(自然科学版)》,2007 年第 1 期。

11. 黄振良,王建成:《邂逅陈坑渔村》,金门区渔会 2006 年印。

12. 姜婉:《民间剪纸的生产性保护研究》,中国美术学院 2010 年硕士学位论文。

13. 赖玉玲:《褒忠亭义民爷信仰与地方社会发展——以杨梅联庄为例》,新竹县文化局 2005 年版。

14. 李建中:《跨多行政管辖区的"福建土楼"旅游开发战略与治理模式探析》,《福建论坛(人文社会科学版)》,2009年第4期。

15. 李婷婷、骆培聪:《福建永定土楼居民旅游感知与态度研究》,《世界地理研究》,2009年第18卷第2期。

16. 李伟:《民族旅游地文化变迁与发展研究》,民族出版社2005年版。

17. 李浥:《本土立场与概念的拓展——非物质文化遗产开发及运作模式中的政府行为》,《中共中央党校学报》,2011年第15卷第3期。

18. 廖育群:《传统手工技艺的保护和可持续发展》,大象出版社2009年版。

19. 林志龙:《新竹枋寮褒忠义民庙"协议会"之研究(1914—1947)》,"国立"中央大学历史研究所2008年硕士学位论文。

20. 吕品田:《重振手工与非物质文化遗产生产性保护》,《中南民族大学学报(人文社会科学版)》,2009年第4期。

21. 吕品田:《在生产中保护和发展——谈传统手工技艺的"生产性方式保护"》,《美术观察》,2009年第7期。

22. 马波:《现代旅游文化学》,青岛出版社2001年版。

23. 马盛德:《非物质文化遗产生产性方式保护中的几个问题》,《福建论坛(人文社会科学版)》,2012年第2期。

24. 倪国炎(金门县政府):《金门县志·大事志》,(高雄)贯虹国际文化有限公司2009年版。

25. 乔晓光:《民间剪纸·正在消失的母亲河》,《湖北美术学院学报》2003年第3期。

26. 孙志国、王树婷、张敏、钟学斌:《洞庭山碧螺春茶的地理标志与文化遗产》,《江苏农业科学》,2011年第6期。

27. 台湾总督府著,丸井圭治郎编修:《台湾宗教调查报告书》(第一卷),(台北)幼捷出版社1993年版。

28. 汤自军:《基于产权制度安排的我国自然文化遗产开发保护研究》,湖南农业大学2010年博士学位论文;

29. 汪耀民、石军良:《民间剪纸的文化内涵与生存心理分析》,《石家庄学院院报》,2005年第7卷第5期。

30. 王建祥、崔闽莲、金剑：《非物质文化遗产生产性保护研究——以刘伶醉酿酒工艺为例》，《河北企业》，2012年第11期。

31. 王欣：《对非物质文化遗产生产性保护理念的认识》，《艺苑》，2011年第2期。

32. 翁碧莲：《海洋生态之旅在尚义海滩盛大登场》，《金门日报》，2002年7月29日。

33. 吴树松：《谁冷落了木偶戏？——浅谈木偶艺术在市场经济下的出路》，《艺术教育》，2005年第2期。

34. 杨水咏：《李沃士最佳男主角》，《金门日报》，2011年6月10日。

35. 杨再平（金门县政府）：《金门县志·观光志》，（高雄）贯虹国际文化有限公司2009年版。

36. 张敏洁：《用市场化手段抢救民间文化》，《西部大开发》，2008年第11期，第25页。

37. 张添群：《宗教型非营利组织经营管理与社会资本之关系——以新埔义民庙为例》，"国立"暨南国际大学公共行政与政策学系2011年硕士学位论文。

38. 张晓萍：《旅游人类学》，南开大学出版社2008年版。

39. 张毓真：《清代枋寮义民庙庙产之扩增与经理人制度》，"国立"交通大学客家文化学院客家社会与文化学2011年硕士学位论文。

40. 张兆林、孙元国：《浅析非物质文化遗产的生产性保护》，《学理论》，2012年19期。

41. 张峥嵘：《漳浦民间剪纸艺术的传承与发展浅探》，《福建广播电视大学学报》，2010年第4期总第82期。

42. 中共尤溪县委、尤溪县人民政府主编：《中国五大魅力梯田·联合梯田》，福州，新出内书第49号2013年版。

43. 钟贤巍：《旅游文化学》，北京师范大学出版社2004年版。

44. 庄吉发：《从档案资料看清代台湾的客家移民与客家义民》，《义民信仰与客家社会》，（台北）南天书局2005年版。

45. 刘芝凤：《闽台传统手工技艺文化遗产资源调查》，厦门大学出版社2014年版。

后　　记

本书为 2013 年福建省软科学重点项目,在此基础上,为笔者 2014 年国家社科重点项目"闽台民俗文化遗产资源保护与产业开发问题研究"(14AGL025)的阶段性调研成果。2015 年获厦门理工学院社科优秀成果出版资助项目。

国家 2014 年社科重点项目 14AGL025"闽台民俗文化遗产资源保护与产业开发问题研究"及福建省软科学重点课题 2013R0101"闽台农业非物质文化遗产开发与文化产权问题研究",是在厦门市重大课题"闽台历史民俗文化遗产资源调查"系列课题基础上的升华版专题研究项目。

一、学术贡献

此课题的学术贡献主要体现在以下几个方面:

1. 学术观点的创新性与开拓性。本课题在全国首次提出"学术监理""农业历史民俗是资源资本的理念"以及"资源资本产权的法律责任"等新观点。

2. 本课题从理论概念到田野调查实践,从闽台农业非物质文化遗产开发现状与开发中出现的文化产权现状的角度,进行了较为全面的概念梳理和个案分析,具有开拓性。

3. 本课题通过三年多的实地田野调查,提出解决"村官不落村""农业非物质文化遗产资源资本主体认定"等问题的建议,有理论根据和可操作性,可为闽台二地政府乃至全国相关部门提供管理技术与技巧知识。课题中所举个案,全部源于第一手田野调查资料,真实可信,可资政、存史、育人,还可为各地农业非物质文化遗产开发提供资源信息。

4.本课题在研究技术上有所创新,突破了传统的文化人类学研究方式。不仅从文化产业角度对闽台农业非物质文化遗产资源保护和产业开发出现的现状及问题进行调研、剖析,而且文理结合,从环境工程新能源生物质能角度,对福建农村能源结构进行专业分析,并估算福建农林生产和生活物质资源量,尽可能对全省新能源开发提供具体的资源数据,对福建及台湾乃至全国,都具有启发性作用和借鉴意义。

二、资源资料积累成果

本课题早在开题前,即从2011年5月开始,就跟随课题负责人主持的"闽台历史民俗文化遗产资源调查"课题大组,对全省9个市300多个乡村进行了实地调研。2012年申报该课题后,加强了课题调研的方向性工作。2013年至2014年国家社科重点课题下文后,即开始分工写作,并针对缺少的内容进行回访和监理,取得丰富的资料信息,为提前完成本课题打下了坚实的基础。

1. 文字图像资料积累

本课题在三年多的时间里,共搜集了300多万字的相关资料,图片200幅以上,另有录音和录像资料约2 TB。

2. 中期成果

完成调查报告30多篇,其中在《复旦大学学报》、《广西民族大学学报》、《温州大学学报》和《厦门理工学院学报》等发表论文5篇;2016年已约定论文5篇。

3. 基本完成国家重点课题"闽台民俗文化遗产资源保护与产业开发问题研究"第一部分的调研任务。完成阶段性成果预期目标。

三、课题分工情况

本课题在开题之前就做了充分的前期资料准备工作及分工:

课题负责人刘芝凤教授负责课题设计、论证和本书理论篇的写作工作;和立勇副教授负责课题设计论证及修改、答辩工作;林江珠副教授负责田野调查及资料搜集工作;徐苏讲师负责农林业资源的新能源开发的分析与研究;徐辉教授负责全书的评审、修改工作;台湾学者谢赐龙、廖贤德、高江孝怀、王建平、车守同、黄东秋、邵维球等先生提供台湾相关资料和参与田野调研;王伟、欧荔、陈春香、练紫嫣以及参加"闽台农林渔业传统生产习俗文化遗产资源调查"的40位师生的调查资料也纳入本课题的研究资料之中。实践篇的分工及工作量,注释在各章节当页的脚注上。

四、鸣　谢

本课题之所以能提前完成调研任务,得益于笔者之前总主持的厦门市重大课题"闽台历史民俗文化遗产资源调查"课题子课题"闽台农林渔业传统生产习俗文化遗产资源调查"的资料信息,以及本课题组林江珠、和立勇、徐苏、徐辉、陈春香、练紫嫣等师生的齐心协力、吃苦耐劳。厦门理工学院从书记、校长到科技处、宣传部、财务处、人事处、后勤处、保卫处等也给予了全力支持与配合。实践篇的分工名录及工作量,注释在各篇的首页下。

厦门理工学院观光与酒店管理学院前院长王伟亲自为本课题提供问题研究的思路和理论观点;学院书记朱端元热情主动地关心每一位课题组成员的生活及思路工作,为课题进行一路保驾护航;副院长欧荔亲自带课题成员到相关部门去搜集资料。学生陈春香、练紫嫣已经本科毕业,在北京中国传媒大学和云南大学读研。知道老师还在做课题后,放弃暑假休息,全程跟随课题组在闽北、闽东大山里游走访问,做课题,不辞辛劳。

在台湾考察期间,车守同、谢赐龙、廖贤德、黄东秋、邵维球等先生不仅一路带车随行,陪同课题组上山下乡进行田野调查,提供文献资料,还给予了生活上无微不至的亲切照顾。借此机会,向参与本课题调研的全体师生以及闽台两地热情的领导和朋友表示衷心感谢,向上海社科院王宏刚、张安巡研究员认真细致的审改表示衷心的感谢。

对于一个国家社科重点课题和省重点课题来说,两年的时间太短。好在课题组在之前就已做了三年的资料搜集和田野调查,但研究中仍然觉得资料不够用,因时间原因,课题中有记述不到位、遗漏的内容或措词不当的地方,敬请原谅。

因本课题的主题是问题研究,虽然在村里老百姓十分欢迎,但田野调查仍然进行得非常艰难,不论是政府还是村行政单位,很少有人愿意接受采访和提供数据。故课题调研的数据多是软磨硬问或通过问卷、归纳、总结、计算得来的,一般县、乡政府提供的数据如果与课题组在村里采访的数据有出入,课题组会向相关部门提出质疑,请求核实。民间非物质文化遗产数据出入差异不大,一般一个村若发现有不同的说法,课题组至少会找本村十人以上进行验证,以说法最多的数据为参考数据。若数据有出入之处，敬请原谅。

为能给各地政府和相关部门提供真实的个案，以及可操作性的理论依据，寻找真正存在民间的矛盾和解决问题的办法，本着对问题真实性调研和分析的认真态度，本课题在陈述和写作中对事不对人，若文字措辞中有伤害之处，敬请提出，并请体谅。

课题组主持人：刘芝凤

2015 年 12 月 5 日终稿

图书在版编目(CIP)数据

闽台农业非遗开发与文化产权分析/刘芝凤等著.—厦门:厦门大学出版社,2015.12
ISBN 978-7-5615-5489-0

Ⅰ.①闽… Ⅱ.①刘… Ⅲ.①农业－文化遗产－研究－福建省②农业－文化遗产－研究－台湾省③文化产业－知识产权－研究－中国 Ⅳ.①S②D923.404

中国版本图书馆 CIP 数据核字(2015)第 288136 号

官方合作网络销售商:

厦门大学出版社出版发行

(地址:厦门市软件园二期望海路39号 邮编:361008)
总 编 办 电 话:0592-2182177 传真:0592-2181406
营销中心电话:0592-2184458 传真:0592-2181365
网址:http://www.xmupress.com
邮箱:xmup @ xmupress.com

厦门集大印刷厂印刷
2015 年 12 月第 1 版 2015 年 12 月第 1 次印刷
开本:720×1000 1/16 印张:19 插页:4
字数:350 千字
定价:48.00 元
本书如有印装质量问题请直接寄承印厂调换